カール・クラウスと危機のオーストリア

世紀末・世界大戦・ファシズム

高橋義彦

慶應義塾大学出版会

目次

序章　オーストリア思想史とクラウス　1
一　カール・クラウスとその時代　2
二　二つの文化対立とクラウス思想の一貫性　8
三　本書の構成　15
第1章　世紀転換期ウィーンにおける「装飾」批判とその意味
——カール・クラウスとアドルフ・ロース　25
一　はじめに——唯美主義への批判者たち　25
二　アドルフ・ロースの「装飾」批判　28
三　カール・クラウスの「装飾」批判　38
四　おわりに——クラウスとロースを隔てるもの　47

第2章　フリッツ・ヴィッテルスと「二人の精神的父親」
——カール・クラウスとジークムント・フロイト　61
一　はじめに——セクシュアリティをめぐる共闘者　61
二　クラウス＝フロイト＝ヴィッテルス——三者関係の変化　65
三　おわりに——三者関係の「その後」　86

第3章　メディア批判とテクノロマン主義批判——カール・クラウスと第一次世界大戦　99
一　はじめに——反戦知識人クラウス　99
二　二人のクラウス？　101
三　カール・クラウスの第一次世界大戦批判　109
四　おわりに——近代の「野蛮さ」としての世界大戦　121

第4章　「オーストリア的中欧」理念と第一次世界大戦　135
——カール・クラウスとハインリヒ・ラマシュ
一　はじめに——保守派の戦争批判　135
二　カール・クラウスとハインリヒ・ラマシュ　138
三　クラウスのラマシュ論　143
四　ハインリヒ・ラマシュとオーストリア保守反戦思想　150

五　おわりに――パトリオティズムと「オーストリア的中欧」　159

第5章　ナチズムとオーストロ・ファシズム――カール・クラウスと二つのファシズム　169
一　はじめに――ドルフス支持表明の衝撃　169
二　カール・クラウスのナチズム批判　172
三　カール・クラウスとオーストロ・ファシズム　180
四　おわりに――早過ぎた死　193

第6章　言語批判としてのクラウス政治思想
――エリック・フェーゲリンのカール・クラウス論　207
一　はじめに――イデオロギー言語批判とリアリティの復活　207
二　フェーゲリンによるクラウス論　211
三　おわりに――フェーゲリンによるクラウス論の妥当性　218

終　章　限界と可能性――カール・クラウスの現代的意義　227

あとがき　239
カール・クラウスとその時代：年表　254
主要参考文献一覧　268
索　引　274
初出一覧・図版出典一覧　275

〈凡例〉

＊本書において、カール・クラウスの著作からの引用は、以下のように表記する。

・『ファッケル』からの引用に際してはFと略記し、号数、頁数（章ごとに初出の場合は発行年）を本文中に掲げた（掲載年月の詳細については、本書末の年表を参照のこと）。例：『ファッケル』四〇四号、一頁→本文中では（F404: 1, 1914）と表記。なお、（F474–483）などの表記は合併号を示す。

・『道徳と犯罪』、『黒魔術による世界の没落』など、初出が『ファッケル』誌上のもので後に著作にまとめられたものについては、邦訳（抄訳も含む）があるものに限り、注にドイツ語版著作集の書誌情報と邦訳の頁数を掲げてある（ドイツ語版には Suhrkamp 版［Herausgeben von Christian Wagenknecht］と Kösel 版［Herausgeben von Heinrich Fischer］があるが、本書においては原則的に Suhrkamp 版を用いた）。例：Kraus, *Schriften.* Band 1, S. 1（『モラルと犯罪』、一頁）.

・本書が主に言及した著作集の巻数とタイトル、邦訳の対応は以下の通りである。

Schriften. Band 1. *Sittlichkeit und Kriminarität*（抄訳『モラルと犯罪』、小松太郎訳、法政大学出版局、一九七〇年）.

Schriften. Band 2. *Die chinesische Mauer*（抄訳「進歩」、「支那の長城」、原研二訳、池内紀編、『ウィーン聖なる春』、国書刊行会、一九八六年、二六二―二六八頁、二九一―三〇五頁）.

Schriften. Band 4. *Untergang der Welt durch schwarze Magie*（抄訳『黒魔術による世界の没落』、山口裕之・河野英二訳、現代思潮新社、二〇〇八年）.

Schriften. Band 7. *Die Sprache*（『言葉：カール・クラウス著作集、第七巻、第八巻』、武田昌一・佐藤康彦・木下康光訳、法政大学出版局、一九九三年）.

Schriften. Band 8. *Aphorismen*（抄訳『アフォリズム：カール・クラウス著作集、第五巻』、池内紀編訳、法政大学出版局、一九七八年）.

Schriften. Band 10. *Die Letzten Tage der Menschheit*（『人類最後の日々：カール・クラウス著作集、第九巻、第一〇巻』、池内紀訳、一九七一年）.

『人類最後の日々』からの引用は本文中に幕と場の数を記載し、注にドイツ語版著作集と邦訳の頁数を記載してある。

Schriften. Band 12. *Dritte Walpurgisnacht*（『第三のワルプルギスの夜：カール・クラウス著作集、第六巻』、佐藤康彦・武田昌一・高木久雄訳、法政大学出版局、一九七六年）.

『第三のワルプルギスの夜』からの引用は、Suhrkamp版、Kösel版、ならびにKösel版を原本とした邦訳をそれぞれ参照した。それゆえ引用に際しては、前述の著作とは異なり、以下の例のように、Suhrkamp版、Kösel版、邦訳と三冊それぞれの該当頁数を順番に注に記載してある。例：Kraus, *Dritte Walpurgisnacht*, S1/K1（『第三のワルプルギスの夜』一頁）.

＊エリック・フェーゲリンの著作集、Eric Voegelin, *The Collected Works of Eric Voegelin*, vol. 1-34, Columbia / London: University of Missouri Press, 1989- からの引用は、*CW*と略記し、巻数と頁数を記載した。

＊本文中における［　］（大カッコ）は、すべて著者による補足である。

＊外国語文献のうち翻訳があるものは、基本的にそれを参考にさせていただいたが、文脈等に応じ筆者が手を加えた部分もある。

序章　オーストリア思想史とクラウス

オーストリア思想史、特に一九世紀末のオーストリア思想史に関心を持つ者にとって、アメリカの思想史研究者カール・E・ショースキーの著書『世紀末ウィーン』は決定版ともいうべき書物である。[†1] 同書は学会内外で高い評価を受け、ピュリッツァー賞も受賞した。そして何より、同書でショースキーが描き出した世紀末ウィーン文化像は、もはや「公式のウィーンモデルネ」と呼ばれるほどに世界中で受け入れられている。[†2] ショースキーは、勃興する大衆政治運動により崩壊の危機にあったハプスブルク帝国を舞台に、なすすべなく享楽的で退廃的な「バロック的・唯美的」文化に浸りきっていたウィーン市民層を主役に据えて、この文化像を描き出した。それは厳しい現実から目をそらす「逃避」の文化であった。

しかし、この伝統的貴族文化に強い影響を受けた世紀末ウィーン文化像に対し、「むしろウィーンという環境に対抗して生み出された文化にほかならない」世紀末ウィーン文化像、[†3] すなわち「批判的ウィーンモデルネ」の存在を忘れてはならない。この批判的ウィーンモデルネの担い手たちは、帝国を取り巻く様々な危機に向き合い、その原因をあぶり出そうとすると共に、「啓蒙的・批判的」文化による危機の乗り越えを目指したのであった。

本書はこの「批判的ウィーンモデルネ」の代表的人物といえるカール・クラウス（一八七四―一九三六）を中心に据え、「世紀末」、「第一次世界大戦」、「ファシズム」という三つの時代を軸に、オーストリアそしてウィーンの政治思想史・政治文化史を描き出すことを目的としている。[†4] その際、「バロック的・唯美的文化」か「啓蒙的・批判的文化」かという文化史的な対抗軸に加え、「ドイツ・ナショナリズム」か「オーストリア・パトリオティズム」か、という政治史的な対抗軸を設定し、「啓蒙的・批判的文化」と「オーストリア・パトリオティズム」の担い手としての、クラウス思想の「一貫性」を明らかにしていく。

だがクラウスは日本の読者にはあまりなじみのない人物であるため、まず第一節で簡単にクラウスの生涯をまとめ、彼を論述の中心に据える理由を説明した上で、第二節において「オーストリア政治思想史・政治文化史研究」と「クラウス研究」のそれぞれの観点から本書のねらいを見ていきたい。

一　カール・クラウスとその時代

（一）　クラウスの生涯[†5]

カール・クラウスは、一八七四年に当時ハプスブルク帝国領であったボヘミアのイッチン（現チェコ領）のユダヤ系の家庭に生まれた。父のヤコブ・クラウスは製紙業で成功し、一八七七年に事業を拡大させるためにウィーンへ進出した。クラウスはフランツ・ヨーゼフ・ギムナジウムを経て、一八九二年にウィーン大学に入学している。

彼の出自となる社会層は、一九世紀後半の自由主義改革によって地位が上昇した「財産と教養」に基づく「市民層」に属する、「同化ユダヤ人」の「ドイツ系オーストリア人」とまとめることができよう。同じ階層に属する少し年下の作家シュテファン・ツヴァイクが「世界が一九世紀のウィーンの文化と讃えたものの九割は、ウィーンのユダヤ人によって奨励され、養われ、自己創造された文化であった」と誇った、かのウィーンの同化ユダヤ人の階層である。[†6]

クラウスは早くから文筆活動を始め、初期にはヘルマン・バールらに代表される文学サークル「若きウィーン派」を批判した『取り壊された文学』（一八九六年）、テオドール・ヘルツルと彼のシオニズム運動を諷刺した『シオンの一クローネ』（一八九八年）などを発表している。一八九八年にはウィーンを代表する新聞であった『ノイエ・フライエ・プレッセ』紙に勧誘を受けたがこれを断り、購読制度による雑誌『ファッケル（炬火）』を一八九九年四月に創刊した。

創刊号から彼の死により事実上の最終号となった九二二号に至るまでの三七年間、彼はこの雑誌を基盤に言論活動を続けた。独立自営の小雑誌を通じて、マスメディアの報道を批判し続けるというクラウスが生涯を通じて貫いた立場は、彼の社会的なキャリアの出発点にすでに見出すことができる。当初、同誌は寄稿も受けつけ、ドイツ社会民主党の政治家ヴィルヘルム・リープクネヒトやオーストリア社会民主党系の評論家ロベルト・ショイ、アナーキストのエーリッヒ・ミューザム、劇作家フランク・ヴェデキント、詩人エルゼ・ラスカ＝シューラーといった数多くの人々の論説や詩作品が同誌には掲載された。だがクラウスは一九一一年にこれを完全な個人誌にし、その後はすべて自らの手で執筆した。

『ファッケル』に加え、クラウスが自らの表現媒体として活用したのが彼の独演による講演会である。一九一〇年に始まったこの講演会は、彼の晩年に至るまで全七〇〇回開催され、ウィーンにとどまることなく、グラーツ、プラハ、ブリュン、チェルノヴィッツといったハプスブルク帝国内の各都市、ベルリン、ドレスデン、ハイデルベルクといったドイツ帝国内の各都市、さらにはパリでも何度か開催されている。この講演会の中でクラウスは自作の詩や戯曲、評論などの朗読のほか、ゲーテやシェイクスピア、オッフェンバックなど古典作品の上演も行った。

第一次大戦前のクラウスは、ウィーンの偽善的な性道徳を批判し、女性の解放を訴えた『道徳と犯罪』（一九〇八年）、白人＝男性＝市民社会の論理に基づく進歩主義的な世界観を批判した『万里の長城』（一九一〇年）や『黒魔術による世界の没落』（一九二二年、同書に収められた論説の多くは第一次大戦前に書かれた）にまとめられることになる論説を、『ファッケル』に発表していた。後述するように、これらの論戦の中でクラウスは、建築家のアドルフ・ロースや精神分析学者のジークムント・フロイトらと共闘している。

講演会のポスター

一九一四年にサラエヴォでオーストリアの王位継承者フランツ・フェルディナントが暗殺されたことをきっかけに第一次大戦が始まると、クラウスは『ファッケル』そして自身の講演会を舞台に反戦派として果敢に論陣を張った。クラウスは好戦的な政治家、知識人、文学者、そしてそれを伝えるメディアの姿勢を厳しく批判し、彼らの欺瞞的な「言葉」を『ファッケル』に記録している。この大戦中の言論活動は、戦後、彼の代表作である長大な反戦戯曲『人類最後の日々』（一九二二年）に結実し、その成果により、彼は三度にわたってフランスの知識人からノーベル文学賞にも推薦されている。[†7]

第一次大戦後、多民族国家であったハプスブルク帝国はいくつものネーションステートへと解体し、クラウスは新生国家オーストリア第一共和国の国民になった。隣国ドイツのワイマール共和国同様、オーストリア第一共和国も毀誉褒貶が激しかったが、クラウスは共和国支持派として活動した。政治的にも社会民主党寄りの姿勢を示し、同党への投票の呼びかけも行っている。また反戦平和主義者としても活動を行い、一九三二年八月にアムステルダムで開催された国際反戦会議にも参加した。

だが一九三三年に隣国ドイツでアドルフ・ヒトラーとナチスが政権を握ると、クラウスはナチスからオーストリアの独立を守る擁護者として首相エンゲルベルト・ドルフスのオーストロ・ファシズム政権を支持することになる。それはドルフスがナチス・ドイツとの合邦を拒否し、あくまでもオーストリアの独立を主張したからであった。クラウスが一九三三年に執筆したナチズム論、オーストロ・ファシズム論である『第三のワルプルギスの夜』は、第二次世界大戦後（一九五二年）にようやく出版された。しかしクラウスはその刊行も、ナチスによる一九三八年三月のオーストリア合邦も見ることなく、一九三六年六月一二日にウィーンで死去した。

（二）　いまクラウスを読む意味

では、一九世紀末からファシズム期にかけてのオーストリア政治思想史・政治文化史を考える上で、なぜカール・クラウスという人物が重要なのかを、「政治史」、「文化史」、「思想史」という三つの観点から説明していこう。

第一に、クラウスの生涯をたどることで、世紀末からファシズム期に至るオーストリア政治史の重要な論点を検討できることである（［二］政治史的観点）。クラウスの生涯と『ファッケル』を通じた言論活動は、世紀転換期の帝国内政の動揺から、バルカン問題への介入、第一次大戦とその敗戦によるハプスブルク帝国の解体、第一共和国の成立、ドイツにおけるナチスの政権獲得、オーストリアにおけるドルフス政権の成立とナチス・ドイツによる合邦の脅威に至る、現代オーストリア政治史の重要な局面と重なっている。クラウスはこうした様々な政治的事件に対し健筆を振るい、第一次大戦への取り組みからは『人類最後の日々』、そしてナチスとの対決からは『第三のワルプルギスの夜』という代表作が生まれた。

世紀末ウィーン文化を語る上で欠くことのできない文学者であるフーゴー・フォン・ホフマンスタールやアルトゥーア・シュニッツラーらは、ナチスの脅威が迫るころには泉下の人であった。またハンス・ケルゼンやヨゼフ・シュンペーター、フリードリヒ・ハイエクといった代表的な社会科学者の多くはすでに第一共和国時代に活躍の場をドイツあるいは諸外国に求め、オーストリアを離れている。そうした中で、クラウスは世紀末からファシズム期まで、オーストリアという国、ウィーンという都市を舞台に活動した数少ない思想家だったのである。

第二に、ある種の「ジャーナリスト」であったクラウスには「批判的ウィーンモデルネ」に属する知識人の中でも、特に同時代の様々な文化事象との接点を見出すことができる点である（〔二〕「文化史」的観点）。「批判的ウィーンモデルネ」と呼ばれる他の多くの思想家は、例えばフロイトが精神分析学、ロースが建築、ルートヴィヒ・ウィトゲンシュタインが言語哲学というそれぞれの専門分野で、きわめて自律的かつ普遍的な理論形成に大きな功績を残した一方で、専門分野以外の同時代の社会・政治との直接の接点、またそれらへの直接的言及を彼らの著作に見出すことは少ない。

だがクラウスは『ファッケル』を通じ、文学、演劇、政治への批評から道徳裁判への批判、マスメディア批判、精神分析批判、第一次大戦批判、反合邦、反ナチズムの論陣を張るなど、生涯を通じ現実世界の出来事に旺盛な関心を持ち続けた。あまりに多くの事柄にくちばしを容れ、舌鋒鋭く批判するクラウスを、同時代の評論家ベルンハルト・ディーボルトは「つねに他者に対して否（Nein）をいい、未来を志向する然り（Ja）をいわない反対文士」と、評しているほどである。†8

一点目の「政治史」的観点とも関連するが、クラウスと『ファッケル』の研究に取り組むことは、すなわち一九世紀末からファシズム期に至るウィーンのあらゆる文化現象に取り組むことに等しい。クラウス研究者のエドワード・ティムズが指摘するように、『ファッケル』とは「中欧の公的生活の批判的百科事典」であり、「文化史家にとって代えがたい資料集」といえる。[†9]

そして最後に三点目として、同時代の知識人に及ぼした影響力の大きさが挙げられる（［三］思想史的観点）。同時代のウィーンにおいて、フロイト、ロース、ウィトゲンシュタインらがクラウスの熱心な読者であったことはよく知られているし、後のノーベル文学賞作家エリアス・カネッティ、世界的な生化学者エルヴィン・シャルガフ、音楽家のアルバン・ベルクらは足繁くクラウスの講演会に通った。[†10] ベルクに伴われ、彼の弟子テオドール・W・アドルノもクラウスの講演会に顔を出し、ベルリンでの講演会にはヴァルター・ベンヤミンも参加している。[†11] マックス・ホルクハイマーも含めフランクフルト学派の第一世代はクラウスへの関心が強く、三者三様のクラウス論を著している。[†12] また政治思想に関連づければ、ハンナ・アレントやエリック・フェーゲリンの著作にたびたびクラウスへの言及が見出せることは周知の事実であろう。[†13] ウィーン人カール・ポパーも『開かれた社会とその敵』の中で、クラウスに依拠しながらマルクス主義のユートピア主義を批判した。[†14] さらにはカール・シュミットも友人のフランツ・ブライが刊行した『現代文学動物大百科』に匿名で——彼の場合辛辣な——クラウス論を発表している。[†15]

つまりクラウスと『ファッケル』は、同時代のドイツ語文化圏にあって、若き知識人たちにとっての知的土台の一つだったということができる。クラウスは局所的、好古的な一九世紀末のウィーンの文化への関心を超えて、一九二〇年代のワイマール文化との関連性から、さらに広く現代思想への影響力から、いま捉えなおすことのできるような思想家なのである。

二　二つの文化対立とクラウス思想の一貫性

（一）　オーストリアにおける「二つ」の「文化対立」

それではより具体的に、本書の内容を紹介しよう。最初のねらいは、オーストリア政治思想史・政治文化史の観点から、冒頭で名を挙げたショースキーのウィーン論では必ずしも明らかになっていない、オーストリア思想史における二つの問題を抽出することである。

ショースキーは『世紀末ウィーン』の中で、研究対象となる時期を一九世紀末に限定することなく、広く一八四八年革命から第一次大戦に至るウィーンの政治文化を、「財産と教養」に基づくドイツ系リベラル派市民層を主体に論じている。ショースキーの掲げるウィーン政治文化に関するテーゼは、簡潔に要約すると次のようになる。

一八四八年革命の挫折の後、一九世紀後半に漸進的に権力を拡大した市民層は、政治面での議会主義化、経済面での自由化、文化面での首都改造（リングシュトラーセ建築†16）など、リベラルな理念にそってハプスブルク帝国の改造を行った。しかし政治的支配層である貴族に完全にはとって代わることができず、その上時代が下り、世紀末に反ユダヤ主義や社会主義、ナショナリズムといった大衆政治運動が勃興していく中で、市民層は権力の座から追われ公的領域から撤退せざるをえなくなった。その際、彼らが心理的代償を得るために逃げ込んだのが私的領域における唯美的生活である。市民層は政治の面で果たすことのできなかった貴族層との同化を、文化面で果たしたのであった。

つまり政治的・公的な場から追われたリベラル派市民層が、その心理的よりどころを貴族的で唯美的な文化に求めたことで、世紀末ウィーンに芳醇な文化が栄えることになった、とショースキーは説明している。解体しつつある帝国において、消え去りつつあるリベラル派市民層が、不安におののきながら、心理的で唯美的、退廃的な世紀末文化を作り上げたというこの主張は、繊細かつ耽美的なウィーンの世紀末文化を説明するのに際し、好んで引用されてきた。[†17]

しかしこの「唯美的文化に逃避した市民層」を主題にした『世紀末ウィーン』におけるショースキーの議論では説明しきれない問題もある。本書はそれを（一）オーストリア市民文化における「バロック的・唯美的」側面とは異なる「啓蒙的・批判的」側面、（二）オーストリア市民の政治意識における「ドイツ・ナショナリズム」とは異なる「オーストリア・パトリオティズム」の側面の二点に見出している。

1 「バロック的・唯美的文化」と「啓蒙的・批判的文化」の対立

第一に『世紀末ウィーン』におけるショースキーの議論では、一九世紀のリベラル派市民層の精神的後継者として啓蒙主義的伝統の立場から、大衆運動や唯美主義者に対抗した知識人が表舞台には出てこない。一言でいえば、同書にはクラウスはほとんど登場しないのである。[†18]

だがショースキーが非政治的な貴族的唯美主義者に転化していったと見ているリベラル派市民層内部で、その「啓蒙的・批判的側面」を受け継いだ層にも注意が払われるべきであり、この観点からラディカルな批判的ジャーナリストであったクラウスが注目に値する。なぜならクラウスは生涯にわたり個人誌『ファッケル』を通じ「公衆」に向かって言論活動を続けた人物であり[†19]、それゆえに従来の研究においても「批判的ウィーンモデルネ」の代表的人物として扱われてきたからである。

ショースキー自身も、『世紀末ウィーン』に続く彼のウィーン論『歴史と共に考える』（一九九八年）においてクラウス論を展開するにあたって、『世紀末ウィーン』において彼が強調した「バロック的・唯美的」市民に対抗する「啓蒙主義的・倫理的」市民としてクラウスを論じている。[†20] そこで彼はロバート・カンの研究に依拠しつつ、[†21] オーストリア思想史における二つの文化――対抗宗教改革の伝統に立つ貴族的・バロック的な文化とヨーゼフ主義の伝統に立つ市民的・啓蒙的な文化――の角逐を論じ、前者の後裔としてホフマンスタールを、後者の後裔としてクラウスの名を挙げている。そしてクラウスのことを「オーストリアにおける最後のピューリタン」、「法と言葉の文化を守る預言者」と呼び、「若きウィーン派と分離派の唯美主義者たちが、［一九］世紀半ばの文化統合を、洗練された感覚の優位で破壊しようとしているときに、クラウス主義者は精神の優位を主張することでこれに対抗した」とまとめている。[†22]

本書ではこうした観点に基づきながら、オーストリア思想史における「啓蒙的・批判的」知識人としてのクラウスの議論の具体的な内容を明らかにする。またその際には、ショースキーの議論の批判的な展開として、典型的な「啓蒙」的知識人とは簡単にいいきれないクラウス思想の「複雑さ」についても――典型的な啓蒙的知識人といいうるロースやフロイトの議論と比較することで――論じていく。

2 「ドイツ・ナショナリズム」と「オーストリア・パトリオティズム」の対立

ショースキーの議論の第二の問題点は、同時代において帝国を「再統合」しようと努めていた市民層の政治的言説への着目がないことである。彼の議論においては、大衆政治運動の勃興とリベラル派市民層の没落が帝国の解体とパラレルに論じられてしまっており、市民層の性格も西欧型リベラリズム、穏健なドイツ・ナショナリズムの担い手として規定され、それ以外に規定する要素が論じられていない。

しかしオーストリアにおけるドイツ系市民層の間には、プロイセン・オーストリア戦争（一八六六年）の敗北以後、ドイツとは異なる独特の「オーストリア人」意識、「オーストリア理念」が形成されつつあった[†23]。小ドイツ主義的な統一ドイツから排除され、多民族帝国における一少数派[†24]として生きていかざるをえなかったドイツ系市民にとって、アイデンティティのよりどころをどこに求めるかということは大きな問題であった。

ドイツ系市民層は一方で「ドイツ・ナショナリズム」に傾斜し、ドイツ系による帝国内他民族の支配を維持しようと努めた。バデーニ言語令事件[†25]に見られるように、チェコ系市民にドイツ系市民と同等の権利を認めようとする諸改革にドイツ・ナショナリストは執拗に反対した。これは興隆する他民族のナショナリズム（特にチェコ・ナショナリズム）に対する反動という性格も持っていた。さらに一部の過激派はハプスブルク帝国の解体やドイツ帝国との一体化をも主張した。この立場を代表する政治家がゲオルク・フォン・シェーネラーであり、世紀転換期にその考えに深く共鳴していたのが若きヒトラーであった[†26]。アレントが『全体主義の起原』で問題にしたように、オーストリアにおけるドイツ系市民の反ハプスブルク的な「フェルキッシュ（種族的）・ナショナリズム」は、ナチズムの人種主義を培養する土台となったのである[†27]。

他方でドイツ系市民の中には、多民族性にこそオーストリアの独自性があると主張し、個別的ナショナリズムに対抗してネーションステートとは異なるオーストリアの存在意義を説く「オーストリア理念」の構築を目指す勢力も存在した。帝国諸領邦の歴史的一体性やハプスブルク王朝への忠誠、カトリック信仰を根拠にした「オーストリア理念」は一方で「保守的」な装いを見せたが、個別的なナショナリズムを超えた政治共同体の統合理念を生み出そうと努めた点では「リベラル」な市民層の精神的後継といえた。そしてこの理念はハプスブルク帝国時代に限定されることなく、第一次大戦後ドイツから切り離された「オーストリア共和国」の国民として生きていかなければならなかった「ドイツ系オーストリア」市民の中に残り続けた。ナチス・ドイツとの合邦に反対し、ドイツとは異なる「オーストリア」独立の意義を主張する際に、彼らは再びハプスブルク帝国の伝統にその根拠を求めたからである。

本書においてはこのオーストリア市民層における「オーストリア理念」、「オーストリア・パトリオティズム」の側面を、特に第一次大戦期とファシズム期に着目して論じる。両時期に着目する理由は、この時期がエスニックなドイツ・ナショナリズムの興隆期であると同時に、それに対抗する理念としてのオーストリア・パトリオティズムが展開される契機ともなったからである。

(二) クラウス思想に「一貫性」はあるのか?

それでは次に、クラウス研究における本書のねらいを見ていこう。それは、第一に「啓蒙的・批判的文化」の側面において、クラウスという特異な知識人に「一貫」する論理を、彼の行った様々な論戦から明らかにすること、そして第二に「オーストリア・パトリオティズム」の側面において、クラウスの政治論から彼の政治的立場の「一貫」性を明らかにすることである。ここで「一貫」性という観点にあえてこだわる理由は、表面的に見れば、クラウスはまったく「一貫しない」思想家だからである。

例えば彼の支持した政治的党派を年代順に追ってみても、リベラル派(二〇世紀初頭)→保守派(第一次大戦前)→社会民主党(一九二〇年代)→オーストロ・ファシズム(一九三〇年代)と、そこにイデオロギー的な意味での一貫性を見ることは不可能である。[†28] また後述するように、ロースの進歩主義的な建築論を支持する一方で現代文明の没落を予言する「文化ペシミズム」的な論稿を発表し、フロイトと共に性的自由の拡大を訴える一方で精神分析学批判を行うなど、クラウスの「真意」を理解することはなかなか困難である。

つまり、彼が『ファッケル』で展開した様々な論戦を断片的に切り取れば、ありとあらゆるクラウス像を再構築することが可能になってしまうのだ。

それゆえ本書においては、第一に、クラウスの批判「対象」ではなく、クラウスが批判対象を攻撃するその「論理」の一貫性に着目する。すなわち世紀転換期においてロースと共闘した「装飾」批判（第1章）、フロイトと精神分析批判（第2章）、第一次大戦に対する批判（第3章）、ファシズム期におけるナチスに対する批判とオーストリア社民党に対する批判（第5章）というそれぞれ時期も対象もまったく異なる論戦において共通する「論理」に着目することで、クラウスの思想に一貫性を見出したい。その上で、このクラウスに一貫する時代批判の論理の「政治思想」的意味を、フェーゲリンのクラウス論を手がかりに明らかにする（第6章）。

クラウスの批判はつねに「言葉」を中心に展開され、彼は一貫して批判対象の言葉が持つイデオロギー性を問題にした。フェーゲリンは「イデオロギーへの抵抗と言語におけるリアリティの回復[†29]」という観点からクラウスを論じ、アドルノもクラウスを「精密な意味でのイデオロギー批判者[†30]」と呼んでいる。クラウスはさらにそのイデオロギー的な言葉が「メディア（＝プレス、Presse）」によって流通させられ人々の意識に定着することで新たな行為が生み出されることをより問題視した（クラウスが生涯の敵としたメディア＝プレスは、マスコミュニケーション・テクノロジー全体を指すもので、当時は特に新聞報道を意味していた）。

クラウスにとってメディアとは啓蒙の形骸化、精神なき進歩の典型であって、この進んだテクノロジー（メディア）と退化した精神（旧弊な市民道徳・市民文化、一元論的な科学主義、戦意高揚のロマン主義的スローガン、排他的なナショナリズム、ナチズムの妄想的な人種主義）の結託を、クラウスは批判し続けた。「啓蒙的・批判的」知識人として知られるクラウスの数々の論戦を見ていくと、彼の批判がつねにメディアに、そして、メディアを通じて流通する言葉の虚偽性、イデオロギー性に向けられていることが読みとれるのである。

第二に着目するのは、クラウスに内在する「オーストリア・パトリオティズム」の観点である。クラウスは従来、ハプスブルク帝国の伝統を肯定的に評価する「ハプスブルク神話」[†31]の「冷酷な破壊者」[†32]とむしろみなされてきた。これは第一次大戦後クラウスが社民党に接近したことや、皇帝フランツ・ヨーゼフに代表される旧支配層の戦争責任を厳しく追及したことなどに理由がある。だが晩年にオーストロ・ファシズム政権を支持したことにも見出せるように、クラウスの政治的立ち位置というのはきわめて曖昧で、そこに一貫性を見出すのは非常に困難である。

しかし本書では、クラウスがまさに「危機の時代」に展開した政治論、そして彼が支持した政治家たちを見ていくことで、クラウスの政治的立場にある種の一貫性を見出していきたいと考えている。第一次大戦前後において、クラウスは皇位継承者フランツ・フェルディナントを好意的に評価し、大戦中にはフランツ・フェルディナントのブレーンを務めた法律家で政治家のハインリヒ・ラマシュの「保守反戦思想」に共鳴した（第4章）。また一九三〇年代においても、オーストリアのドイツへの合邦を要求するヒトラーに対してオーストリア独立の意義を説いて抵抗したドルフスのオーストロ・ファシズム政権をクラウスは支持した（第5章）。あらゆる他者に「否（Nein）」を告げたクラウスが「然り（Ja）」と応えた政治家は、ドイツとは異なるオーストリア独自の存在意義を説く「オーストリア理念」を持つ政治家たちであった。この関連から、本書は従来のクラウス研究ではあまり注目されてこなかった彼の「オーストリア・パトリオティズム」を、彼の時事的な政治論から探り出していく。

三　本書の構成

本書は、現代オーストリア・ウィーン史の三つの危機の局面とクラウス、すなわち「世紀末文化」とクラウス、「第一次大戦」とクラウス、「二つのファシズム（ナチズムならびにオーストロ・ファシズム）」とクラウス、に焦点を当てる。各章の詳細な構成は以下の通りである。

第1・2章では「世紀末」[†33]ウィーンを主題とする。第1章においては、世紀末ウィーン文化において唯美派市民に対抗する啓蒙主義的文化の担い手となった、クラウスとロースの思想を探っていく。両者は前世代の歴史主義的市民文化に対してと同時に、同世代の唯美主義的市民文化に対しても厳しい批判者であり、個人的にも盟友関係にあったため、両者の思想は同列に並べて論じられることが多かった。しかし本書においては、たとえ敵が同じであったとしても、両者の議論が含意する論理構成や、その目指す社会像などに相違点が見られることを明らかにする。そうすることによって、「唯美派市民」に対抗する「倫理派市民」として一緒くたにされることの多いクラウスとロースの思想の差異を明確にし、クラウスやロースに代表される世紀末ウィーンのアヴァンギャルド文化が内包した思想の多層性、そしてクラウス思想の特徴を示す。

第2章では、世紀転換期ウィーンにおける「セクシュアリティ」をめぐる議論の中心にいたクラウスとフロイトの関係を詳細に検討する。クラウスとフロイトは一九〇四年から一九〇八年ころにかけて親しく、双方の著作の中でお互いの名前や学説に言及しあうなど友好的関係を続けていた。しかしこの関係は次第に冷却化し、一九一〇年には決定的な断絶を迎える。第2章では、このクラウス＝フロイト関係の断絶の一因になったフリッツ・ヴィッテルス――彼はクラウス、フロイト両者の個人的なサークルの一員であった――に着目し、クラウス＝フロイト＝ヴィッテルスという三者間の関係を思想史的に分析することで、なぜクラウスとフロイトが仲違いするに至ったかを伝記的に跡づける。加えてクラウスの精神分析批判の内容を検討し、クラウスが精神分析のどのような側面を批判していたのか、その論理を明らかにする。

第3・4章では「第一次世界大戦」期を主題とする。第3章においては、クラウスのテキストを中心に、彼の戦争批判の理論的分析を行う。クラウスの第一次大戦批判、ならびにその成果として生み出された長大な反戦戯曲『人類最後の日々』は、決して「特殊」オーストリア的な戦争論にとどまるものではなく、むしろ現代の戦争一般を考察する上で重要な「普遍」的著作として受け入れられてきた。第3章ではクラウスの戦争批判の「普遍性」、そしてその批判の論理の「連続性」に着目し、特に彼のメディア批判とテクノロマン主義批判の内容を詳細に検討する。

第4章においては、前章とは逆に、クラウスによる戦争批判の時代拘束的な「特殊性」に着目し、彼の反戦思想をオーストリア政治史の文脈から読み解いていく。クラウスのラディカルな反戦的態度は従来「左派的」なものと解釈されてきたが、第一次大戦中の『ファッケル』の論説を読むと、そこからはむしろラマシュに代表される保守的反戦思想への共鳴を読みとることができる。戦時中、ラマシュはハプスブルク帝国の枠組みを維持した終戦を望み、非ドイツ系国民に配慮した国内改革、無併合・無賠償の講和を訴え、戦争の継続と勝利の講和を求めるドイツ・ナショナル派を厳しく批判した。第4章ではクラウスとラマシュの反戦思想の関連を明らかにすることで、クラウスの戦争批判をラマシュに代表される保守的反戦思想の系譜に位置づける。

第5章では、「ファシズム」期を主題とし、クラウスのナチズム論とオーストロ・ファシズム論を検討する。クラウスは一九三三年という比較的早い段階においてナチズムの悪の「前代未聞さ」を認識し、大著『第三のワルプルギスの夜』を書き上げた。第5章ではまず前半部においてクラウスがナチズムのどういった部分を問題視していたのか、彼の論理の一貫性に注意を払いながら、第一次大戦批判との関連性を重視して論じる。後半部ではクラウスのドルフス論と社民党批判をとりあげ、クラウスが当時のオーストリア政治史の文脈の中でどのようにドルフス支配を正当化したのかを跡づけていく。そしてこのクラウスの政治判断に対する同時代のクラウス支持者たちの賛否両論様々な反応を検討した上で、ドルフスの権威主義統治を擁護したクラウスの政治的立場の問題性を検討する。そうすることで、一九三〇年代の非マルクス主義系オーストリア知識人の現実政治との関わり方の一類型を抽出したい。

このように時系列的にクラウスの数々の論戦を検討した上で、第6章においては、「啓蒙的・批判的」知識人としてのクラウスの論理の一貫性、すなわち彼の「メディア」批判・「イデオロギー言語」批判の「政治思想」的意味を考察する。その際、本書と同様にメディア批判・イデオロギー言語批判をクラウス思想の核心と見るフェーゲリンのクラウス論に依拠し、クラウスが生涯を通じ問題としたものは何だったのかを、「政治思想」的観点から整理する。

最終章では、オーストリア思想史における「啓蒙的・批判的」文化と「オーストリア・パトリオティズム」という二側面を強調し、それぞれの観点からクラウス思想の「一貫性」を見る、という本書のプロジェクトが成功しているかを検討した上で、政治思想という観点から、クラウス思想の「意義」と「限界」を考える。

†1　Carl E. Schorske, *Fin-de-siécle Vienna: Politics and Culture*, New York, 1981（『世紀末ウィーン――政治と文化』、安井琢磨訳、岩波書店、一九八三年）.

†2　「公式のウィーンモデルネ」、「批判的ウィーンモデルネ」というのはミルコ・ゲンメルの用語である。Mirko Gemmel, *Die kritische Wiener Moderne. Ethik und Äs-*

thetik. Karl Kraus, Adolf Loos, Ludwig Wittgenstein, Berlin, 2005, S. 50. また田尻三千夫も次のように指摘している。「ショースキーを中心としてオーストリアのブルジョワジーの脆弱さ、その自由主義文化の政治的危機からウィーン世紀末の繊細で受動的、審美的で非政治的な〈心理的人間〉が生まれたとする見解は、おそらくいまや通説とみなしてよいだろう」（田尻三千夫「シュニッツラーと三つの古き良き言葉」、『ドイツ文学』、第八一号、一九八八年、二七頁、傍点引用者）。

†3 Steven Beller, *Vienna and the Jews 1867–1938: A Cultural History*, Cambridge, 1989, p. 187（『世紀末ウィーンのユダヤ人――一八六七―一九三八』、桑名映子訳、刀水書房、二〇〇七年、二一六頁）。

†4 本書はクラウスを軸にした近現代「オーストリア」政治思想史・政治文化史研究を主題としているが、その際研究対象とする地域はハプスブルク帝国時代でいえばオーストリア＝ハンガリー二重王国のハンガリー側を除いた範囲（ツィスライタニア）であり、第一共和国時代でいえば今日のオーストリア共和国の範囲である。そして中でも帝国期からファシズム期に至るまでその首都の座にあった――そしてクラウスがその生涯の大部分を過ごした――ウィーンに焦点を当てる。また、その思想史の担い手として想定している社会層は「ドイツ語」を話す「財産と教養」に基づいた市民層である（クラウスのような同化ユダヤ人もこの層に入れる）。

　この意味で非ドイツ系民族にとって（例えばチェコ人やポーランド人、非同化ユダヤ人）、あるいはウィーン以外のオーストリア諸都市の住民（例えばザルツブルクやグラーツの住民）にとって、あるいはウィーンにおける労働者層にとっての「オーストリア問題」は本書の議論の主題からは外れることになる。包括的な意味でのオーストリア政治思想史・政治文化史研究を行うためにはこうした様々な地域や、様々な担い手それぞれにとっての「オーストリア問題」を検討することが必要になるだろう。

†5 筆者が参照したクラウスの伝記的研究としては以下のものがある（個別研究に関してはその都度注に記載してある）。

　ドイツ語文献としては以下を参照した。Paul Schick, *Karl Kraus*, Hamburg, 1965; Friedrich Jenaczek, *Zeittafeln zur „Fackel“. Themen—Ziele—Probleme*, München, 1965; Caroline Kohn, *Karl Kraus*, Stuttgart, 1966; Hans Weigel, *Karl Kraus oder die Macht der Ohnmacht. Versuch eines Motivenberichts zur Erhellung eines vielfachen Lebenswerks*, Wien, 1968; Jens Malte Fischer, *Karl Kraus*, Stuttgart, 1974; Alfred Pfabigan, *Karl Kraus und der Sozialis-*

mus. Eine politische Biographie, Wien, 1976; Harry Zohn, *Karl Kraus*, aus dem Amerikanischen von Ilse Goesmann, Frankfurt am Main, 1990; Wolfgang Hink, *Die Fackel. Bibliographie und Register, 1899 bis 1936*. Band 1–2, München, 1994; Friedrich Rothe, *Karl Kraus. Die Biographie*, München, 2004.

英語文献は以下を参照した。Frank Field, *The Last Days of Mankind: Karl Kraus and his Vienna*, London/Melbourne/Tronto, 1967; Wilma Abeles Iggers, *Karl Kraus: A Viennese Critic of the Twentieth Century*, Hague, 1967; Edward Timms, *Karl Kraus, Apocalyptic Satirist: Culture and Catastrophe in Habsburg Vienna*, New Haven/London, 1986; Edward Timms, *Karl Kraus, Apocalyptic Satirist: the Post-War Crisis and the Rise of the Swastika*, New Haven/London, 2005.

邦語文献としては、池内紀『闇にひとつ炬火あり——ことばの狩人カール・クラウス』（筑摩書房、一九八五年）ならびにクラウスを特集した『思想』（第一〇五八号、二〇一二年六月、所収の河野英二による「生涯年譜」、「主要著作紹介」、「『ファッケル』年代記」（四一五—四六二頁）が挙げられる。

このように欧米には数多くのクラウスの伝記的研究が存在するが、中でも本書で繰り返し言及する上下巻で千頁以上に及ぶエドワード・ティムズの研究が最も浩瀚なものである。ほかにもクラウスを社会主義との関係から政治思想的に論じたアルフレート・プファビガンの研究、時系列ではなくテーマごとにクラウスの言論活動を検討したヴィルマ・アベーレ・イガースの研究、比較的新しいフリードリヒ・ロートのクラウス伝、さらには今のところ日本で唯一のクラウス伝である池内紀の研究に至るまで、数多くのすぐれた先行研究が存在する。

序章で後述するように、こうした先行研究と比べた本書の独自性とは、（一）「装飾」批判、「精神分析」批判、「第一次大戦」批判、「ナチズム」批判、「社民党批判」といったクラウスの様々な論戦を、すべてに一貫する論理である「メディア」批判、「イデオロギー言語」批判という側面から捉えなおし、さらにこの論理をクラウスに影響を受けた政治哲学者であるエリック・フェーゲリンの政治思想と関連づけてまとめている点、（二）クラウスの「第一次大戦」批判、「ナチズム」批判といった政治的言論活動をオーストリア政治史の文脈から捉えなおし、彼のラマシュ論やドルフス論を手掛かりに、その批判の立脚点を「オーストリア・パトリオティズム」の側面からまとめている点、にある（その他個別の論点に関する先行研究との関係については、各章で言及している）。

†6　Stefan Zweig, *Die Welt von Gestern. Erinnerungen eines Europäers*, Frankfurt am Main, 1944=2010, S. 36（『昨日の世界』、原田義人訳、みすず書房、一九六一年、四五頁）.

†7　クラウスのノーベル賞への推薦についてはノーベル財団のデータベースから確認できる。http://www.nobelprize.org/nomination/archive/search_people.php（二〇一五年一一月一三日アクセス）。同データベースによると、クラウスは一九二六年、二八年、三〇年と三度にわたって、フランスのゲルマニストであるシャルル・アンドレらによって推薦された。

†8　Bernhard Diebold, Und die Kultur?, in: *Frankfurter Zeitung*, 16 April 1933, S. 12. 蔭山宏『ワイマール文化とファシズム』、みすず書房、一九八六年、九七頁以下。

†9　Timms, *Karl Kraus*, 1986, p. 50.

†10　フロイトについては本書第2章を、ロースについては第1章を、ウィトゲンシュタインについてはAllan Janik and Stephen Toulmin, *Wittgenstein's Vienna*, New York, 1973（『ウィトゲンシュタインのウィーン』、藤村龍雄訳、平凡社ライブラリー、二〇〇一年）を参照のこと。

カネッティは友人に誘われて一九二四年四月のクラウスの三〇〇回記念講演会に行って以来その常連となった（Elias Canetti, *Die Fackel im Ohr. Lebensgeschichte 1921–1931*, München/Wien, 1980=1993, S. 66 ff.［『耳の中の炬火』、岩田行一訳、法政大学出版局、一九八五年、八二頁以下］）。

シャルガフは一九二〇年代に彼が「われわれの魂の劇場」と呼ぶクラウスの講演に通いつめ、そのほとんどの回で最前列に陣どるベルク夫妻を目撃したと回想している（Erwin Chargaff, *Heraclitean Fire: Sketches from a Life before Nature*, New York, 1978, pp. 23–28［『ヘラクレイトスの火』、村上陽一郎訳、岩波現代選書、一九八〇年、二八—三四頁］）。

†11　アドルノについてはシュテファン・ミュラー＝ドームによる伝記（『アドルノ伝』、徳永恂監訳、作品社、二〇〇七年、一〇五頁）を参照のこと。

ベンヤミンは一九二八年三月にベルリンで初めて聴いたクラウスのオペレッタ朗読の感想を、友人のアルフレート・コーンに宛てた書簡に記している（Walter Benjamin, *Gesammelte Briefe*. Band III, Frankfurt am Main, 1997, S. 358–359［『ヴァルター・ベンヤミン著作集14　書簡I　一九一〇—一九二八』、野村修編訳・解説、晶文社、一九七五年、二六〇—二六二頁］）。

†12　Theodor W. Adorno, Sittlichkeit und Kriminalität. Zum elften Band der Werke von Karl Kraus, in: *Gesam-*

melte Schriften. Band 11, Frankfurt am Main, 1984, S. 367–387（「モラルと犯罪——カール・クラウス作品集の第十一巻に寄せて」、高木昌史訳、『文学ノート』、第二巻、みすず書房、二〇〇九年、五六—八〇頁）. なおアドルノは主著の『否定弁証法』も含め著作の端々でクラウスに言及している。Max Horkheimer, Karl Kraus und die Sprachsoziologie, in: *Gesammelte Schriften*. Band 13, Frankfurt am Main, 1989, S. 19–24; Walter Benjamin, Karl Kraus, in: *Gesammelte Schriften*. Band 2-1, Frankfurt am Main, 1977, S. 334–367（「カール・クラウス」、内村博信訳、『ベンヤミン・コレクション』第二巻、ちくま学芸文庫、一九九六年、四八五—五五四頁）.

†13　アレントについては *Men in Dark Times*, New York, 1968, p. 172（『暗い時代の人々』、阿部斉訳、ちくま学芸文庫、二〇〇五年、二六八頁）ならびに *The Origins of Totalitarianism*, New York, 1968, pp. 65–66（『全体主義の起原』、第一巻、大久保和郎訳、みすず書房、一九八一年、一二六—一二八頁）を参照のこと。フェーゲリンについては本書第5・6章を参照。

†14　Karl R. Popper, *The Open Society and Its Enemy, volume 2, Hegel and Marx*, London, 1945=1969, pp. 334, 337（『開かれた社会とその敵（下）』、小川原誠・内田詔夫、未來社、一九八〇年、三四〇、三四五頁）.

†15　Franz Blei, *Das Grosse Bestiarium der modernen Literatur*, Berlin, 1920=1922, S. 30–31（『ウィーン世紀末文学選』、池内紀編訳、岩波文庫、一九八九年、一七五—一七六頁）. 同論はシュミットの手によるものと認められ、シュミットの初期著作集にも収められている（Carl Schmitt, *Die Militärzeit 1915 bis 1919. Tagebuch Februar bis Dezember 1915. Aufsätze und Materialien*, Ernst Hüsmert und Gerd Giesler [Hg.], Berlin, 2005, S. 472–473）。

†16　リングシュトラーセとは、一九世紀半ばまでウィーンを取り囲んでいた市壁を取り払った跡地に建設された大通りと再開発されたその周辺地域を指す。この開発には資本主義に見合った合理的で機能的な都市空間へとウィーンを再編成していくという意図があると同時に、勝利した市民層の価値観を、都市改造を通じて具現化するという意味があった（Schorske, *Fin-de-siécle Vienna*, p. 31［『世紀末ウィーン』、五二頁］）。

†17　このオーストリアにおける「リベラル派市民層」の特徴づけをめぐる議論は、ショースキーに依拠するものも、それに反対するものも含め、様々な研究において展開されている。そうした先行研究を簡潔に整理したものとして、Milachi Haim Hachohen, The Culture of Viennese Science and the Riddle of Austrian Liberalism, in: *Modern Intellectual History*, vol. 6, 2nd issue, 2009, pp. 369–

396を参照のこと。

†18　ショースキー『世紀末ウィーン』の中で、クラウスへの言及箇所は六カ所あるが（*Fin-de-siècle Vienna*, pp. 8, 17, 233, 251, 339, 363［『世紀末ウィーン』、二五、三四、二九三、三一三、四二四、四五三頁］）、いずれもクリムトへの誤った批判者として、あるいはココシュカの後見役としてといった簡単なものにとどまる。

　この点について訳者の安井琢磨は、解説で以下のように書いている。「この書がウィーンの精神風景の〈完成図〉となっていないという著者の弁明にもかかわらず、それでもなお——例えば——ウィトゲンシュタインやカール・クラウスに関する論稿が欠けていることを惜しむ声が挙がるかもしれない。（中略）多くの文献があるウィトゲンシュタインは別としても、カール・クラウス論の包摂を求める希望には一理があろう」（同前、四六二頁）。

†19　「自由派の新聞の書き手が内向的な自意識の領域に、〈自由〉を仮構しようとしたのとは対照的に、ウィーンではヨーゼフ二世の啓蒙絶対主義体制下で短期間だけ成立したあと、新絶対主義期に著しく後退した〈市民的－文学的な公共性〉を独自の形で復権させようとしたのがクラウスであった」（河野英二「〈書かれた見せもの芸術〉の共演者と観客たち」、『思想』、第一〇五八号、二〇一二年六月、一一二頁）。

†20　Carl E. Schorske, *Thinking with History: Explorations in the Passage to Modernism*, New Jersey, 1998. クラウス論は‘Grace and the Word: Austria's Two Cultures and Their Modern Fate, pp. 125–140を参照。

†21　Robert Kann, *A Study in Austrian Intellectual History: From Late Baroque to Romanticism*, New York, 1980. ショースキーの言及箇所はSchorske, *Thinking with History*, pp. 125–126.

†22　Schorske, *Thinking with History*, p. 135.

†23　こうした「オーストリア人」意識、「オーストリア理念」に関する邦語の先行研究には、村松惠二『カトリック政治思想とファシズム』（特に第四章、創文社、二〇〇六年）、梶原克彦『オーストリア国民意識の国制構造——帝国秩序の変容と国民国家原理の展開に関する考察』（晃洋書房、二〇一三年）がある。

†24　例えばツィスライタニアにおけるドイツ人の人口は三五・六%で割合としては最も多いが、チェコ人（二三%）、ポーランド人（一七・八%）、ルテニア人（一二・六%）といったスラブ系諸民族を合計すれば容易に少数派に転落した（ただし「スラブ系」は必ずしも一枚岩の民族集団ではなかった）。しかもこれにハンガリー側を加えればますますドイツ人の人口割合は低くなる。

ハプスブルク帝国の人口統計については Robert Kann, *The Multinational Empire: Nationalism and National Reform in the Habsburg Monarchy 1848–1918*, vol. II, New York, 1950, pp. 299–307を参照のこと。

†25　「バデーニ言語令事件」とは、オーストリア首相カジミール・バデーニが提案した言語令をめぐりチェコ人とドイツ人の対立が深刻化した事件である。同政令はボヘミアにおける官吏にドイツ語ならびにチェコ語の習得を義務づけるもので、既得権益を侵害されるドイツ系市民が猛反発し、ウィーンでも大規模なデモが発生した。

†26　ヒトラーは『わが闘争』の中で、ハプスブルク帝国における「王朝的パトリオティズム」と「フェルキッシュなナショナリズム」の対立にふれ、「ドイツ性の維持にはオーストリアの否定が前提であり、ナショナルな感情というものは王朝的パトリオティズムとは同一ではなく、なによりハプスブルク王家はドイツ・ネーションを不幸にする」と述べている（Adolf Hitler, *Mein Kampf*, München, 1934, S. 11–14 [『わが闘争（上）』、平野一郎・将積茂訳、角川文庫、二〇〇一年、三一—三五頁]）。

†27　Hannah Arendt, *The Origins of Totalitarianism*, pp. 227–243（『全体主義の起原』、第二巻、大島通義・大島かおり訳、みすず書房、一九八一年、一七〇—一九七頁）.

†28　彼の政治的立場の変転と彼の政治思想の捉えがたさについては、本書第6章第一節を参照のこと。

†29　Eric Voegelin, *Autobiographical Reflections*, in: *CW*, vol. 34, p. 45–46（『自伝的省察』山口晃訳、而立書房、一九九六年、三〇頁）.

†30　Adorno, Sittlichkeit und Kriminalität, S. 371（「モラルと犯罪」、六〇頁）.

†31　「ハプスブルク神話」とは旧ハプスブルク帝国領でもあるトリエステ出身のオーストリア文学研究者クラウディオ・マグリスの生み出した概念である。マグリスは、このハプスブルク帝国独自の存在意義を肯定的に論じる神話の要素として（一）超民族主義、（二）官僚制、（三）快楽主義の三点を挙げる。マグリスが文学における「ハプスブルク神話」を研究したとすれば、本書は彼に倣って政治思想における「ハプスブルク神話」の検討を目指すものである（特に第4・5章）。Claudio Magris, *Der habsburgische Mythos in der österreichischen Literatur*, Übersetzung von Madeleine von Pasztory, Salzburg, 1966, S. 7–22（『オーストリア文学とハプスブルク神話』、鈴木隆雄・藤井忠・村山雅人訳、書肆風の薔薇、一九九〇年、一七—三七頁）.

†32　Magris, *Der habsburgische Mythos in der österreichischen Literatur*, S. 236（同前、三三四頁）.

†33　本書で「世紀末」をとりあげる際に対象とするのは、狭義の世紀末――すなわち一九世紀末の数年間――ではなく、一九世紀末から第一次大戦開戦前夜までである。ショースキーの議論を含め、「世紀末ウィーン」論の多くが狭義の世紀末に限定されていないこともあるが、ドイツ語でこの時代をさすのに用いられる「世紀転換期(Jahrhundertwende)」という言葉が含意するのは旧い世紀の終わりと新しい世紀の始まりの十数年間だからである。

第1章

世紀転換期ウィーンにおける「装飾」批判とその意味
――カール・クラウスとアドルフ・ロース

一　はじめに――唯美主義への批判者たち

カール・クラウスとアドルフ・ロース（一八七〇―一九三三）の二人は「世紀末ウィーン」を語る上で欠くことのできない登場人物である。片やドイツ、オーストリアに蔓延るありとあらゆる腐敗に噛みつき、舌鋒鋭い批判を浴びせかけた稀代の諷刺家にしてジャーナリスト、片や王宮の真向かいに無装飾の建物（「ロース・ハウス」）を設計し、歴史主義的な建築物に彩られたウィーンを「ポチョムキン都市」[†1]と嘲弄して憚らなかった建築家にして文化批評家。この二人の「アンファン・テリブル」は、世紀末ウィーン文化を論じる際に好んでとりあげられてきた。[†2] ウィーン文化論において、クラウスとロースを、バロック的伝統の後裔（＝「唯美派」）に対抗する啓蒙的伝統の後裔（＝「倫理派」）とグループ分けするカール・E・ショースキーの研究や、ロース、アルノルト・シェーンベルク、ルートヴィヒ・ウィトゲンシュタインといった文化的アヴァンギャルドを、一括して「クラウス主義者」として論じるアラン・ジャニクとスティーブン・トゥール

ミンの研究はその代表的な例といえよう。[†3]

両者がこのようにまとめて論じられることにいわれがないわけではない。世紀末ウィーン研究の文脈において考えてみると、クラウスとロースは共に、既存のウィーン市民社会に対すると同時に、彼らの同世代の唯美主義者たちに対するラディカルな批判者であった。この両戦線において二人は共闘関係にあり、クラウスはロースを擁護する論文を『ファッケル』に何度も掲載しているし、また彼自身の時代批判を展開する上でもロースに繰り返し依拠している。ヘルマン・バールやフーゴー・フォン・ホフマンスタールといった文学者、ヨーゼフ・オルブリッヒ、ヨーゼフ・ホフマンといった建築家・デザイナーに代表される唯美主義的な文化とは異なる、同時代のウィーン文化のもう一つの側面、すなわちその「批判的」側面を捉えようとするならば、クラウス、ロースといった当時の文化アヴァンギャルドに対する着目が必要となるのである。

また伝記的事実からも二人の関係の深さは伝わってくる。ロースはクラウスにとって数少ない生涯にわたる友人であった。その批判の舌鋒鋭さゆえに当初の友好関係が崩れ、後にクラウスと敵対関係に陥った友人、知人は数多いのだが（その代表例が次章で論じるジークムント・フロイトである）、クラウスとロースの友情関係が決定的に壊れることはなかった。クラウスは自らの兄弟アルフレートやルドルフの家のデザインをロースに委託するなど経済的な援助も行っていたし、[†4] ロースが一九三三年に亡くなった際、彼の弔辞を読んだのはほかならぬクラウスであった（F888: 1–3, 1933）。一方でロースも、一九一一年にクラウスがカトリック教会に入信した際の代父を務めるなど[†5]（その後クラウスは一九二二年に教会から離れた）、両者の関係は「持ちつ持たれつ」であったといえるのである。

しかしこのように共闘関係が指摘されることの多い両者ではあるが、従来同列に並べて論じられることの多かったこの二人の思想の差異を指摘する研究もいくつか存在する。[†6] そうした研究においては、クラウスとロースにとって「共通の敵」——前世代の守旧派と同世代の唯美主義者——が世紀末ウィーンに存在したことは事実であるとしても、彼らの議論の枠組みや、目指した社会像には相違点が数多く見られることが強調されるのである。本章では、こうした従来の研究に基本的に依拠しながらも、両者の議論を政治・社会（学）的側面と心理（学）的側面から整理しなおし、その比較作業を通じてクラウスとロースの相違点をより明確にする。さらに二点目の心理（学）的側面の検討にあたっては、クラウスと交流のあったフロイトの思想とも比較する。クラウスとロース、さらにフロイトの思想上の差異を論じることで、世紀末ウィーンにおける文化アヴァンギャルド思想の多様性を見出す一助としたい。とりわけロース、フロイトとの比較を通じ、「市民的啓蒙」あるいは「リベラル派市民層」の後継者と簡単には分類しがたいクラウスの時代批判の「論理」を明らかにすると共に、その一貫した論理が後の第一次世界大戦批判へと連続的につながっていることを示唆する。

結論を先取りしていえば、「政治・社会（学）」的側面において、ロースが西洋諸国（特にイギリスとアメリカ）の進歩した政治文化を高く評価し、そこを基準としてオーストリアの「後進性」を批判したとすれば、クラウスには——一部ロースと同じような議論の展開は見られるものの——オーストリアを含めた西洋諸国一般の進歩を「堕落」として捉える文化ペシミズムの傾向が強く見られる。また「心理（学）」的側面においては、ロースが「装飾」——これはロースの文化批判のキーワードである——を未発達な人間の「抑制なき衝動」の発露として捉え、芸術を「衝動の抑制」の結果生まれた高度な文化と考えていたとすれば、クラウスは進歩した西洋市民社会の「衝動の抑圧」による退行現象として「装飾」を捉え、むしろ「衝動の解放」に装飾とは区別される芸術の根源を見出していたのである。

二　アドルフ・ロースの「装飾」批判

ロースの思想を検討する前に、簡単に彼の生涯について紹介しておこう。[†7] アドルフ・ロースは一八七〇年に石工の息子としてモラヴィアのブリュンに生まれた。彼はクラウスと異なりユダヤ系ではないが、クラウス同様もとは現チェコ領出身の非ウィーン人であった。ギムナジウム、ドレスデンの王立工科大学を経て、一八九三年から三年間をアメリカで過ごした。帰国後は建築デザイナー、文筆家として活動を始め、早くも一八九八年にはウィーンを代表する日刊紙である『ノイエ・フライエ・プレッセ』で連載を持っている。建築デザインの分野でも「カフェ・ムゼーウム」（一八九九年）、「ケルントナー・バー」（一九〇八年）などの作品を生み出し、一九一〇年にはウィーン中を議論の渦に巻き込んだ「ロース・ハウス」を設計した。同年にはウィーンやベルリンで講演会を開催し「装飾と犯罪」を朗読している。第一次大戦後は「赤いウィーン」として知られる社会民主党主導の市政運営に一時携わり、同党の住宅政策に関わった。その後パリへ移住し、ダダイストとして知られるトリスタン・ツァラの住居などを手がけ、一九三三年にウィーンで死去した。

彼の文筆作品は生前に刊行された、初期著作集『虚空に向けて語る』（一九二一年）と「装飾と犯罪」を含め多くの論稿を集めた『にもかかわらず』（一九三一年）、さらに一九八〇年代になってから編集・刊行された『ポチョムキンの都市』（一九八三年）の三冊にまとめられており、邦訳も一部存在する。[†8]

ロース思想については、彼の代表作といえる講演論文「装飾と犯罪」[†9]の内容を紹介することから始めたい。同論文は世紀末ウィーン研究において必ずといっていいほど言及されるものであるが、そのタイトルにあるように「装飾」をキーワードとしてロース論を展開するにあたって、彼の思想のエッセンスを知るためにもこの論文の理解は不可欠と思われるからである。

同論文の冒頭で、ロースはヘッケル流の進歩主義的な文化観を披露する。すなわち胎児が母親の胎内で生物の発展段階を経験するように、子どもは生まれた後も二歳のときはパプア人、四歳で古代ゲルマン人、六歳ではソクラテス、八歳ではヴォルテールと人類文化の発展段階をたどり、そして大人になって現代人に至る、とロースは主張するのである。ロースにとって同時代のオーストリアの政治文化の問題とは、オーストリアがいわばこの「パプア」的段階にとどまっているということにあった。

では果たして、文化の進歩とは何を基準に測ることができるのであろうか。ここでロースが持ち出すのがこの講演のタイトルでもある「装飾」というキーワードである。ロースにとって「文化の進化とは日用品から装飾を取り除くということと同義」である。[†10] 彼の生きる近代ヨーロッパ社会にあって、自分の家、持ち物に装飾を施し、あまつさえ自分の身体にまで装飾（ロースはタトゥーを強く批判している）を刻み込む者は「犯罪者か、それとも変質者」にほかならない。[†11] それゆえ装飾とは、近代ヨーロッパにおいては、「後進性」を示す「退廃現象」である。ロースはあたかも預言者のように、この講演の中で次のように聴衆に呼びかける。

泣くな、見よ。新しい形の装飾が生み出されないことこそ、われわれの時代が偉大なることの証なのではないか。われわれは装飾を克服したのであり、装飾がなくとも生きていけるようになったのである。見よ、それが完全に実現される日は目前に迫っているのだ。まもなく、都市の街路という街路が白壁のように光り輝く日が来ることだろう。聖なる都市、天国の首都シオンのように光り輝く日が。[†12]

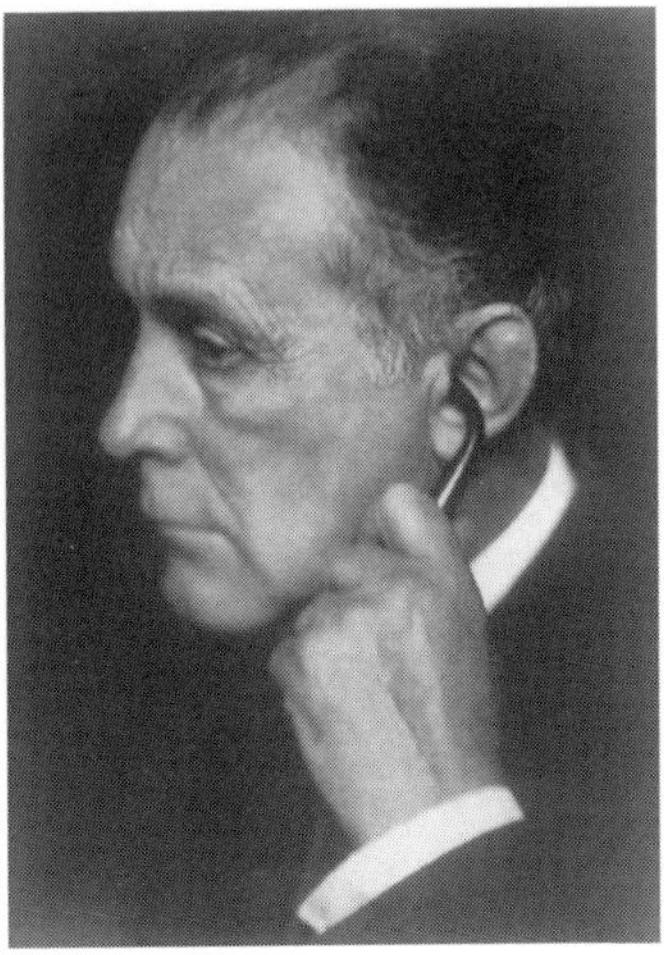

アドルフ・ロース

ロースにとって「装飾」が文化的後進性の現れだとすれば、「無装飾」こそ文化の進歩の現れであり、「精神力の証」なのである。[†13] この一見極端な進歩主義的議論で果たしてロースは何を主張しようとしたのであろうか。その意味を政治・社会（学）的な側面と心理（学）的な側面、両側面から見てみよう。

第一に、ロースの「装飾」批判の政治・社会（学）的な意味とは、オーストリアの「後進性」に対する批判であった。「装飾と犯罪」という論文はもともと講演原稿で、ロースは一九一〇年一月にウィーン、三月にはベルリン、一二月にはミュンヘン、さらに翌年三月にはプラハ（同講演にはフランツ・カフカも参加している）[†14]と、中欧諸都市でこれを朗読した。[†15] そしてこの時期のロースにとって最大の懸念事項は「ロース・ハウス」をめぐるスキャンダルであった。この具体例を参照しながら、「装飾と犯罪」が書かれた時代背景を見ていこう。

ロースは一九〇九年にウィーン中心部のミヒャエラー・プラッツにある紳士服店「ゴールドマン＆ザラチュ」に委託され、大理石に被覆された下層階と、真っ白で平らな上層階からなるきわめてシンプルな建築物（「ロース・ハウス」と呼ばれる）を設計した。しかし翌一九一〇年九月には、そのデザインの無装飾性ゆえに、市当局から工事の一時中止命令が出されてしまう。王宮の真向かいにこのような無装飾の建築物を作ることは「不敬である」と考えられたのだ。[†16] この問題はウィーン市議会でもとりあげられ、保守系のキリスト教社会党の議員カール・リィクルは「最近建築された多くの民間の建物の中で「ロース・ハウスほど」不快感と怒りを惹起させたものはない」と批判し、ロース・ハウスを「化け物屋敷」と呼んで、デザインの修正を要求するよう市長に求めている。[17] 最終的にロース側がデザインについて多少の妥協をすることで一九一二年には認可が下りるものの、政治・行政・建築家・評論家・メディアを巻き込んだロース・ハウスをめぐる論争[18]は、約二年間ウィーンをにぎわせることとなった。自身と自身の建築物への非難の高まりを目の当たりにし、ロースは持病の胃潰瘍をひどく悪化させてしまったほどである。[19]「装飾」の批判者ロースは、ウィーンにあっては「無装飾」性ゆえに非難されたのだ。

この「無装飾」の主唱者ロースと「装飾」の擁護者である市当局、ひいてはハプスブルク帝国との対決は、「装飾と犯罪」の文脈でいえば、「現代人」ロースと「パプア的」段階にあるハプスブルク帝国の対決を意味していた。もちろん「装飾と犯罪」それ自体は「ロース・ハウス」問題が生じる以前に書かれたものであり、「装飾」の除去を文化の進歩と見るロースの文化史観は一九世紀末までさかのぼることができるものである。[20] しかし「ロース・ハウス」問題が生じた後である一九一〇年一二月のベルリンでの講演「建築について」において、ロースは「文化の進化とは日用品から装飾を取り除くということと同義である」という「装飾と犯罪」のキーセンテンスを一言一句変えることなく繰り返して自説を展開し、自らの建築物を擁護した。[21]

ロースにとって、「ロース・ハウス」をめぐる市当局あるいはその背後にあるハプスブルク帝国との対決とは、一九世紀末以来の自らの思想信条をめぐる争いの顕在化を意味していた。彼のいささか極端な進歩主義は、ハプスブルク帝国の後進性へのこの対決意識から生じたものと考えるべきなのである。「装飾と犯罪」の中でロースは、ハプスブルク帝国を「国民の文化的発展に歯止めをかけることを自己の務めと心得ている国家」と揶揄する。[22] ロースは一八九三年から三年間にわたりアメリカで暮らし、[23] 帰国途上でロンドンとパリにも滞在した経験があった。彼は自らのこの「西洋」経験から「東の国」オーストリアの後進性の批判を、「装飾」というキーワードを軸に行ったのである。

例えばロースは一九〇三年に自ら発行した雑誌『他者』に、「西洋文化をオーストリアに導入するための小冊子」という副題を与えている。[†24] アルフレート・プファビガンが指摘するように、ロースにとっての「シオン」とは西洋を意味し、彼にとっての「オーストリア的なもの」とは克服さるべき何ものかに過ぎなかった。[†25]「西洋文化の中心はロンドン」にあった。[†26] それゆえロースの議論の端々には、頻繁にアメリカやイギリスとオーストリアを比較する議論が見られる。彼はより進んだ、現代的なアメリカとイギリスの文化の視点から、後進的なオーストリア文化を批評している。[†27] それゆえクラウスもロースを「反ウィーン人」(F363–365: 4, 1912)[†28]、「よきアメリカ人」(F329–330: 10, 1911)[†29] と呼んでいたくらいである。

序章で見たように、ショースキーは『世紀末ウィーン』において、オーストリアにおける市民革命の挫折、市民層の唯美的領域への撤退と貴族文化への同化を軸に世紀末ウィーン文化を論じた。[†30] しかしロースの試みとは、同時代の彼の支持者にとってまさに「美的領域における市民革命の追体験」[†31] を意味していた。ロース本人も自らの建物を「市民的建築物」と呼んでいる。[†32] たとえそれが美的領域に過ぎなかったとしても、ロースはそこで旧体制に闘いを挑んだ。そしてロースにとって政治、経済、文化におけるオーストリアの後進性の象徴こそが「装飾」であった。それゆえ装飾におぼれるオーストリアは、ロースの議論のロジックにおいて、後進性、退廃、病的、未開、野蛮といった負の記号を背負うことになるのである。

ではなぜこうしたオーストリアの「後進性」批判を、ロースは「装飾」批判という形で行ったのだろうか。この点に関して重要なのが、彼の思想が持つ「心理(学)」的な含意である。彼は建築物や日用品に装飾を施すことを強く批判したが、一方で芸術作品は高く評価した。ロースは「だがわれわれには芸術がある、装飾は必要ない。われわれは、一日の仕事を終えた後、ベートーヴェンやトリスタンを観賞しに行く」と主張する。[†33] ロースは実用を目的とする日用品から装飾を剝ぎとることを是とし、芸術を日用品の領域から独立させようとした。それゆえロースは、実用性が求められる通常の建築は芸術とは関係がないと述べ、芸術としての建築が成り立つのは「墓碑と記念碑」のみだ、とまで主張している。[†34] ではこの日用品に装飾を刻み込むこと（極端な例では身体の装飾としてのタトゥー）に対する否定的評価と、自律化された芸術に対する肯定的評価の区別は、どこから生じるのであろうか。

この評価の相違が生じる理由を理解するには、ロースが装飾、あるいは芸術の起源をどこに見定めていたのかを考慮に入れなければならない。ロースによると、その起源とは「内なる衝動」である。この衝動が未分化のまま装飾の形で露出するのが低次の文化であるとすれば、それが抑圧、昇華され芸術作品として形象化されるのが高次の文化である。ロースは次のようにいう。

自分の顔を飾り立てたい、そして自分の身の回りのものすべてに装飾を施したい。そうした衝動（Drang）こそ造形芸術の起源である。それは美術の稚拙な表現だともいえよう。また芸術はすべてエロティックなものだ。[†35]

芸術を生み出す根源にエロティックな衝動があることをロースは認める。だがそれがむきだしに表出される場合（装飾）と昇華されて表出される場合（芸術）をロースは峻厳と区別する。ロースが建築物、日用品への装飾やタトゥーを非難するのは、この内なる衝動が日常生活のあらゆる局面に垂れ流される「慎みのなさ」に向けられたものであった。[†36]

ロースは現代という時代の偉大さ、そして現代人の個性の強さを高く評価している。進歩した高次の文化段階に生きる現代人は、もはや装飾によって個性を示す必要はない。ロースは「放縦な衝動遊戯（すなわち道徳的自己喪失）への没入」よりも「過剰装飾の去勢（すなわちエロティックな自己切断）」をよしとする[†37]。それゆえ現代においてもなお装飾を求める者は、未分化な形の内なる衝動を垂れ流す、その精神性の弱さを非難されることになる。

このように文化の起源に「衝動」を見るのは、「欲動（Trieb）の抑え込み」こそ文化の起源[†38]とする同時代のフロイトの議論と、用語こそ違うものの並行するものといえる[†39]。例えば『文化の中の居心地悪さ』の中でフロイトは次のように主張している。

文化とはそもそも欲動断念の上に打ち立てられており、様々の強力な欲動に満足を与えないこと（抑え込み、抑圧、あるいはほかにも何かあるかもしれない）こそが文化の前提である[†40]。

フロイトはその一例として人間による火の獲得を挙げ、自然に燃えている火を排尿行為で消すという性的欲求を断念し、火を持ち帰ることで、「火の馴致」という「文化的偉業」が成し遂げられたと述べる[†41]。フロイトは芸術に限定することなく、人間の文化的行為一般（彼は「文化」を「人間に役立つ活動や価値のすべて」と定義している[†42]）が、欲動の断念に基づくということを精神分析学という形でロースと同時代に提示していたのである。

またロースによる「衝動露出＝装飾」批判は建築物の壁面だけではなく、人々の服装の「モード」にも向けられた。ロースは「女性のモード[†43]」という文章において、従来女性のモード——服装という装飾——は男の欲情を基準に展開してきたと論じる。つまり古い男性優位社会の中では、女性の地位がどのような男と一緒にいるかということで決まる以上、そうした男の愛を獲得するために女性はモード――それを作り出すのは男の欲情をかきたてるプロたる「高級娼婦」である――に従った服装をしてこなければならなかった。より有利な結婚のために女性たちは男の性衝動に（ロースは「病んだ性衝動」と呼ぶ）[†44]アピールすることを強いられてきた。そしてロースはこの議論においても、文化のレベルは装飾の有無によって測られることを繰り返した上で、もはや女性が衝動＝装飾に左右される時代は去りつつあるとして、次のように主張する。

しかしわれわれは今、新しい偉大な時代を迎えているのだ。もはや男の性衝動へのアピールではなく、労働によって獲得した経済的独立によって、女性は男性と対等になるのだ。女性の価値が、時代によって変化していく性衝動のありように左右されることはなくなる。[†45]

このように、ロースは女性の解放も「装飾」からの解放として捉えた。後にクラウス思想との相違点として詳しくとりあげるが、ロースの議論において女性の解放とは、リベラルな解放、女性の社会的・経済的解放を意味し、男性と同じ地位を女性が獲得することを含意していたのである。[†46]

ここまで見てきたように、ロースの議論はきわめて禁欲的な色彩を帯びている。ロースの議論、彼のデザインしたロース・ハウスは、それを読み、見る人々にある種の精神的な緊張感を与えるものであるといえる。テオドール・W・アドルノもロースの論調には「ピューリタン的傾向」、ある種の「強迫観念」があると指摘する。[†47]「泣くな、見よ」という彼の命令形の文章からも読みとれるように、預言者ロースはウィーンの人々に「黄金の子牛」たる装飾との決別を迫った。それに対しウィーン市民は、ロース・ハウスをめぐる論争に見られるように、拒絶反応を示したのである。

この点について、例えば田中純はウィーン市民のロース・ハウスへのパニック的な反応を「自分自身の克服されない欲望とより直接的に向かい合うこと」を余儀なくされたことに由来すると説明する。[†48] 装飾がないということは衝動がなくなったということを意味しているのではなく、それが抑圧されていることを意味するに過ぎない。それゆえロース・ハウスの無装飾の壁の表面には「去勢の不可視の刻印」があると田中は主張する。ウィーン市民はロース・ハウス壁面の装飾の「欠如」を見せつけられることにより、逆に自己の欲望、衝動を過度に意識させせられることとなった、というわけだ。

また、こうした心理学的観点からロース批判を展開しているのが、ロースよりも数世代後のオーストリア人芸術家フリーデンスライヒ・フンデルトヴァッサー（一九二八―二〇〇〇）である。彼は現代建築に特徴的な直線や平面に象徴される、装飾（＝欲動）の過剰な抑圧を、むしろ現代人の精神病理の原因として批判している。そしてその代表的人物としてロースを批判し、一九六八年に発表した自らのマニフェストのタイトルを「ロースからの解放（Los von Loos）」と名づけている。そしてロースの思想を換骨奪胎して、合理主義的建築こそが「犯罪的」であると次のように主張している。


皆さん！

オーストリアからこの建築＝犯罪が世界へと広がっていきました。ですからこの地から償いがなされねばなりません。

オーストリア人アドルフ・ロースは、この被害を一九〇八年以来、彼の気のきいたマニフェスト「装飾と犯罪」によって世界に広めたのです。確かに意図はよいものでした。

またアドルフ・ヒトラーもよい意図を持っていました。しかしアドルフ・ロースは五〇年を予見する能力がなかったのです。彼が呼び寄せた悪魔はもはや世界を去ることはないでしょう。六〇年前にオーストリアから始まった不運をここで、まさにここで初めて認識し、闘うことが、私の、われわれの義務なのです。

（中略）

直線は真の悪魔の道具です。それを用いる者は人類の没落に手を貸しているのです。没落はどのようなものでしょうか？　その先触れをわれわれはすでに得ています。ニューヨークのあらゆる街区には一〇から二〇の精神科医がいます。病院は満員ですが、心を病んだ人が癒えることはありません。なぜならその病院もロースに従って建設されているからです。[†49]

欲動の誤った抑圧、支配的な文化的性道徳による性生活の抑圧をフロイトが神経質症の原因と捉えたように、[†50]フンデルトヴァッサーはロース・ハウスに見られるような無装飾建築を現代人の心の病の源と考えたのである。色彩豊かで多装飾なフンデルトヴァッサーの建築物は、ロースのそれとまさに好対照といえるだろう。

このようにロースの「装飾」批判とは、その政治・社会（学）的な含意としては、より「現代的」なアメリカやイギリスを基準とした「オーストリアの後進性」への批判を、その心理（学）的な含意としては、「衝動の露出」としての「装飾」への批判を、そして「衝動の昇華」としての「芸術」の評価を、意味していた。日用品や身体に装飾を施すことは「パプア人」や「インディアン」、西洋人の子どもにはふさわしくとも、西洋人の大人にはふさわしいこととはいえない。装飾を施し、衝動を露出させる者は、ロースによって犯罪者か変質者と断罪される。こうした意味でロースの議論は、理念型化された意味での「白人＝男性＝市民社会」を中心とするロジックで展開しているといえる。

それでは果たしてカール・クラウスはこうしたロースの議論をどのように読み、自らの議論に取り入れていったのであろうか。次節ではクラウスのロース論を検討した上で、クラウスの議論が持つ政治・社会（学）的な含意と心理（学）的な含意を検討し、それがロース思想とは異質な点を内包していることを明らかにしよう。

三　カール・クラウスの「装飾」批判

それではまず『ファッケル』誌上におけるロース論を見ていこう。『ファッケル』では、特に一九一〇年前後から第一次大戦前にかけて、ロースの装飾批判、それを具現するものとしてのロース・ハウスに対する熱心な擁護論が展開された。ロース・ハウスの擁護のために、クラウスは論争の最中である一九一〇年一二月に自ら「ミヒャエラー・プラッツの建築物」（F313–314: 4–6, 1910）を、翌年二月にはオットー・シュテッセル（ロースは彼のアパートメントハウスをデザインしている）[†51]による同じタイトルの論説（F317–318: 13–17, 1911）を『ファッケル』に掲載している。

その中でクラウスは、ロースがミヒャエラー・プラッツに建てようとしたものは一つの「思想」であったとロースを評価し、彼の「合目的性（Zweckmäßigkeit）」という思想に対してウィーン市民の「凡庸さ（Mittelmäßigkeit）」が反抗を行っていると反論している（F313–314: 5）[†52]。またシュテッセルもロース・ハウスの「単純性と自明性」を評価し（F317–318: 13）、「商家や住居は、その実用的な目的を最も単純な方法で満たすという以上のいかなる義務も持たない、といってもよかろう」と主張する（F317–318: 15）。さらにシュテッセルはロースについて、「装飾に対する闘いを、自身の真の人生の課題、仕事」とみなしている人物だと評価し、ロース・ハウスとは「ヨーロッパではすでにいたるところに何の異議もなく建てられ、その単純さゆえに歓迎されている大都市の商家」であると擁護する(F317–318: 16)。そしてロース・ハウスを批判する市当局に対しては「ウィーンは一〇年ごとに一歩ずつ、西洋へと前進する代わりに、東洋へと後退している」と批判を加えている(F317–318: 16)。両者は共にロース思想とそれを体現するロース・ハウスを合目的性や実用性といった言葉で擁護し、シュテッセルはそれを前節で強調したロースの西洋志向、進歩主義を交えながら論じている。

このロースの進歩主義的な側面を、クラウスは「ライオンの頭、あるいは技術の危険」(F384–385: 1–7, 1913)[†53]という『ファッケル』の別の論説で称賛している。これは、「街路を走るバスの振動のせいで建物の装飾が緩み落下する危険性があるから、[装飾を守るために]バスの運行に規制をかけたほうがいいのではないか」という内容の当時の新聞記事をもとに書かれたクラウスの諷刺的なエッセイである。表題にある「ライオンの頭」とは装飾のことであり、「技術」とはバスを意味する。この「技術と唯美的なものの抗争」に関し、クラウスは読者にロースを想起させることで、技術による装飾の克服の必要を説くのである。クラウスはロースの名こそ挙げないものの、「美をタブラ・ラサに戻すミヒャエル・ハウスの建築者にして、人間の形をしたバス」を「行政当局」と対比的に論じ、「人間の形をしたバス」に軍配を上げる。技術(=バス=ロース)が装飾(=市当局)に打ち勝つことをクラウスは支持するわけだ。そしてエッセイの末尾を「私はタブラ・ラサをもたらすことができる。私は街路を掃き、[†54]髭をはずし、装飾を剃る」と結ぶ(F384–385: 7)。ロースを「タブラ・ラサの建築家」(F300: 24, 1910)と呼ぶクラウスは、ここで自身とロースとを同一視しているといえる。

また二人の共闘関係を示すものとしては、次のクラウスのアフォリズムがよく引き合いに出される。

アドルフ・ロースと私は、彼は文字通りに、私は言葉において、壺と便器の間に区別があるということ、そしてこの区別の中に初めて文化のための空間ができるのだということ以上のことは、何も示していない。他の人、実際主義者はしかし、壺を便器として使う者と、便器を壺として使う者に分かれる（F389–390: 37, 1913）。

クラウスはこのアフォリズムにおいて、芸術品の日用品化、あるいは日用品の芸術品化を批判し、建築という現場で文字通りに実用的な建築物から装飾を剝ぎとるロースの営みと、言葉において事実からそれを歪める常套句（言葉における装飾）を剝ぎとろうとする自らの営みの共通性を語っている。両者の目的は実用的な日用品あるいは事実を伝える報道と芸術の領域を峻厳として区別し、後者の領域の自律性を守ることにあった。

ロースの議論が、単に進歩主義の礼賛、実用性の称揚、装飾の否定として読まれることが多かった中で、このクラウスのロース擁護論からは、クラウスがロースの真の意図をより深く読み込んでいたことがわかる。クラウスによれば、ロースは「パルジファルのモティーフ」と「自動車のクラクション」を区別しようとしたが、それはパルジファルのモティーフ（芸術）を解放するためであったのに、「愚かな思考」はそれを自動車のクラクション（技術）を解放するためと誤解した（F363–365: 4）。[†55] つまりクラウスはロースの装飾批判を、あくまで実用品に付加された「偽の装飾」の批判として読み取り、その意図は技術礼賛ではなく、芸術作品の「純粋性」を守るためのものであったと解釈しているのである。[†56] それゆえクラウスからすれば、ロースの進歩主義とはウィーンにおける偽の装飾を批判するという文脈でのみ許容される議論であったということができる。

また、同じ「装飾」批判を行っていても、ロースのいう装飾とクラウスのいう装飾に違いが見られることも、指摘しておかねばならないだろう。先に見たようにロースにとっての「装飾」とは建築物や服装、人間の皮膚に施される「文字通り」の装飾であって、その否定こそが文化の進歩を意味していた。それに対しクラウスが問題にしたのは「言葉」における「装飾」であって、それはクラウスの批判対象であるメディアの常套句（Phrase）を意味していた。クラウスは「常套句は精神の装飾である」（F279–280: 8, 1909）と述べる。

クラウスの常套句批判の意味とは、マスコミュニケーション・テクノロジーのイデオロギー作用を問題とするものであった。マスメディアが登場することによって、装飾されたイデオロギー言語が拡散され、装飾された事実が事実として定着してしまうことを、クラウスは時代の最大の問題と考えていた。ロースにとっての装飾批判が建築物から装飾を取り外すことであったとすれば、クラウスにとっての装飾批判とはイデオロギー言語からそのイデオロギーを取り外すという営みであった（第3章で詳述するようにこの装飾＝イデオロギー言語批判は、恣意的な報道やロマン化された戦争賛美を鋭く批判したクラウスの第一次大戦論において大きな役割を果たすことになる）[†57]。ここからクラウスの装飾批判は、ロースのような進歩主義的方向ではなく、むしろメディア、マスコミュニケーション・テクノロジーを生み出した西洋近代、進歩そのものの批判へと向かうのである。

このことは当時のクラウスの議論の政治・社会（学）的な含意を見るとより明らかとなる。クラウスは一九一〇年前後に進歩に関する自身の見解を様々な場面で明らかにしている。例えばその名のとおり「進歩」[†58]（F275–276: 33–40, 1909）と題したエッセイでは、クラウスは進歩を「変転する装飾（Wandelsdekoration）」[†59]と定義する。すなわち彼は、進歩といっても実は装飾が変わっているだけで、新しいものなど何も生まれておらず、前に進んでなどいないということをこの言葉で表現したのである。同論の中でクラウスは、「進歩は電話を生み出しはしたが人間の会話の質を変えることはなかった」とも述べている。またアメリカ人探検家ロバート・ピアリーによる北極点到達に触発して書かれた論説「北極の発見」（F287: 1–14, 1909）においてクラウスは、「進歩は人皮から財布を作り出した」と、まるで数十年後を予見させるかのような警句を吐いている（クラウスは論説の中からこの一文だけを抜き出し、後に刊行した自らのアフォリズム集にも加えている）[†60]。すでにプファビガンや山口裕之らの研究が明らかにしているように、この時期のクラウスには楽観的進歩主義とは正反対の、テクノロジー懐疑主義や文化的ペシミズムの徴候が色濃く見られる[†61]。ロースにとって装飾の否定が、後進性からの脱却としての進歩を意味していたとすれば、クラウスにとっては「装飾」こそ、悪しき進歩のメルクマールだったということができる[†62]。装飾の否定はむしろ近代批判の方向を向いていた。

ではクラウスはこの装飾――中でもクラウスにおいては言葉の装飾たる常套句が最大の問題であるわけだが――を生み出す進歩への対抗軸として、何を自らの理念としていたのであろうか。クラウスは「北極の発見」の中で、進歩とは「モラルと機械」を発明するものであり、人間から「自然」を奪うものであると指摘している（F287: 11）。人は進歩によって「エレメンタルな諸力」を「理性の王国」に変えようとする。しかし北極の発見に象徴されるような自然に対する進歩の勝利とは「ピュロスの勝利」[†63]に過ぎない。勝利を誇る人間に対し、自然は地震や台風で応えるし、人間が征服したと思い込んでいる自然の底には「火山」が控えているのだ、とクラウスは警告する。クラウスにとって進歩への対抗概念の一つは「自然」だった。そしてクラウスにとっての自然とは、単なる人間の外界を意味するだけではなく、人間の内なる自然、すなわちセクシュアリティの問題（先ほどのロース＝フロイトの議論からすれば、衝動、欲動の問題）を意味していた[†64]。ここからクラウスの議論の心理（学）的な含意が重要となってくる。

『ファッケル』創刊初期のクラウスがまず時代批判として取り組んだのは、一九〇二年の論文「道徳と犯罪」(F115: 1–24, 1902)[†65]によって口火を切られ、一九〇八年に同名の著書にもまとめられた、同時代のウィーンにおける「セクシュアリティ」と「権力」をめぐる問題であった。同書において扱われているのは、夫の家庭内暴力に耐え切れず不貞を働いた女性の裁判(F115: 1–24)、その男性遍歴が田舎町で噂となった結果夫が自殺し重婚容疑で拘禁された女性の裁判(F165: 2–12, 1904; F168: 1–20, 1904)[†66]、少年に性教育を施した廉で逮捕された大学教授の裁判(F187: 1–28, 1905)[†67]、夫を捨て愛人の騎兵中尉のもとへ走ったがゆえに精神病を宣告され監禁されたベルギー皇女ルイーゼ・フォン・コーブルクの事件(F166: 1–21, 1904)[†68]など様々である。

この議論の中でクラウスが批判を加えるのは、女性だけに処女性や貞淑といった性道徳を押しつける男性的＝家父長的な市民社会の二重道徳であり、この二重道徳によって人々(特に女性)を裁く道徳裁判であり、さらには裁判を通じ性生活という私的領域をセンセーショナルに報道するメディアであった。クラウスが進歩の発明品として「モラル」を批判する理由は、そうしたモラルが人間の「自然」を歪めていると考えたからであった。それゆえ批判は「女だけを道徳法で裁く道徳裁判官」へと向けられ、「道徳という法益は幻影であり、〈道徳〉と刑事裁判は何の関係もない」ことが主張される(F115: 7)[†69]。

不道徳であることは犯罪ではない。女性の性的自由や中絶、さらに男性も含めた同性愛が道徳＝法によって制限されていた時代に、クラウスはその道徳＝法を厳しく批判した。他人の私的領域を暴きだし道徳的非難を加える道徳裁判を、クラウスは中世の魔女裁判を思わせるものと批判しているが、この時代錯誤がマスメディアという近代テクノロジーの力を借りて被告人たる女性をより苦しめていることもクラウスは問題視している。「魔女裁判の技術はジャーナリズムという黒い術(Schwarzkunst)の発明により前代未聞の改良を遂げた」(F168: 2)[†70]。人間の自然を抑圧しようとする市民社会的モラルとテクノロジーの産物たるメディアの共存への批判、すなわち進歩の発明たる「モラルと機械」への批判が、議論の軸をなしているのだ。

当時こうしたクラウスの議論を、賛辞をもって受け入れた知識人の一人がフロイトであった。[†71] 前述の重婚容疑をかけられた女性の裁判を批評したクラウスの論文「ハーヴェイ事件」（F165: 2–12）を読んだ感想を、フロイトは一九〇四年一〇月にクラウスに向けて——自らを「そんなにしばしばあなたの支持者であることができない一人の読者」だとして、若干留保をつけつつも——次のように書き送っている。[†72]

あなたのハーヴェイに関する記事が知らしめている、洞察、勇気、小さなものから大きなものを見出す能力に対して、［私＝フロイトは］賛辞を送りたいと思います（F257–258: 40, 1908）。[†73]

フロイトはクラウスと一九〇八年ころにかけて親しく、特に一九〇六年には『ファッケル』[†74] を送ってもらったことへの感謝や後に『道徳と犯罪』に所収される論説「リール事件」（F211: 1–28, 1906）への賞賛などを記したクラウス宛のフロイトの書簡が少なくとも六通確認されている。[†75] さらにこのころのフロイトの著作である『機知』（一九〇五年）や『「文化的」性道徳と現代の神経質症』（一九〇八年）にはクラウスからの引用やクラウスへの言及が見られる。[†76] 当時フロイトは『ファッケル』の定期的な読者であった。[†77]

こうしたフロイトのクラウスに対する評価の理由は、彼の学説とクラウスの議論が一部合致するとフロイトが考えたからであった。例えばフロイトは『「文化的」性道徳と現代の神経質症』において、支配的な文化的性道徳、すなわち一夫一婦制のもとで生殖のみを目的とするような性道徳が引き起こす性の有害な抑圧が、神経質症の原因になると論じている。同論の中でフロイトはいくぶん挑発的に、「結婚がもとで起こる神経質症に対する治療薬は、むしろ姦通ということになるのかもしれない」と述べる。[†78] 支配的な性道徳を嘲弄し、女性の性的解放を主張するクラウスの議論は、当時のフロイトの眼には自らの共闘者と映った。

一方でクラウスも同性愛問題を扱った「子ども好き」(F187: 1–28)[†79]という論説において、「われわれはジークムント・フロイト教授と共に、同性愛者が刑務所に入るべき人間でも、精神病院に入るべき人間でもないことを認める洞察と勇気を持つべきだ」とフロイトの名に言及しながら自説を述べている(F187: 21)[†80]。前節で言及したロースとフロイトの議論の並行性からも読み取れるように、三者の議論は世紀末ウィーンのセクシュアリティをめぐる同じ言説圏内で展開していた。

だが同じ言説圏内で展開されていたとしても、クラウスとロース、あるいはフロイトの議論の間には差異が見出せることもまた事実である。例えばクラウスの議論は、公的領域からセクシュアリティをめぐる私的領域を守り、女性の性的解放や同性愛の社会的認知を求めた、ある種のリベラルな議論のようにも見えるし、実際そうした機能も果たしたと思われる。クラウスはこの問題で国家が果たすべき役割は「衛生・意志の自由・未成年者保護」の三点だけであるべきだと主張し、それ以外の国家干渉を拒絶した(F187: 19)[†81]。しかしクラウスを、この時期ウィーンでも運動が始まっていたリベラル・フェミニストの系列に置くことはできない。というのも、クラウスは女性の性的解放は語っても、「女性とモード」におけるロースのように女性の「社会・経済的解放」については決して語らなかったからだ[†82]。

クラウスが重視したのは、あくまで「女の官能の自己決定権(das Selbstbestimmungsrecht weiblicher Sinne)」(F166: 21)[†83]であり、セクシュアリティという女性の「自然権」(F212: 24, 1906)であった。クラウスにとって女性のセクシュアリティという「自然」は文化の生成の源であって、彼は「女性の美的向上は、倫理的低下という不利益以上に、文化に利益をもたらした」(F166: 17)[†84]と主張している。クラウスは女性のセクシュアリティが解放され、その性的魅力が増すことで、それに刺激を受けた文化の向上が起こると考えていた。[85] 彼が求めたのは、あくまでこの文化と芸術の源として女性の「自然」の解放であった。エドワード・ティムズの表現を借りれば、クラウスは「女（Weib）の官能性の解放」を目指したのであって、「女性（Frau）の社会的解放」には反対した。[86] それゆえ彼はフェミニズム運動に否定的で「女権論者たちは、女の自然権のために闘う代わりに、女たちを反自然へと縛りつけることに躍起になっている」（F212: 27）と書いている。

ロースの議論が女性を男性の地位に引き上げることによって「装飾＝（男性の）抑圧されない衝動」の除去を目指すものであり、[87] そしてフロイトの議論が神経質症を発症させない欲動の可能な抑圧を目指すものであった一方で、[88] クラウスの議論は女性の官能性＝自然の解放による市民社会への異議申し立てをあくまで目指すものであった（このクラウスとフロイトの思想上の差異と両者の関係性の変化については次章で詳述する）。

さらに『道徳と犯罪』以降、『ファッケル』誌上に発表され、後に彼の著書『万里の長城』（一九一〇年）、『黒魔術による世界の没落』（一九二二年）へとまとめられることになる諸論稿の中には、「白人・男性」の支配する「市民社会」に対し、人間の「自然」により近い存在として「女性」に加えて、さらに「有色人種」を対置させる議論を数多く見出すことができる。[89] クラウスからすれば、女性同様有色人種こそ「文化に新しい精気を吹き込む」主体であった（F354–356: 3, 1912）。[90] つまり『道徳と犯罪』に収められた議論の連続線上にあるものとして、クラウスはセクシュアリティ（＝自然）を抑圧し、道徳裁判を行うと同時に人種差別を行う白人＝男性＝市民社会への異議申し立ての主体を、その社会で貶められている女性と有色人種に置いたのである。女性の性的自由を擁護するために一九〇二年に始まったクラウスの市民道徳批判は、当初の射程を越えて、有色人種と女性の結合、すなわち「追放された自然の諸力」（F285–286: 7, 1909）[91] を神経症的に恐れる白人男性の不能を嘲るという形をとるに至った。ロースやフロイトの議論が——論理としては——

白人＝男性＝市民社会という図式を前提にして進められているとすれば、クラウスの議論は有色人種＝女性＝自然をめぐって進められていたと考えられる。クラウスとロースの議論の間には、その心理（学）的含意においても、このような違いを見出すことができるのである。

四　おわりに――クラウスとロースを隔てるもの

以上のように、クラウスとロースの議論は、その「政治・社会（学）」的側面においても、「心理（学）」的側面においても種々の相違点が見出せるものであった。ロースの考えとは異なり、クラウスにとっての装飾批判は決して進歩主義を意味しなかったし、また彼にとっての装飾とは衝動の抑圧がもたらした近代社会の産物であった。彼はそれへの批判原理として人間の内的自然の解放を語り、その主体に女性と有色人種を据えたのである。クラウスは女性の内的自然や有色人種といった、白人＝男性＝市民社会の「外部」の諸力を梃子にすることで、彼が没落の途上にあると考えた西洋文明を再活性化しようと考えていた。

しかしこうした彼の論理に問題がないわけではない。クラウスの市民社会批判は、女性や有色人種を自然的、性的存在として捉えてその解放を肯定的に論じるものであり、それは文明／野蛮、西欧／非西欧、純潔／退廃といった二項対立の強調点をひっくり返しただけの議論のようにも読める。[†92] 地震、中国人、女性を市民社会に対する復讐を遂げる主体と見るエッセイ「万里の長城」（F285–286: 1–16）などはそうした例の典型といえよう。こうした二項対立的言説にとどまる限り、その言説が内包する差別の構造から抜け出すことができないという批判はもちろんなされうる。[†93]

とはいえ、クラウスの議論が単なる二項対立の裏返しにとどまらないものを含意していることもまた事実である。例えばクラウスが有色人種は自然に近いと主張する場合の「自然」には、野蛮や未開という意味ではなく、より人間精神の肯定的な意味が込められており、例えばクラウスはドイツ人のメディア編集長よりも黒人のほうが「知性」「信頼性」「善性」があると論じる（F384–385: 43, 1913）[†94]。こうした観点は彼が第一次大戦後に書き上げた反戦戯曲『人類最後の日々』にも見られ、好戦的説教をするプロテスタントやカトリックの聖職者が登場する場面を続けた後に、クラウスはコンスタンティノープルのモスクを舞台に、モスクの中で大騒ぎをするベルリンの商社の若者とイマームを対置し、イマームに次のようにいわせる。

神はヨーロッパ人に学問を与え、東洋人には品位を与えた。ヨーロッパ人というのは至高の神の影を歩むわれわれがなるところのものとは違うのだ（三幕一九場）[†95]。

クラウスからすれば学問による進歩を推し進め、戦争を遂行するヨーロッパ人＝白人男性は最も「自然」から乖離しており、それゆえ逆に理性も品位も欠けていると捉えられているのである（クラウスはバルカン戦争批判の文脈でも、勝利に浮かれる西欧人と敬虔なムスリムを対比している［F360–362: 52, 1912］）[†96]。それゆえひたすら西洋型の近代化を進める日本は、非西洋でありながら悪しき近代の典型として批判され、第一次大戦期にはプロイセンのオーストリアに対する態度と日本の中国に対する態度が並べて批判されている（F484–498: 1–12, 1918）。

同様に女性に関しても、クラウスが女性の自然を擁護したのは退廃を擁護するためではなく[†97]、文化を生み出す根源の力としての「自然」の擁護にあった。このセクシュアリティをめぐる論争の後に始まった第一次大戦の最中、クラウスは市民社会の旧弊な道徳と進歩、テクノロジーの両立、そしてその帰結としての大戦を厳しく批判していく。[†98] それゆえ『道徳と犯罪』における女性観、「自然」観は第一次大戦批判にも用いられた。例えばクラウスは、大戦中に華美な服装を「今はカーニヴァル中ではないんだ」と、警察に咎められた女性と軍服を着て前線から報道を行う女性を対置させ、現状を「悲劇的カーニヴァル」であると評した同名の寸評（F426–430: 35–39, 1916）や、スカートを捲り上げて歩いていた女性が道徳感情を損ねると告発されたという新聞記事を引用して「スカートを上げよ、武器を捨てよ」とコメントを付した「道徳の系譜学」（F431–436: 40–41, 1916）などの寸評を、『ファッケル』誌上に掲載している。高度なテクノロジーによって戦いを行う前線に対し、銃後では純潔なるドイツの母や娘というロマンティックな女性観が平時以上にのさばり、女性の内的自然を脅かしていた。クラウスからすれば旧弊な市民道徳を掲げながら、進歩したテクノロジーを使って戦争を行う白人男性のほうこそ「電気に照らされた野蛮人」（F285–286: 15）[†99] だったのである。

確かにプファビガンのような研究者が指摘するように、第一次大戦前のクラウスの議論に文化ペシミズムやテクノロジー批判といったある種の保守的要素が存在することは事実である。しかし本章の議論を見ればわかるように、クラウスの保守性といわれる要素は彼のウィーン社会批判、旧弊な白人＝男性＝市民社会批判を展開する際に遺憾なく発揮された。ロース・ハウスの擁護や女性の性的解放の支持、同性愛の認知といったクラウスのアヴァンギャルド的な言論活動を支えた論理は、進歩に対する深いペシミズムであり、人間の内的自然の解放を目指すという意味での近代批判であった。そしてこの論理は、第3章で見るように、ハプスブルク帝国最大にして最後の政治的危機であった「第一次世界大戦」批判において「展開」していくことになるのである。

†1　Adolf Loos, Die Potemkin'sche Stadt (1898), in: *Die Potemkin'sche Stadt. Verschollene Schriften 1897–1933*, Wien, 1983=1997, S. 55–58（『装飾と犯罪――建築・文化論集』、伊藤哲夫訳、中央公論美術出版、二〇〇五年、四二―四八頁）.

なお、ポチョムキンとはロシアの女帝エカチェリーナ二世の寵臣で、女帝がクリミア地方を巡行した際に、巨大なキャンバスを用いて虚構の村を作り出したといわれている。ロースはウィーンを「ポチョムキン都市」と呼ぶことで、華やかな歴史主義的装飾に満ちたその都市が「虚構」にまみれているということを告発したわけである。

†2　「クラウスとロース」を主題として論じたものとしては以下の研究を参照した（ここでは明示的に「クラウスとロース」を主題にして論じている研究に限った。個別研究は引用の際にその都度注記する）。Dagmar Barnouw, Loos, Kraus, Wittgenstein, and the Problem of Authenticity, in: *The Turn of the Century*, Gerald Chapple and Hans H. Schulte (ed.), Bonn, 1981, pp. 249–273; Timms, Façade and Function: The Alliance with Adolf Loos, in: *Karl Kraus*, 1986, pp. 115–128; Alfred Pfabigan, Urne und Nachttopf. Ornamentkritik als Gesellschaftskritik, in: *Geistesgegenwart. Essays zu Joseph Roth, Karl Kraus, Adolf Loos, Jura Soyfer*, Wien, 1991, S. 50–84; 山口裕之「カール・クラウスとアードルフ・ロース――装飾批判と進歩」、『地域文化研究』、第三号、一九九一年、五一―七三頁；Gilbert J. Carr, The 'Habsburg Myth', Ornament and Metaphor: Adolf Loos, Karl Kraus and Robert Musil, in: *Austrian Studies*. vol. 15, Austrian Satire and Other Essays, 2007, pp. 65–79.

†3　Schorske, *Thinking with History*, p. 163; Janik and Toulmin, *Wittgenstein's Vienna*, p. 93（『ウィトゲンシュタインのウィーン』、一五一頁）.

†4　Timms, *Karl Kraus*, 1986, p. 117.

†5　Timms, *Karl Kraus*, 1986, p. 117; Pfabigan, Urne und Nachttopf, S. 52.

†6　クラウス思想とロース思想の「差異」を強調する研究としては、本章注2の文献の中でも、特にアルフレート・プファビガンと山口裕之の研究が重要である。

†7　ロースの伝記は邦語でも以下の二冊が存在する。伊藤哲夫『アドルフ・ロース』、鹿島出版会、一九八〇年。川向正人『アドルフ・ロース――世紀末の建築言語ゲーム』、住まいの図書館出版局、一九八七年。

†8　Adolf Loos, *Ins Leere Gesprochen 1897–1900*, Wien, 1921=1981; *Trotzdem, Gesammelte Schriften 1900–1930*, Wien, 1931=1997; *Die Potemkin'sche Stadt*.

邦訳はこの三冊から二六本の論文を選び出して訳出した、『装飾と犯罪』に加え、*Ins Leere Gesprochen* の全訳である『虚空へ向けて——アドルフ・ロース著作集1』（加藤淳訳、アセテート、二〇一二年）、*Trotzdem* の全訳である『にもかかわらず』（鈴木了二・中谷礼仁監修、加藤淳訳、みすず書房、二〇一五年）がある。

†9 Loos, Ornament und Verbrechen (1910), in: *Trotzdem*, S. 78–88（『装飾と犯罪』、九〇—一〇四頁、『にもかかわらず』、八一—九二頁）.

†10 Loos, Ornament und Verbrechen, S. 79（『装飾と犯罪』、九二頁、『にもかかわらず』、八三頁）.

†11 クラウス研究者のフリードリヒ・ロートも、ロースの装飾に対する闘いを「メシア的衝動」と呼ぶ。Rothe, *Karl Kraus*, S. 254.

†12 Loos, Ornament und Verbrechen, S. 80（『装飾と犯罪』、九二頁、『にもかかわらず』、八三頁）.

†13 Loos, Ornament und Verbrechen, S. 88（『装飾と犯罪』、一〇四頁、『にもかかわらず』、九二頁）.

†14 Mark Anderson, The Ornament of Writing: Kafka, Loos and the Jugendstil, in: *New German Critique*, no. 43, Winter 1988, p. 135. ちなみにカフカは同月にプラハでクラウスの講演会にも参加している。

†15 このように各都市で同論文は朗読されたが、一九二九年一〇月に『フランクフルト新聞』に掲載されるまで印刷物の形で刊行されることはなかった。草稿がいつ書かれたのかについては議論があるが、一九〇八年ころ書かれたという通説に対し、クリストファー・ロングは綿密な考証を行った上で、一九〇九年末から一〇年初頭の間に書かれたと推測している（Christopher Long, The Origins and Context of Adolf Loos's "Ornament and Crime", in: *Journal of the Society of Architectural Historians*, vol. 68, no. 2, 2009, pp. 200–223）。

†16 川向『アドルフ・ロース』、一六六頁。

エドワード・ティムズは当時のウィーンの環境にあっては、「ロースのデザインの簡素さは、ハプスブルク王朝の儀礼的価値への侮辱としかみなされえなかった」と指摘する（Timms, *Karl Kraus*, 1986, p. 126）。

またジャニクとトゥールミンも次のようにこの問題をまとめている。「ロースが設計した建物はすべて、彼の信条を証明している。彼は文化を設計の単純性と同一視したが、これが最も明らかなのは、ウィーンの王宮の向かい側にあるミヒャエル広場に彼が建てた建物である。それはまったく飾りのない建物で、窓の周囲にすら装飾がない。これがロースの開拓した単純性である。建物が完成したときには、その単純性と機能性そのものが皇帝に対する故意の侮辱とみなされたが、それは、王宮に見られる、驚くほどに装飾を施したドーム型の入り口と際立った対照を示していたからであり、実際、公然と反抗しているように見えたのである。正面が平らで、すべすべした現代の商業建築は、よい趣味とは装飾的なことである、という考え方そのものが異常で、人を堕落させるものである、とハプスブルク朝の社会に警告しているように思えたのだ」(Janik and Toulmin, *Wittgenstein's Vienna*, p. 100〔『ウィトゲンシュタインのウィーン』、一六三―一六四頁〕)。

†17 *Reichspost*, 22. Oktober 1910, S.9.

†18 この連日ウィーンのメディアを騒がせた論争の詳細をここで論じきることはできないが、この論争については Christopher Long, *The Looshaus*, New Haven/London, 2011が包括的にまとめている。

†19 Long, *The Looshaus*, pp. 135–136, 146.

†20 ロースは一八九八年に書いたエッセイ「デラックスな馬車」の中で次のように述べている。「ある民族の文化のレベルが低ければ低いほど、それだけやたらと装飾や装身具を使いたがるものである。インディアンはあらゆるもの、ボートや舵、矢にまで装飾を施す。それゆえ装身具を好むということは、インディアン的立場にあるということだ。われわれの内なるインディアン性は、しかし、克服されねばならないものである」(Loos, Das Luxusfuhrwerk (1898), in: *Ins Leere Gesprochen*, S. 97〔『装飾と犯罪』、一八頁、『虚空へ向けて』、一一三頁〕)。

†21 Loos, Architektur (1910), in: *Trotzdem*, S. 92(『装飾と犯罪』、一一〇頁、『にもかかわらず』、九七頁). Long, The Origins and Context of Adolf Loos's "Ornament and Crime", pp. 213–214.

†22 Loos, Ornament und Verbrechen, S. 80(『装飾と犯罪』、九三頁、『にもかかわらず』、八四頁).

†23 「アメリカがいかに強く彼の世界像を刻印していたか、もしくは、アメリカの価値観がどれほど彼の気質に適い、のちに彼を多くの面でウィーン文化に対立させることになったか、このことは強調してもしすぎることはない」(ヴァルター・ループレヒター「アドルフ・ロースとウィーン文化」、安川晴基訳、『虚空へ向けて』、二七四頁)。

†24 Adolf Loos, Aus den beiden Nummern von „Das Andere" (1902), in: *Trotzdem*, S. 21–53(『にもかかわらず』、九―四七頁). 同誌について伊藤哲夫は次のように解説を加えている。

「なおオーストリアは西欧の国であるのに、なぜ〈西欧文化をオーストリアに移入する〉必要があるのか、といった点についてだが、当時先進国であり、都市化が進んだ他の西欧の国々(特にイギリス、それにアメリカも含めて）の生活を見聞したロースの眼には、〈周縁〉に位置するといってよいオーストリアは文化の面でまだまだ後進国と映ったからであろう。この二号発行された小冊子において、ロースは、食事の際のマナーの問題、服装の問題、料理の問題等々、日常生活のこと細かな点について考察をし、オーストリアの後進性を指摘し、そして〈近代的〉とは何かと説く。啓蒙主義的な面が強かったロースがここにも見られる」（伊藤「訳注・解説」、『装飾と犯罪』、二三二頁）。

†25　Pfabigan, Urne und Nachttopf, S. 66.

†26　Loos, Die Herrenmode（1898）, in: *Ins Leere Gesprochen*, S. 57（『虚空へ向けて』、六九頁）.

†27　「[ロースの議論は] パプア人（あるいは彼の他のエッセイではアメリカ・インディアン）はヨーロッパ人と比べて文化的に劣った段階にあるという前提から出発し、それとパラレルに、オーストリアの後進性を指摘しつつ、アメリカにおいて体現されている（とロースが捉えた）近代性を志向する」（山口「カール・クラウスとアードルフ・ロース」、五五頁）。

†28　Kraus, *Schriften.* Band 4, S. 427（『黒魔術による世界の没落』、二八二頁）.

†29　Kraus, *Schriften.* Band 4, S. 188（同前、一一五頁）.

†30　Schorske, *Fin-de-siécle Vienna*, pp. 7, 296（『世紀末ウィーン』、二三―二四、三六六頁）.

†31　Pfabigan, Urne und Nachttopf, S. 65.

†32　Loos, Zwei Aufsätz und eine Zuschrift über das Haus auf dem Michaelerplatz（1910）, in: *Trotzdem*, S. 114（『装飾と犯罪』、一一四頁、『にもかかわらず』、一二九頁）.

†33　Loos, Ornament und Verbrechen, S. 87–88（『装飾と犯罪』、一〇三頁、『にもかかわらず』、九二頁）.

†34　Loos, Architektur, S. 101（『装飾と犯罪』、一三〇頁、『にもかかわらず』、一〇七頁）.

†35　Loos, Ornament und Verbrechen, S. 78（『装飾と犯罪』、九一頁、『にもかかわらず』、八二頁）.

†36　田中純『建築のエロティシズム――世紀転換期ヴィーンにおける装飾の運命』、平凡社新書、二〇一一年、七九―八〇頁。

†37　Nike Wagner, *Geist und Geschlecht. Karl Kraus und die Erotik der Wiener Moderne*, Frankfurt am Main, 1982, S. 59（『世紀末ウィーンの精神と性』、菊盛英夫訳、筑摩書房、一九八八年、六二頁）.

†38　「ごく一般的にいって、われわれの文化は、もろもろの欲動の抑え込みの上に築かれている」（Sigmund Freud, Die „kulturelle" Sexualmoral und die moderne Nervosität（1908）, in: *Gesammelte Werke.* Band VII, 1941=1976, Frankfurt am Main, S. 149［「〈文化的〉性道

徳と現代の神経質症」、道籏泰三訳、『フロイト全集』、第九巻、岩波書店、二〇〇七年、二五八頁]）。

†39　ロースの議論とフロイトの議論の並行性は、ループレヒターも指摘している（「アドルフ・ロースとウィーン文化」、二七七頁）。

†40　Sigmund Freud, Das Unbehagen in der Kultur (1930), in: *Gesammelte Werke.* Band XIV, Frankfurt am Main, 1948=1991, S. 457（「文化の中の居心地悪さ」、嶺秀樹・高田珠樹訳、『フロイト全集』、第二〇巻、岩波書店、二〇一一年、一〇七頁）.

†41　Freud, Das Unbehagen in der Kultur, S. 449（同前、九九頁）. なおこの問題については次も参照のこと。Sigmund Freud, Zur Gewinnung des Feuers (1932), in: *Gesammelte Werke.* Band XVI, Frankfurt am Main, 1950=1981, S. 3–9（「火の獲得について」、高田珠樹訳、『フロイト全集』、第二〇巻、二三九—二四六頁）.

†42　Freud, Das Unbehagen in der Kultur, S. 449（「文化の中の居心地悪さ」、九八頁）.

†43　Loos, Damenmode (1902), in: *Ins Leere gesprochen*, S. 126–132（『虚空へ向けて』、一六一—一六九頁）.

†44　Loos, Damenmode, S. 128（同前、一六三頁）.

†45　Loos, Damenmode, S. 132（同前、一六七頁）.

†46　例えば池内紀は、ロースと「女性とモード」について、「ヨーロッパにあっていち早く機能美に徹した建物をウィーンの中心街に実現した建築家は、その中で熱っぽく、〈官能美によってではなく、労働と才能によって男と対抗すべき女〉のことを説いている。つまりは女性が〈性〉から解放さるべきこと」と、その女性解放的含意を強調して解説を加えている（『道化のような歴史家の肖像』、みすず書房、一九八八年、一〇五頁）。

一方で田中純は、「女性とモード」における議論の中で「男性」の性衝動のみが問題とされ、その解決策が女性の男性化（もはや男性の性対象ではない女性）に過ぎない点に着目し、ロース思想に内在する「女性の不在」という「反フェミニズム」的問題点を指摘している（田中純「破壊の天使——アドルフ・ロースのアレゴリー的論理学」、『建築文化』、第六五七号、九八—一〇一頁、彰国社、二〇〇二年、ならびに、『建築のエロティシズム』、特に第二章）。

†47　Theodor W. Adorno, Funktionalismus heute, in: *Gesammelte Schriften.* Band 10–1, Frankfurt am Main, 1977, S. 380（「今日の機能主義」、伊藤哲夫・水田一征編訳、『哲学者の語る建築——ハイデガー、オルテガ、ペゲラー、アドルノ』、中央公論美術出版、二〇〇八年、一四一頁）.

†48　田中純「装飾という群集——神経系都市論の系譜」、同『都市の詩学——場所の記憶と徴候』、東京大学出版

会、二〇〇七年、二〇六—二〇七頁。

田中はここで次のように主張している。「広場恐怖の患者にとっては、広場や建築物そのものがそもそもの不安の要因なのではなくて、禁止された欲望や内面的危機が換喩的に外界に投影されているのである。従って、建築物が図像学的要素のあらかじめ詰め込まれた装飾過剰なファサードのように他者によって規定された対象であることをやめ、無装飾な平面性によって欲望の投影されるスクリーンであることをあからさまに示すとき、人々は自分自身の克服されない欲望とより直接的に向かい合うことになろう。その意味で、イェルク・グライターが指摘するように〈無作法でむっちりした娼婦〉とか〈剥き出しの上半身〉などと言われたロース・ハウスのファサードが喚起する性的なイメージは、連想によるものというよりも、社会的に抑圧された欲望の換喩的な投影による回帰なのである」。なお前掲注46の田中の文献も参照。

†49 Friedensreich Hundertwasser, Los von Loos. Gesetz für individuelle Bauveränderungen oder Architektur-Boykott. Manifest vom 9. 2. 1968, in: *Österreich zum Beispiel. Literatur, bildende Kunst, Film und Musik seit 1968*, Otto Breicha und Reinhard Urbach（Hg.）, Salzburg, 1982, S. 68. このフンデルトヴァッサーのマニフェストはプファビガンも自らの論文のエピグラフに用いている（Pfabigan, Urne und Nachttopf, S. 50）。

†50 「〈神経質〉なあり方にもいろいろあり、その漠然としたあり方は問題外にして、神経質症という病的状態の本来の形式に注目するなら、はっきりしてくるのは、文化が及ぼす有害な影響は、本質的には、支配的な〈文化的〉性道徳を通しての文化的民族（ないしは文化的階層）の性生活に対する有害な抑え込みに帰着する」（Freud, Die „kulturelle" Sexualmoral und die moderne Nervosität, S. 148［「〈文化的〉性道徳と現代の神経質症」、二五六頁］）。

†51 Timms, *Karl Kraus*, 1986, p. 117.

†52 クラウスはこの「凡庸さが合目的性に反抗する」というフレーズを気に入っていたようで、この一文を抜き出して自らのアフォリズム集にも所収している（Kraus, *Schriften*. Band 8, S. 254）。

†53 Kraus, *Schriften*. Band 4, S. 178–184（『黒魔術による世界の没落』、九六—一〇九頁）.

†54 ここでクラウスは髭を「フィユトン的付け足し、形容辞、常套句に過ぎない」と装飾と同列において批判している。なおロースも一九一一年一二月にウィーンで行った講演「ミヒャエラー・プラッツに建つ私の建物」の中で、髭と装飾を同列に論じ、「私は笑顔のないきれ

いに髭を剃ったベートーヴェンの顔のほうが、芸術家協会（Künstlerhaus）に出入りする連中の滑稽なあごひげよりも、よほど美しいと思う」と述べている（Loos, Mein Haus auf dem Michaelerplatz (1911), in: *Die Potemkin'sche Stadt*, S. 122［『装飾と犯罪』、二四二頁］）。両者は共に髭を装飾の比喩として捉え、髭を剃ることを装飾の除去と関連づけて論じている。

†55　Kraus, *Schriften*. Band 4, S. 427（『黒魔術による世界の没落』、二八二頁）.

なおここでクラウスがロースを論じるにあたって「パルジファル」と「クラクション」という対比を用いているのは、ロースのエッセイ「貧しき豊かな男」を念頭に置いているのではないかと思われる（Loos, Von einem armen, reichen Manne (1900), *Ins Leere Gesprochen*, S. 198–203［『虚空へ向けて』、二五八―二六四頁］）。同論は日常のあらゆるものを唯美主義的芸術家にデザインさせたある金持ちが、あまりに生活が不便になって逆に不幸になる、という諷刺的な小噺であるが、その中でこの金持ちは、自分の家を装飾だらけにするだけでは飽き足らず、家の前を通る路面電車のベルに「パルジファル」の旋律を用いるよう運営会社に申し入れる。

†56　ロース自身の主張の眼目もこの芸術作品の「純粋性」にあったと考えられる。この点については、岩下眞好「合理主義とエロス――文化史的コンテクストの中のアドルフ・ロース」（ハインリヒ・クルカ編『アドルフ・ロース』、泰流社、一九八四年、一六七頁）参照。

本書で後述するように、クラウスもロースも芸術作品の起源をエロティックな衝動に見ていたこと、そしてそこを源泉として生じる芸術作品の「純粋性」を擁護しようとしていたことでは共通する。ただしロースが衝動の垂れ流しとして装飾を批判したのに対し、クラウスは装飾的なものを必要とする近代社会を、衝動を抑圧するものと批判した。二人は目指すべきゴールを共有しながら、そこに向かう道のり、論理に違いがあったということができる。ここに二人の「装飾」観の相違が読みとれる。

†57　Timms, *Karl Kraus*, 1986, pp. 121–123.

†58　Kraus, *Schriften*. Band 2, S. 197–203（『ウィーン　聖なる春』、二六二―二六八頁）.

†59　「変転する装飾」は原研二の訳語（同前、二六二頁）である。なお山口裕之は同語を「回転舞台装置」と訳している（山口「カール・クラウスとアードルフ・ロース」、六二頁）。

†60　Kraus, *Schriften*. Band 8, S. 279（『アフォリズム』、一二〇頁）.

†61　クラウスの第一次大戦前における保守性の重要な要素として「テクノロジー懐疑主義」を挙げるプファビガ

ンは、その証左として前注のアフォリズムを挙げている（Pfabigan, *Karl Kraus und der Sozialismus*, S. 151）。

†62　例えば山口は次のように書いている。「ロースは、実用品から装飾をなくしていくこと、実用品と芸術とを区別することが〈文化の進展〉を意味し、それが〈近代人〉のとるべき当然の態度であると繰り返す。それに対してクラウスにとっては、〈装飾〉はむしろ〈進歩〉や〈近代化〉の産物であり、これらは〈精神の破壊〉の責めを負う」（山口「カール・クラウスとアードルフ・ロース」、六四頁）。

†63　「ピュロスの勝利」とはあまりに大きい代償を払って得られた勝利を意味する。

†64　「クラウスにとって守るべき〈自然〉とは単なる外的環境ではなく、芸術家の精神性、また彼の女性観によればその源泉となるべき女性の官能性という〈本性〉、人間の内的〈自然〉でもあった」（山口「カール・クラウスとアードルフ・ロース」、六五頁）。

†65　Kraus, *Schriften*. Band 1, S. 9–28（『モラルと犯罪』、一—二四頁）.

同書において、クラウスはMoralとSittlichkeitをそれほど厳密に区別せずに使っているため訳し分けが難しいが、本書においてはMoralの訳語として「モラル」を、Sittlichkeitの訳語として「道徳」を使用する。

†66　Kraus, *Schriften*. Band 1, S. 95–104, 105–122（同前、六一—七二、七三—九四頁）.

†67　Kraus, *Schriften*. Band 1, S. 167–192（同前、一一九—一四七頁）.

†68　Kraus, *Schriften*. Band 1, S. 76–94（同前、三八—六〇頁）.

†69　Kraus, *Schriften*. Band 1, S. 14（同前、八頁）.

†70　Kraus, *Schriften*. Band 1, S. 106（同前、七四頁）.

†71　「クラウスとフロイト」をめぐる先行研究については本書第2章注3を参照のこと。

†72　前掲注66を参照。

†73　クラウスの「小さなものから大きなものを見出す能力」を評価している点で、フロイトはクラウスを正当に評価しているということができるだろう。クラウスの議論の特徴とはまさにこの点にあり、クラウスは地方の些細な重婚裁判の中に、ハーヴェイ事件でいえば、クラウスは地方の些細な重婚裁判の中に、フロイトが研究対象としていたような普遍的なセクシュアリティの問題を見出していたということができるのである。

この点についてはクラウスも自覚的で、『人類最後の日々』では自分の分身である「不平家」という登場人物を、「ほんの些細なこと」を「大きな事実」と結びつける悪い癖を持つ、と「楽天家」という他の登場人物にあえて非難させている（*Schriften*. Band 10, S. 85, 504［『人

類最後の日々』上、四五頁、下八三頁〕)。

†74 Kraus, *Schriften.* Band 1, S. 228–251(『モラルと犯罪』、一五八―一八五頁).

†75 Thomas Szasz, *Anti-Freud: Karl Kraus's Criticism of Psychoanalysis and Psychiatry*, 1976=1990, Syracuse, pp. 20–21.

†76 Sigmund Freud, Der Witz und seine Beziehung zum Unbewussten (1905), in: *Gesammelte Werke.* Band VI, Frankfurt am Main, 1940=1987, S. 26(「機知――その無意識との関係」、中岡成文・太寿堂真・多賀健太郎訳、『フロイト全集』、第八巻、岩波書店、二〇〇八年、二六頁). Freud, Die „kulturelle" Sexualmoral und die moderne Nervosität, S. 163(「〈文化的〉性道徳と現代の神経質症」、二七三頁).

†77 Timms, *Karl Kraus*, 1986, p. 95.

†78 Freud, Die „kulturelle" Sexualmoral und die moderne Nervosität, S. 158(「〈文化的〉性道徳と現代の神経質症」、二六八頁).

†79 Kraus, *Schriften.* Band 1, S. 167–192(『モラルと犯罪』、一一九―一四七頁).

†80 Kraus, *Schriften.* Band 1, S. 184(同前、一三九頁).

†81 Kraus, *Schriften.* Band 1, S. 182(同前、一三七頁).

クラウスは別の箇所でも、本来守られるべき法益として「自由な意志決定、衛生、経済的利益」を挙げている(F211: 6, 1906; *Schriften.* Band 1, S. 232〔同前、一六三頁〕)。

†82 クラウスの議論が一見リベラルな女性解放論に見えながら、むしろ反フェミニズムの要素を含むことは多くの論者が指摘している。Janik and Toulmin, *Wittgenstein's Vienna*, pp. 70–75(『ウィトゲンシュタインのウィーン』、一一三―一二〇頁); Timms, *Karl Kraus*, 1986, pp. 64–68; 山口裕之「『道徳と犯罪』における芸術家カール・クラウスの視座」、『地域文化研究』、第一号、一九九〇年、一三四頁。

†83 Kraus, *Schriften.* Band 1, S. 93(『モラルと犯罪』、五九頁).

†84 Kraus, *Schriften.* Band 1, S. 90(同前、五六頁).

†85 例えばクラウスは「女の欲望のもとで男の精神は育つ。女の欲望が男の作品を生み出すのである」(F229: 12, 1907)と述べている。

なおクラウスの議論における、女性の性的解放と文化発展の関係については、山口「『道徳と犯罪』における芸術家カール・クラウスの視座」ならびに Beate Petra Kory, *Im Spannungsfeld zwischen Literatur und Psychoanalyse. Die Auseinandersetzung von Karl Kraus, Fritz Wittels und Stefan Zweig mit dem „großen Zauberer" Sigmund*

Freud, Stuttgart, 2007, S. 58 ff. が詳しい。

†86　Timms, *Karl Kraus*, 1986, p. 71. ニケ・ワーグナーも世紀末に好んで「女性（Frau）」と「女（Weib）」が対立概念として用いられたことを指摘し、クラウスが「女」、「ファム・ファタール」の側に立っていたことを強調している（Wagner, *Geist und Geschlecht*, S. 132 ff.［『世紀末ウィーンにおける精神と性』、一四一頁以下］）。

†87　ロースの「女性のモード」における議論とクラウスの女性論が異なるものであるということを指摘した研究として以下を参照。Timms, *Karl Kraus*, 1986, p. 85; Pfabigan, Urne und Nachttopf, S. 83.

†88　クラウスとフロイトの議論の違いについてはWagner, *Geist und Geschlecht*, S. 128–131（『世紀末ウィーンにおける精神と性』、一三六―一三九頁）を参照のこと。例えばワーグナーは「フロイトが市民的な見方を肯定するところで、クラウスはつねに市民的な衝動‐規格化を嫌悪しないまでも嘲笑した芸術家兼デカダントとして判断する」と二人を対照させている。この問題の詳細は次章で論じる。

†89　クラウスと有色人種をめぐっては、藪前由紀「カール・クラウスの『黒人』――世界文化の〈主体〉としての黒人」（『独逸文学』、第四四号、二〇〇〇年、二二七―二四九頁）を参照のこと。

†90　Kraus, *Schriften*. Band 4, S. 326（『黒魔術による世界の没落』、二四〇頁）.

†91　Kraus, *Schriften*. Band 2, S. 285（『ウィーン　聖なる春』、二九七頁）.

†92　Kraus, *Schriften*. Band 2, S. 280–293（同前、二九一―三〇五頁）.

†93　だがこの問題に対し、例えば藪前は次のように述べている。「ともすればクラウス自身が〈白人文化〉は〈品格〉があり、〈黒人文化〉を〈野蛮〉と見做し、文化を二項対立的に概念化していたと思われがちである。しかしそれも同時代人の間で既に定着していた固定観念や社会通念を、クラウスが著作の中で意図的に使用したと思われる（クラウスはそれほどの言語感覚のある批評家であった）」（藪前「カール・クラウスの『黒人』」、二四三頁）。

†94　Kraus, *Schriften*. Band 4, S. 306（『黒魔術による世界の没落』、二三三頁）. この点についても藪前「カール・クラウスの『黒人』」（二四〇―二四一頁）を参照。

†95　Kraus, *Schriften*. Band 10, S. 361（『人類最後の日々』上、三二九頁）.

†96　この点については藪前由紀「カール・クラウスとバルカン戦争――『ファッケル』におけるオスマン帝国の衰微」（『独逸文学』、第四一号、一九九七年、一一四

頁）を参照。

†97　Timms, *Karl Kraus*, 1986, p. 85.

†98　山口もこの点について「まさに戦争においてこそ、〈根源の言葉〉の圏内に属する〈精神〉、〈ファンタジー〉そして〈自然〉が、〈ジャーナリズム〉また〈文明〉、〈近代技術〉によって、最もはなはだしく損なわれ、破壊されているのをクラウスは見る」と指摘する（「カール・クラウスにおける世界・言葉・性」（二）、『人文研究』、第四五巻、一九九三年、一一八頁）。

†99　Kraus, *Schriften.* Band 2, S. 291（『ウィーン　聖なる春』、三〇三頁）.

第2章

フリッツ・ヴィッテルスと「二人の精神的父親」
――カール・クラウスとジークムント・フロイト

一　はじめに――セクシュアリティをめぐる共闘者

二〇世紀初頭のウィーンにおいて「セクシュアリティ」をめぐる議論の中心にいたのは、疑いなくカール・クラウスとジークムント・フロイト（一八五六―一九三九）であった。一九〇二年に『ファッケル』に「道徳と犯罪」（F115: 1–24, 1902）と題した論文を発表して以来、姦通や同性愛、売春を刑事裁判にかけることを批判し、私的領域における性的自由を訴えたカール・クラウス。[†1] 一九〇五年に『性理論のための三篇』を発表し、「無垢な子ども」というヴィクトリア朝的な市民道徳に真っ向から挑戦するような幼児性欲の存在を論じたジークムント・フロイト。[†2] 両者が一時期友好関係にあり、「セクシュアリティ」をめぐる論争においていわば「共闘関係」にあったことは、つとに知られている。[†3]

クラウスとフロイトの個人的関係は、一九〇四年一〇月にフロイトがクラウスに対し彼が『ファッケル』で発表した論説を賞賛する手紙を送ったことに始まる[†4]（F257–258: 40, 1908）。当時フロイトは『ファッケル』

の定期的な読者で、自らの著作においてもたびたびクラウスに言及している[†5]。一九〇六年一月、オットー・ヴァイニンガーに自らのアイデアを剽窃されたのはフロイトの責任だ、と憤るヴィルヘルム・フリースに手を焼いたフロイトはクラウスに助けを求め[†6]、クラウスは『ファッケル』誌上でこの問題を論じる（F210: 26–27, 1906）。この件に関し、フロイトは「フリース事件は惨めなものだが、あなたと個人的な知り合いになるという願いはかなえてくれそうです」とクラウスに書簡を送り[†7]、他の書簡でも自らの思想とクラウスのそれとの「部分的一致」を指摘したり[†8]、「われわれ少数派は団結すべきなのです」とクラウスを自分の同志とみなすような発言もしている[†9]。これらの書簡から読みとれるのは、両者の関係が一八歳年上のフロイトの熱心な歩み寄りによって始まったということだ。

一方でクラウスも同性愛をめぐる裁判を批判するに際しフロイトの名に言及して自説を展開し[†10]、さらには幼児性欲の強調ゆえに批判にさらされていたフロイトの『性理論のための三篇』に対する好意的な書評を『ファッケル』に掲載した[†11]（F191: 8–11, 1905）。この時期の両者を評して、まるで「双子」のようであった、と呼ぶ研究者もいる[†12]（ただしこの二人が、こうした紙の上でのやり取りだけでなく、個人的な面識があったかどうかに関しては、研究者の間でも意見が分かれている[†13]）。

しかし一九〇八年ころまで続いたこの良好な関係は、次第に冷却化し、一九一〇年に決定的な断絶を迎える。同年クラウスは「精神分析とかいうものは、自分たちだけは例外として、世界におけるすべてのものを性的原因へと還元する好色な合理主義者たちの活動のことだ」（F300: 26, 1910）と痛烈に批判した。こうした攻撃に対しフロイトは公的には沈黙を守ったものの、精神分析医サンドール・フェレンツィ宛書簡の中で、かつて自著の中で「才気活発な作家[†14]」と呼んだクラウスを「偉大な劇的才能を持ったとてつもない知的不具者[†15]」とこき下ろしている。なぜここまで両者の関係は悪化してしまったのであろうか。この関係の変化の過程を詳しく見ていくと、両者の関係の断絶に大きな役割を果たした一人の人物が浮かび上がってくる。彼こそがフリッツ・ヴィッテルスである。[†16]

ヴィッテルスは一八八〇年にウィーンの同化ユダヤ人の家庭に生まれた。ウィーン大学を卒業した後、医師となる。早くから文筆活動にも関心を持ち、一九〇六年末にクラウスに手紙を送って自らの原稿を売り込み、一九〇七年から翌年五月にかけ『ファッケル』に一三本の論文や創作を掲載した。また一九〇六年から勤め先のウィーン中央病院におけるフロイトの講義に参加し、一九〇七年三月にウィーン精神分析協会への加盟を許されると、一九一〇年までに（自著の合評会も含め）一〇回の報告を行った。彼はほぼ同時期にクラウスとフロイト両方のサークルに属していたのである。

だがフロイトとクラウスを「二人の精神的父親」（*Memoirs*, 48）と呼ぶこの人物は、クラウス研究、フロイト研究双方において悪名高い。なぜなら彼こそ一九一〇年一月に精神分析協会において、「ファッケル・ノイローゼ」と題した報告を行い、俗流精神分析的手法でクラウスの言論活動をエディプス・コンプレックスから説明し、これを耳にしたクラウスの精神分析嫌いを決定づけた人物といわれるからである。さらに彼はこれに飽き足らず、クラウスとその仲間たちを揶揄した小説『エゼキエル――よそもの』を――フロイトの制止を振り切って――一九一〇年秋に出版し、クラウスのさらなる怒りを買うと共にフロイトにもいわば「破門」され、精神分析協会を脱会した。彼は二人の父から同時期に「勘当」されたわけである。

興味深いことに、ヴィッテルスがクラウスやフロイトの知己を得た一九〇七年から両者と関係が断絶する一九一〇年は、クラウスとフロイトの関係が次第に冷却化していく時期と重なる。しかしレオ・レンシングやエドワード・ティムズらの先行研究[†17]があるものの、この三者間の関係は特に日本においては詳細に研究されてきたとはいえない。それは資料的な制約と同時に、クラウス研究においてもフロイト研究においても、ヴィッテルスがあくまで「脇役」的存在に過ぎなかったということに由来しているといえよう。

だが近年ヴィッテルスが晩年に記した『自伝』が刊行されたことで、より詳細な三者間の関係が明らかになった。[†18] 本章ではこのヴィッテルスの『自伝』やクラウス、フロイトの各種書簡、『ファッケル』所収の論文、精神分析協会の『議事録』といった一次資料を用いて、三者の関係が始まる一九〇七年から断絶を迎える一九一〇年にかけての関係性（部分的には一九三〇年代に至る関係性）の変化を時系列的に再構成していく。愛憎相半ばする三者の関係を明らかにすることで、クラウスとフロイトの関係が悪化していく過程を記述し、両者の伝記的研究の空白部を埋めたいと考えている。

フリッツ・ヴィッテルス

本章ではまた、ヴィッテルスの議論を軸に、それをめぐるクラウスとフロイトの応答を検討することで、両者の思想の類似点と相違点を明らかにする。クラウスとフロイト双方のサークルに出入りしていたヴィッテルスは、「フロイト的クラウス主義者」とでも呼ぶべき人物であった。クラウスの強い影響下で書かれたヴィッテルスの論文をフロイトがどのように論評したのか、さらにヴィッテルスの精神分析的手法をクラウスがどう評価したのかを見ることで、オーストリアにおける「啓蒙的・批判的」知識人としてまとめられるクラウスとフロイトの思想の類似点と相違点の一端を明らかにすることが可能になるであろう。ヴィッテルスは『ファッケル』に掲載したものと同じ論文を精神分析協会でも報告しているため、『ファッケル』掲載論文から彼の議論の内容を明らかにし、『議事録』からそれに対するフロイトの反応を見ることができるのである。

二　クラウス＝フロイト＝ヴィッテルス——三者関係の変化

（一）「二人の父」との出会い

ヴィッテルスとクラウスの直接の個人的関係は、一九〇六年末にヴィッテルスが「自分の小説はどれ一つとしてストリンドベリのそれに引けは取らない」という自尊自大な手紙を、自作の小説を同封して、クラウスに送りつけたことに始まる[†19]（ヨハン・アウグスト・ストリンドベリはクラウスお気に入りの作家で、彼はストリンドベリのいくつかの創作を『ファッケル』に掲載していた）。クラウスはこの若者の原稿を受け入れ、一九〇七年二月に『ファッケル』に掲載した（F218: 14–20, 1907）。だがヴィッテルスとクラウス、さらにフロイトを近づけたのは、むしろこの次の号にアヴィセンナという筆名でヴィッテルスが投稿した社会批判的な医学論文「刑法の最大の犯罪（堕胎の禁止）」（F219: 1–22, 1907）であった[†20]。ヴィッテルス自身、この論文を「フロイトの発見とクラウスの哲学」に基づくもの、と呼んでいる（*Memoirs*, 45）。

同論の中でヴィッテルスは、胎児は刑法犯罪を構成するような法人格とは認められないと主張し、子を持ちたくない母親あるいは望まない妊娠をしてしまった女性を非難すべきではないと述べる。彼はハプスブルク帝国で堕胎が禁止されている理由を、教会＝国家＝資本の結びつきに見て、「教会はキリスト教徒を、軍国主義は新兵を、資本主義はクーリー（苦力＝労働者）を必要としている、それも無力なそれを」と主張する（F219: 12）。彼はこの文章を『自伝』の中でも引用し、同論の「最も強力な一文」と回想している（*Memoirs*, 28）。彼の主張とは、望まない妊娠の結果貧困の中に生まれる多数の無力な人民を、教会＝国家＝資本が欲しているからこそ堕胎が禁じられている、というものであった。

加えてヴィッテルスは母体の健康のための堕胎の可能性を論じる。これは結核や心臓病など出産に耐えられない身体の女性を配慮した意見である一方で、妊娠イコール出産という不安から女性を解放するという意図を持った議論でもあった。ヴィッテルスは妊娠の恐怖を助長する堕胎の禁止が、性生活への不安、「性的悲惨」(F219: 18) の原因であると考えていた。この点からは自由な性生活への障壁を取り除くべきと考えていた同時代のクラウスの言論活動との共鳴が読みとれる。

堕胎が法的に禁止されているために、女性は正規の医師によって適切な処置を受けることができず、もぐりの医師に身体を傷つけられたり、出産後の子殺しに及ぶこともある。それゆえヴィッテルスは中絶を認めない国家を「ろくでなし」(F219: 20) と非難し、堕胎を犯罪として懲役刑を定めた刑法第一四四条以下の改正を求め、「いかなる女性も出産を強制されえない」と訴えた (F219: 12)。

ヴィッテルスによると、この論文がきっかけとなって、彼はフロイトの個人的な知己を得る。もともと彼は一九〇六年春から勤務先の病院でのフロイトの講義に参加していたが、『ファッケル』での論文を読んだフロイトが講義の後、出席者の一人であるヴィッテルスに自ら声をかけ「これは君が書いたのかい。これはまるで声明文のようだが、私はこのすべての文章に同意するよ」と賞賛したという (*Memoirs*, 32–33, 48)。そして論文発表から一カ月ほど経った三月二七日にヴィッテルスは、叔父のイジドール・ザドガーの推薦もあって、ウィーン精神分析協会に加盟した (*Protokolle* I, 138, 145)。

同様に、この論文の発表以降、ヴィッテルスはウィーンのコーヒーハウスにたむろするクラウスのサークルにも迎え入れられ、カール・ハウアーやルートヴィヒ・フォン・ヤニコウスキーといったクラウスの友人たちに紹介された。彼の論文はクラウス・サークル内部でも評判がよく、クラウスも同じく堕胎をテーマにしたエッセイを同年三月の『ファッケル』に執筆し (F221: 19–20, 1907)[†21]、劇作家のフランク・ヴェデキントも六月に雑誌『モルゲン』に発表したエッセイ[†22]の中でヴィッテルスの論文を肯定的にとりあげている (クラウスとヴェデキントは友人で、一九〇五年にウィーンでヴェデキントの戯曲『パンドラの箱』を上演するのに際しクラウスは積極的に協力し、自らも端役で出演した[†23]。

そのエッセイの中で、ヴェデキントは、ハプスブルク帝国同様に堕胎を禁じるドイツ帝国の刑法第二一八条を、「女性の身体の内奥を男性の冒険心の所有物として刑法によって囲い込もう」とする試みであると批判し、「『ファッケル』において、フリッツ・ヴィッテルス博士が胎児に対する犯罪の処罰について詳しく論じているので、女性の独立運動の前衛たちはぜひこの議論を自分たちの闘いの歌にまで高めていただきたい」とヴィッテルスを好意的に評価した[†24]。クラウスはこのヴェデキントの議論を『ファッケル』で紹介し(F229: 21–22, 1907)、ヴィッテルスと連名で謝辞を記したポストカードをヴェデキントに送っている[†25]。

だがこの「中絶の合法化」という、一見リベラルなフェミニズム運動に加担したかに見えるヴィッテルスの議論は、リベラリズムとはいささか異なる思想的源泉から湧き出てきたものであった。そうであるがゆえに、彼の議論はヴェデキントやハウアーらクラウス・サークルの面々に好意的に受け入れられた一方で、フロイト・サークルの面々からは不審の念をもって見られるようになる。そしてその思想的源泉とは、世紀転換期のウィーンに特徴的な「性的存在」、「ヘタエラ」としての女性観であった[†26]。

(二) ヴィッテルス＝クラウスに対するフロイトの違和感

フロイト・サークル内におけるヴィッテルスへの違和感は、早くも一九〇七年春に顕在化する。精神分析協会に加入早々、ヴィッテルスは四月に「タートヤナ・レオンティエフ」、五月に二回連続で「女医」、「偉大なヘタエラ」と題する報告を三回にわたって行い、彼独特の女性心理学を展開した。簡単にそれぞれの内容とそれに対するフロイト・サークルの反応を見ていこう。

最初の報告タイトルにある「タートヤナ・レオンティエフ」(*Protokolle* I, 150–156) とは帝政ロシアの高官を暗殺しようとしたテロリストの名前であるが、報告に対応する『ファッケル』所収の論文タイトルが「女暗殺者たち」(F246: 26–38, 1908) となっていることからもわかるように、これは歴史上の女性暗殺者たちを精神分析した報告であった。ヴィッテルスは旧約聖書の『士師記』におけるヤエル、同じく旧約(外典)の『ユディト記』におけるユディト、フランス革命時にマラーを殺したコルデ、そしてレオンティエフを例に挙げ、彼女たちをみな性的抑圧によるヒステリー患者だったと分析してみせる。しかも旧約の二つの事例においては、彼女たちが期待した性的満足を与えられなかったからこそ、ヤエルはシセラを、ユディトはホロフェルネスを殺したのだと解釈する。またヴィッテルスによると、暗殺者が使った凶器、すなわち釘(ヤエル)、ナイフ(コルデ)、リボルバー(レオンティエフ)は、いずれも男性の生殖器を象徴するものである。ほかにもヴィッテルスはユディトやレオンティエフに見られる父親コンプレックスを指摘してみせた。

この報告に対しフロイトは、ヴィッテルスの議論を、「抑圧されたエローティク」が女性暗殺者に武器を持たせたという解釈で、暗殺者の心理学をきわめて正確に明らかにしている、と賞賛している。そして女性の暗殺者は、拒絶された愛を憎しみに「転移」したのだ、と説明を加えた。[†27] こうした師のほめ言葉に後押しされたヴィッテルスは、討論の最後にも発言し「女性が行い、感じるあらゆることの中には性的なものがあります。それゆえこれらの行為はイデオロギー的には説明がつきません。われわれは意識というちっぽけなかけらを過大評価すべきではないのです」(*Protokolle* I, 156) とつけ加えた。

この議論の一カ月後、精神分析協会はヴィッテルスが『ファッケル』に掲載した論文「女医」(F225: 10–24, 1907) の合評会を行った (*Protokolle* I, 182–188)。この論文においてもヴィッテルスは「女暗殺者」と類似の議論を展開し、女医とは性的欲求を性的目的から学問にそらしたヒステリー患者である、と論評する

（F225: 11–12）。彼によれば、女性は学問的に優秀であればそれだけヒステリーだ、ということになる。それゆえフェミニストを自称し、学ある女に魅力を感じるような男は「マゾヒスト」である（F225: 11）。彼はこうした「女医」とは異なる、性的存在としての女性を「女（Weib）」と呼び、現代社会で女らしくあることは「遅れてきたギリシア女」であることを意味すると述べる（F225: 24）。そしてこうした「真の女らしさ（wahre Weiblichkeit）」を許容しない世界で生きざるをえないことは、彼女たちにとって不幸なことである、と結んでいる。

この議論は精神分析協会の面々からかなり厳しい批判を加えられた。例えばエドゥアルト・ヒッチュマンは、ヴィッテルスの議論は性的なものを過大評価しており、いわば「性交するゆえにわれあり（coito ergo sum）」と主張するようなものだ、と述べる[†28]。ヴィッテルスは「遅れてきたギリシア女、ヘタエラ」を理想視しているようであるが、彼は「実際のギリシアの話というより、ウィーンのギリシア通り［当時の売春街］の話をしているに過ぎない」。すなわち彼の議論は同時代の売春婦を理想視する議論に過ぎない、とヒッチュマンは喝破したのである（*Protokolle* I, 185–186）。

同じくフロイトも、ヴィッテルスの議論に若干の賛意を示しつつも、彼の議論には半分あるいは四分の一の真実しか含まれていないことを指摘する。学問の原動力にセクシュアリティが関わっていることは確かであるが、ヴィッテルスは「昇華されたセクシュアリティ」と「むきだしのセクシュアリティ」を区別できていないとし、さらにフロイトは次のようにつけ加えた。

ヘタエラ理念はわれわれの文化には必要がありません。われわれはセクシュアリティの探究にいそしみますが、それが明らかになった後で、性の抑圧全体を意識化し、それを文化に従属させることを求めるのです。われわれわれは抑圧（Verdrängung）を通常の抑え込み（Unterdrückung）に置き換えることを試みているのです（*Protokolle* I, 187）。

すなわちヴィッテルスが「セクシュアリティ」という女性の本質（と彼が考えたもの）の解放を訴えたのに対して、フロイトはセクシュアリティの文化への従属、神経症を発症させないような形でのその抑え込みを訴えたのである。フロイトはヴィッテルスが理想視するヘタエラなど「ルンペン」のようなものに過ぎないと切って捨てた。ヴィッテルスはこの発言に「非常にショックを受けた」が、それは彼の目的が「男と女の根本的な相違」を世界観として示すことにあったからだった。

この次の合評会において、続けてヴィッテルスが発表したのが「偉大なヘタエラ」であった。同報告は協会の議事録に残されていない[†29]ため、内容は『ファッケル』に掲載された「子ども女（Kindweib）」（F230: 14–33, 1908）から推測するほかない。ヴィッテルスが「女医」報告の続編と呼ぶこの報告は、「女医」以上に問題含みのものであった。

タイトルにある「子ども女」とは、知性は足りないが、愛に関しては経験豊かな者を凌駕する存在を意味する（F230: 15）。彼女は自然的で無恥な人間で、「原－女（Urweib）」と呼ぶことができる。だが彼女は「現実世界に必要なものを理解しない」（F230: 17）。それゆえに「子ども女は市民的・倫理的意味においては娼婦」、「ヘタエラ」であり、社会敵対的な「犯罪者」、「ルンペン」である（ヴィッテルスはここであえてフロイトが「女医」報告を批判する際に使用した「ルンペン」という単語を用いる[†30]）。「この原－女が社会において地位を占めるためには美の宗教が必要である。しかし道徳宗教は美を軽蔑し、娼家へと追いやる」。ヴィッテルスは自身が理想視するこの「子ども女」の居場所がない同時代のウィーン社会を批判すると同時に、フェミニストが女性選挙権など女性の男性化を求めていることを批判し、「子ども女」としての女性の解放を求めた（F230: 32–33）。

こうしたヴィッテルスの議論は、クラウス・サークルの影響を受けたものであった。前章でも見たように、当時クラウスは女性を「性的存在」として捉え、あえて「女性（Frau）」ではなく「女（Weib）」という表現を好んで使った[†31]。そしてヴィッテルス同様に古代ギリシアの女性観を理想視し、ちょうどヴィッテルスの「子ども女」論文が載る前号の『ファッケル』で、クラウスは「人類は、ギリシアの青春時代の決定的な性的印象をひどく抑圧されたことで、中世にヒステリーになってしまった」（F229: 4）という自作のアフォリズムを掲載している。また男女同権を求めるフェミニズム運動を茶化し、フェミニズムは「女性の政治的選挙権」ばかり重視し、「女性の性的な選挙権の剝奪には同意する」（F211: 20, 1906、傍点引用者[†32]）と批判を加えた。

クラウスは友人ヴェデキントの戯曲『パンドラの箱』の上演を支援したが、ヴィッテルスは「子ども女」の例として、まさにこの『パンドラの箱』の主人公「ルル」の名を挙げている（*Memoirs*, 73）。「ルル」こそ「災いの種を蒔き、人間を惑わし、誘惑し、毒を盛り――それと気づかずに相手の男を殺す」ために創造された女[†33]、世紀転換期のアヴァンギャルドたちに理想化された「ファム・ファタール」の典型であった。そしてクラウス・サークルではこの「子ども女」を擬人化したようなイルマ・カルツェウスカという女性がもてはやされ（彼女もウィーンで上演された『パンドラの箱』に出演している）、彼女は一妻多夫的な女性として当時クラウスとヴィッテルスの共通の恋人役を務めた（*Memoirs*, chap. 5）。

問題は、こうしたクラウス・サークルでもてはやされているような女性観を、フロイトも共有していると思い込んだヴィッテルスの誤解[†34]にあった。当時彼はクラウスとフロイトをウィーンにおける「性的自由の闘士」とみなし、両者の間にある「すさまじい相違」に気づかなかった（*Memoirs*, 48）。フロイトはあくまで事実の記述を行う科学者であって、社会改革家でも伝道師でもなかった。後に師に対するこうした誤解を反省したヴィッテルスは、『自伝』の中でフロイトを次のように評している。

フロイトは実際抑圧された性生活の解放者になってしまった――それは彼の運命だった――が、しかし彼はある意味、自ら意志せずに、あるいは自分の意志に反してそうなってしまったのだった（*Memoirs*, 48–49）。

ヴィッテルスはここでフロイトを、教会を攻撃する意図はなかったのに自らがなした「発見」ゆえに教会に責められることとなった、コペルニクスになぞらえている。

自分の弟子がこうした誤解をしていることに気づいていたフロイトは、「私の意図は世界を抑制なき狂乱へと導くことではなく、反対に、人々が自らの本能をおびただしい量のいくぶん神経症的な偽装で充足させることのないように教示することなんだ」とヴィッテルスを諭した（*Memoirs*, 62）。また時代は下るが、一九〇八年の秋にヴィッテルスが本章でここまでとりあげた論文すべてを含む論文集『性的悲惨』を刊行した際に、フロイトは協会の討論の材料として同書をとりあげ、ヴィッテルスの前で次のように明快に自身の立場とクラウスの立場の相違を定式化している。

ヴィッテルスの本は、二つの異なった源泉、父方と母方二つの源泉にその起源を持っています。第一の源泉は『ファッケル』で、セクシュアリティの抑え込みが様々な問題の原因であるという主張において、一部われわれと一致します。しかしわれわれは、次のように主張することでさらに前に進むのです。すなわち、われわれは治療によってセクシュアリティを解放しますが、それは人間がセクシュアリティに支配されるためではなく、抑制を可能にするため、すなわちより高度な審級から欲動の拒絶を可能にするためなのです。『ファッケル』は［本能的生活の］解放を擁護します。われわれは抑圧の病理学的過程と通常と思われる過程の区別を行うのです。病理学的なそれは、もちろんわれわれも拒否します（*Protokolle* II, 81）。

クラウス・サークルの影響を受けたヴィッテルスが、性的抑圧を除去し性生活を解放すれば神経症は消滅すると単純に構想していた[†35]のに対し、フロイトは抑制なき性生活といったものはそれ自体病理学的であると考えていた。フロイトは自らの弟子に対するクラウスのこの「悪影響」を苦々しく思っていたようであり、それは両者の関係の冷却化の一因になった。

だが一方でクラウスの側も、ヴィッテルスが開陳してみせるかなり乱暴な精神分析には違和感を持っていた。このフロイトの「弟子」に対する違和感は、次第にそうした弟子を放任する「師」に向けられるようになる。ここで項を変えて、クラウスが精神分析のどういった側面に違和感を持っていたのかを詳しく見ていこう。

（三）　ヴィッテルス＝フロイト＝精神分析に対するクラウスの違和感

一九三一年にニューヨークで刊行した『フロイトとその時代』の中で、ヴィッテルスはウィーン時代のあるエピソードを次のように回想している。

今から二五年ほど前、まだ精神分析学が揺籃期にあったころ、ある——当時はまだ若かった——精神分析医が、著名な芸術批評家にして芸術愛好家である人物に手紙を書いた。（中略）若き分析家はその手紙の中で、ゲーテの詩『魔法使いの弟子』[†36]の思いもよらない含意を見出したと述べた。彼によると、その詩が扱っているのは父と息子、早熟な性的行為、想像力と恐怖、夜尿症のことだというのだ。しかし分析家は間違った門をたたいてしまった。というのもこの愛好家は、これこそ精神分析学の没落の運命を証するに十分なものであるとして、この手紙にコメントを付して公表してしまったからである[†37]。

いうまでもないことだが、この若き精神分析医とはヴィッテルスのことであり、芸術愛好家とはクラウスのことである。確かにクラウスはその二五年前の『ファッケル』において、読者から、「『魔法使いの弟子』の意味とは、〈解き放たれた自慰的欲動の災い〉以外の何ものでもない」という投稿があったと述べている(F196: 20, 1906)。だがここでクラウスはヴィッテルスの名を挙げておらず、精神分析批判を行っているわけでもない。そのほかのもっとひどい個人攻撃のような投稿に比べて、これは「気分転換」になるものだ、といって言及しているのである（ヴィッテルスは次に紹介する一九〇八年の批判と、この一九〇六年の『ファッケル』の記憶を混同していると思われる）。

とはいえ、クラウスとヴィッテルスの関係が『魔法使いの弟子』の解釈をめぐって始まったということは[†38]、後世の視点から見ると非常に暗示的であるといえる。なぜならクラウスのヴィッテルス批判、精神分析学批判は後に『魔法使いの弟子』をキーワードとして展開されていくことになるからである[†39]。

時系列的な説明に戻ると、クラウスとヴィッテルスは当初友好な関係を続け、一九〇七年の夏には共通の恋人イルマとヴェネツィア旅行に出かける。クラウスの悪影響を心配するフロイトから何度か警告は受けたものの、辛辣な批評家であるクラウスに「現代ドイツ最高の作家」とまでほめられ舞いあがるヴィッテルスは、フロイトの苦言に耳を貸さなかった（*Memoirs*, 81）。宵っ張りのクラウス・サークルの面々との付き合いもあって、ヴィッテルスは勤務先の病院をやめ、一九〇八年一月にウィーン中心部グラーベンに個人医院を開院する。一九〇八年にも五本の作品を『ファッケル』に投稿しているが、五月に刊行された二五四号がヴィッテルスの作品が掲載された最後の号になる。この年の秋にヴィッテルスが絶交の手紙をクラウスに送ることで、両者の関係は絶たれることになるのであるが、この五月の『ファッケル』と秋の絶交書簡の間――すなわち両者の関係が急速に冷却化した期間――に刊行された『ファッケル』二五六号において、クラウスは『魔法使いの弟子』解釈を軸に精神分析学批判を展開したのである。[†40]

クラウスはここで「精神医学者」を「偉人たちの著作をただセクシュアリティの観点からのみ吟味しようとする人々」と呼び、「かつてそのうちの一人が私に『魔法使いの弟子』をその作者の自慰的傾向の明白な証拠と解釈してみせた」ことを紹介する（F256: 21, 1908）。このヴィッテルスの解釈に対し、クラウスは「私は『魔法使いの弟子』のより堅固な解釈があることを知っている」と述べ、当のゲーテの詩を引用しながら自ら注釈を加え、それを精神分析の師（フロイト）とその弟子の問題と解釈してみせるのである。それは以下のようなものだ。

「とうとう出かけたぞ／魔法使いの老師！／手下の霊どもは／おれのいうとおり動くんだぞ！」。性病理学的認識の発見者にして功績の多い師の居ぬ間に、彼の弟子の一人がその方法を自ら使ってみようと試みる。「呪文も手振りもやり方も／ちゃんと見習っておぼえてある／なに、おれだって念力で／見事、奇跡を現じてみせましょう」。そして彼はゲーテの詩を台無しにする。注釈は彼の手には負えないのだ。「鉢という鉢が／水でいっぱい」。災禍に気づくのが遅すぎた。「元の箒になってくれんか！」。つまりは彼が無思慮に設定した何かではなく、箒にということだ。しかし覆水盆に返らず、注釈はとどまることを知らない。明確な対象を意味していた古典作家の言葉――テルの箙にある最後の矢、黄金の鳥、さすらい人が山で見つけたアンモンの角――は解釈を前に、もはや確かなものではない。「ああ恐ろしい水の嵩!」。とうとうフロイト教授が戻ってきた。「先生、困り果てました/私の呼び出した霊どもが/どうしても去んでくれませぬ」。教授は弟子が教説を貶めているさまを見て、乱暴狼藉をやめさせる決意をする。今がそのときだ。箒のように見えたもの、何かほかのものを意味するものはすべて隅っこにもどれ。「それぞ汝らの未来/霊として汝らを/その用に呼び出すのは/老師のほかにあり得ぬのだ」(F256: 22–23。ゲーテの詩は高安国世訳を一部変更)。[†41]

重要なことは、クラウスがこの時点で批判していたのは「師」フロイトや精神分析それ自体ではなくて、あくまでも「弟子」によるその理論の芸術作品への「乱用」であったということだ。ヴィッテルスの『魔法使いの弟子』解釈にとどまらず、クラウスはマックス・グラーフ(音楽学者で、フロイトの有名な患者「小さなハンス」の父)の『さまよえるオランダ人』解釈(F376–377: 20–21, 1913)[†42]、ザドガーのクライスト論やレーナウ論(F300: 27)を厳しく批判した。クラウスは芸術作品の成り立ちをヴィッテルスのように性的なものに還元したり、グラーフのようにエディプス・コンプレックスに還元したりするような、精神分析の一元論的適用に強い不信感を持っていた。[†43]ヴィッテルスの解釈に対しては「たとえ世界中が自慰に励んでも『魔法使いの弟子』という作品は生まれないに違いない」(F256: 22)と皮肉り、グラーフに対しては父に取って代わりたいという願望をすべての男性が持つのだとしたら、なぜワーグナーという一個人だけが『さまよえるオランダ人』を書けたのか、精神分析はその理由を説明する義務があると迫る(F376–377: 21)。

時代は下るが、クラウスは一九一二年末に発表した論文「黒魔術による世界の没落」の末尾で、彼が批判する黒魔術（＝メディア）と並べて精神分析学を批判した。自らの進歩主義的な立場を絶対視し世論を操作しようとするメディアと、ゲーテの詩を「夜尿症の昇華」であると自らの理論で一元論的に解釈しようとする精神分析学を、クラウスは同じものと見ているのである。クラウスはメディアや精神分析がはびこる時代を「才覚を持った時代」と呼び、それが「精神」に反抗していると述べる（F363–365: 27, 1912）。クラウスにとって「才覚（Talent）」とは、「根源」から乖離した同時代の知性の有様を示す非常にネガティブな含意を持った言葉であった。[†44] さらには翌一九一三年に発表した「無許可の精神分析」（F387–388: 17–22, 1913）でも、精神分析によるグリルパルツァー、レーナウ、クライスト、イプセン、そしてまたもやゲーテの『魔法使いの弟子』解釈をとりあげ、反ユダヤ主義的言辞を交えてまで精神分析学を批判する（F387–388: 22）。[†45] クラウスにとっての問題は、「どんなときでも正しい」精神分析の無謬性（F241: 21, 1908）であり、精神分析からの「逃れがたさ」（F387–388: 20）、すなわち包括的な教説ですべてを一元論的に還元しようとするその理論の暴力性にあった。

フロイトの浩瀚な伝記を著したピーター・ゲイによると、「神経症の原因に関する精神分析医の解釈に対し、患者がその解釈を肯定した場合はそのまま肯定とみなし、反対に否定した場合もその解釈の抑圧された肯定とみなす」というような分析医の態度は、フロイトとクラウスの同時代にすでに問題視されていた。なぜならこれでは精神分析学とは「表裏どちらが出ても私の勝ち（Heads I win, tails you lose）」といういんちき賭け事に等しくなってしまうからである。[†46] 同じくウィーン人カール・ポパーも、カール・マルクスの歴史理論やアルフレート・アドラーの個人心理学と並べてフロイトの精神分析学を批判し、その問題点として正反対の人間の行動を一つの理論で説明するその包括性、そして反駁不能性を指摘している。[†47] クラウスのヴィッテルス＝精神分析への違和感とは、当時すでに多くの精神分析批判者が共有するものであった。

そして一九〇八年当初はあくまで「弟子」による「理論の乱用」に向けられたものであったこの批判は、次第に「弟子」を統御できない「師」へも向けられるようになる。その契機となったと考えられるのが、ヴィッテルスによるクラウスの精神分析「ファッケル・ノイローゼ」であった。そして結果的にこの報告によって三者の関係には決定的にひびが入ることになる。ここで項を移して、一九〇八年秋のヴィッテルスによるクラウスへの絶交状の送付から、一九一〇年冒頭の「ファッケル・ノイローゼ」報告とその余波、さらに同年秋の『エゼキエル』刊行によるヴィッテルスの精神分析協会からの除名に至る過程を詳しく見ていこう。

(四) 三者関係の破局——一九一〇年

一九〇八年六月に出た『ファッケル』二五六号で批判を受けた後も、ヴィッテルスは夏季休暇中にクラウスを旅行に誘うなど表面的には友好的であったが、両者の関係は次第に冷却化していく。このころヴィッテルスは、秋に刊行予定の二冊の本の校正を進めていた。そのうちの一冊である『性的悲惨』のゲラをヴィッテルスは夏休み中のフロイトの別荘に持参し、その序文をフロイトの前で朗読した。ヴィッテルスが、同書に「わが師ジークムント・フロイト教授に、心からの敬意をこめて」という献辞をつける許可を師に求めたとき、フロイトは「クラウスはこの献辞を自分への攻撃とみなし、君に復讐するだろう」と不吉な予言をする(*Memoirs*, 87)。フロイトの危惧には根拠があり、『性的悲惨』はそもそも『ファッケル』に掲載された論文の多くを収録したもので、その巻頭のエピグラムにも「セクシュアリティを解放(ausleben)させることができなければ、人は不具になる」というアフォリズムを掲げた「精神においてクラウスにはるかに近い」著作であった。[†48] にもかかわらず、ヴィッテルスは同書をフロイトに捧げたのである。またもう一冊の著書である創作集『旧い恋の物語』に、ヴィッテルスはあえて「親愛なる一九〇七年のカール・クラウスに」という献辞をつけた。これは悪化するクラウスとの関係を暗示するものであった（*Memoirs*, 90）。

ヴィッテルスは『自伝』に、同時期にクラウスがサークルの面々に語って聞かせた、クラウスが見た象徴的な夢の話を記録している。その内容は以下のようなものだ。

ある日クラウスが友人たちと一緒にいると、彼らの前を幾人ものクラウスの敵が連行されていった。皆がその敵に対して嘲笑と軽蔑を露わにしたが、クラウスの「不倶戴天の敵」である『ノイエ・フライエ・プレッセ』の編集長モーリッツ・ベネディクトがやってきたとき、仲間のうちの一人だけが輪から外れ、ベネディクトに近づき、彼に頭を下げた。その人物こそヴィッテルスだった（筆者による要約。*Memoirs*, 83–84）。

精神分析医であるヴィッテルスはこの夢から、クラウスが自らに対して持つ潜在的な悪感情を読みとった。ヴィッテルスは幾度もクラウスになぜ自分に対する態度が変わってしまったのか尋ねたが、クラウスは「変わったのは僕じゃなくて君のほうだ」と冷たく言い放つのみだった（*Memoirs*, 90）。

そして一九〇八年一一月、冷却化するクラウスとの関係に耐え切れなくなったヴィッテルスは、シェイクスピアの『ジュリアス・シーザー』におけるブルータスの演説をもじりながら、「あなたのことを尊敬し、愛しているが、もうコーヒーハウスには顔を出さない」とクラウスに絶交の手紙を書く（*Memoirs*, 90）。ヴィッテルスとしてはクラウスがヴィッテルスの気持ちを汲んで、すべてを水に流し、友人関係に戻ることを期待したようである。それゆえ絶交の手紙を書いた後も、彼はクラウスに仲直りを求める手紙も書いている（後述するように、これが大失敗だったことを後にヴィッテルスは思い知る）。

だがクラウスはヴィッテルスのそうした願いを無視し、一一月末に出した『ファッケル』で「個人的な問題」と題したヴィッテルス批判のアフォリズム集を発表した（F266: 14–28, 1908）。そしてヴィッテルスの名前こそ明示しなかったものの、先述の自身が見た夢の話を掲載し、「剽窃者」、「寄生虫」といった言葉で彼のことをほのめかして批判を展開した。その中には、ヴィッテルスはブルータスの名には値しない人間である、と絶交の手紙を揶揄するような内容のものも含まれている。名指しこそしなくとも、この『ファッケル』は、ヴィッテルス本人、そしてクラウス・サークルの面々には明らかなクラウスによるヴィッテルスへの絶縁宣言と映った[†49]。これに対し、ヴィッテルスはクラウスへの「復讐」を誓い、精神分析的手法による「人格攻撃」と「諷刺小説の発表」という二つの手段を選ぶ[†50]。だがこの復讐は期せずしてヴィッテルスとフロイト、さらにはクラウスとフロイトの関係をも破壊することになるのである。

ヴィッテルスがこの復讐の準備をしていた一九〇九年は嵐の前の静けさとでもいうべき状況で、クラウスの精神分析批判もフロイトの弟子に対するいくつかのものにとどまる。そして翌一九一〇年初頭、一月一二日にヴィッテルスは「ファッケル・ノイローゼ」（*Protokolle* II, 346–356）と題したクラウスに対する精神分析をウィーン精神分析協会で発表した。

冒頭ヴィッテルスは、同報告の課題は「芸術と神経症」の関係、とりわけクラウスにおけるその関係である、と述べ、クラウスの活動を時系列的に三つの段階に分ける。第一は「ジャーナリスト」になるべき人間が不意に「反腐敗主義者」になった段階であり、第二は彼の関心が「セクシュアリティ」の問題に移行し、精神分析に近づいた段階、そして第三はクラウスが最終的に「アフォリズム作家」になった段階である。

まずヴィッテルスは、第一のクラウスが反腐敗主義者になった問題を、エディプス・コンプレックスに由来するものと解釈する。彼によると、クラウスが厳しく批判した『ノイエ・フライエ・プレッセ』とは「父親の新聞」、「父親の器官」を意味し、それに対し『ファッケル』とは子どもの器官、「小さな器官」を象徴している。クラウスの父の名前は「ヤコブ（Jakob）」であるが、これは「祝福された者」を意味し、ウルガタ訳聖書だと「ベネディクトゥス（Benedictus）」にあたる。クラウスが攻撃する人物には、『ノイエ・フライエ・プレッセ』の編集長ベネディクト（Benedikt）などBがつく人間が多い。それゆえ彼の『ノイエ・フライエ・プレッセ』とベネディクトに対する攻撃とは「神経症的態度」を意味し、「彼のこの神経症的な憎しみを理解するには、あらゆる神経症の起源と出発点にはエディプス・モティーフがあることを思い出すだけでよい」と、ヴィッテルスは主張する（*Protokolle* II, 347–349）。

次にヴィッテルスは、クラウスが第二の段階の問題であるセクシュアリティの問題に関心を持った理由として、ウィーンの女優アニー・カルマー[†51]との恋を挙げ、クラウスがアニーの「不実」に悩んでいたことを強調する。当時の女優業には売春まがいの行為がつきものだったからである。クラウスは彼女への愛と彼女の不実への悩みの思い出を、アニーのようなタイプの女性を理想化することで克服した。そして「男性の精神的天才性」を「女性の美的天才性（性的天才性）」と対置するに至った[†52]。この恋人の思い出の克服というクラウスの神経症的な営みは、偶然にもいくつかの点でフロイトの発見に一致した。その上でヴィッテルスは両者の違いとして、クラウスは「最終的に誰にでも身をささげる女以外はみんなヒステリーだ」とまで主張するようになったが、フロイトは「そのような人生観は母親の過大評価の反転、そして愛における失望を示す」ものであることを示した、と指摘する。この報告の段階でヴィッテルスはあれほど影響を受けたクラウス的な女性観をフロイト的な観点から批判し、さらにはそれを神経症に由来するものである、と解釈してみせたのだ（*Protokolle* II, 349–350）。

そしてヴィッテルスは自身とクラウスとの関係は、この第二期で終わりを告げたと宣言する。彼にいわせると、クラウスの第三期とは「芸術家的不毛性」の時代である。クラウスは形式を「性化（sexualisieren）」し、「何を書くか」ではなく「いかに書くか」のみにこだわるようになった。それは彼の作品の多くがアフォリズムという形で発表されるようになったことからも明らかである。そしてヴィッテルスは結論として、「いかに神経症から芸術が生まれ、芸術から神経症が再び生まれるか」をクラウスの事例は示していると締めくくった（*Protokolle* II, 350–351）。

以上のようなヴィッテルスの報告に対し、フロイトはまず「この報告は現存の人物を扱っています。分析は寛容な態度で行われるべきですし、生体解剖のようなことは非人間的との非難を免れえないでしょう」と注意を促す。そして「われわれ［精神分析医］は、重要な作品を問題にするときに、神経症を前面に押し出す権利など持っていないということをしばしば忘れがちです」と協会のメンバーの前で安易な精神分析の利用を戒めた。その上で、自らとクラウスの関係について語り、自分はヴィッテルスに会う前からクラウスと知り合いであったこと、彼はきっと精神分析の擁護者になってくれるであろうと期待したことを率直に述べる。だがこの期待は誤りだった。確かにクラウスは偉大な才能を持っているが、彼はあまりに自制心に欠け、自らの欲動に身を任せてしまっている、とフロイトは批判した（*Protokolle* II, 354–355）。

第一節でも述べたように、フロイト研究においてこの報告は悪名高い。アーネスト・ジョーンズのフロイト伝に典型的なように、同報告がフロイトとクラウスの関係を破局に導き、クラウスがその「復讐」として激しい精神分析学批判を始めるきっかけになった、と考えられたからである。[†53] だが上述の『魔法使いの弟子』解釈をめぐる論争に見られるように、クラウスの精神分析学に対する違和感が一九〇八年の段階で公表されていることから、このジョーンズの見解にはクラウス研究の側から多くの批判が寄せられてきた。[†54] クラウスの精神分析批判をそのような「私怨」に還元することは、彼の批判が持つ含意を無視することになるからである。またそもそも、クラウスはヴィッテルスがこのような報告を行ったことをいつ知ったのか、ということ自体が定かでない。クラウスが一九二三年に書いた書簡から、彼がこの報告の内容を把握していたことは間違いないが、それが報告直後だったのかある程度の期間を置いてからだったのか、そしてどこからクラウスがこの情報を仕入れたのかは明らかになっていないのだ。

ただ筆者の見解としては、クラウスは早い段階、すなわち一九一〇年の春先までには詳細な内容は知らないまでも、少なくとも自分を中傷するような報告が行われたことを知っていたのではないかと思われる。例えば、クラウスはベルリンの編集者ヘルヴァルト・ヴァルデンに宛てた一九一〇年二月一二日付の書簡の中で、自分がウィーンで「ある愚か者」により「不快な心配事、揉め事」に巻き込まれていると記しているが、この「愚か者」とはヴィッテルスを意味し、「不快な心配事、揉め事」とは「ファッケル・ノイローゼ」をめぐるフロイト・サークルとの対決を意味すると考えられている[†55]。また、前項で紹介した一九〇八年のクラウスの批判があくまで「弟子」に向けられていたものであったとすれば、一九一〇年の批判は明らかに精神分析全体に向けられるようになった。四月九日に刊行された『ファッケル』で、クラウスは「精神分析とかいうものは、自分たちだけは例外として、世界におけるすべてのものを性的原因へと還元する好色な合理主義者たちの活動のことだ」(F300: 26)という、本章冒頭で引用した辛辣な精神分析批判を行う。

そしてたとえ筆者によるこの想定が間違っていたとしても、重要なことは、一九一〇年のフロイトが、クラウスによる精神分析学へのこうした攻撃をヴィッテルス報告への復讐であると思い込んでいたことだ。例えば同年二月に『ファッケル』二九四号が出た直後、フロイトは弟子のフェレンツィに次のように書き送っている。

ヴィッテルスの「ファッケル・ノイローゼ」報告のせいで、精神分析学は『ファッケル』の不快な攻撃にさらされています。あなたもこの才能ある野獣K・K〔カール・クラウス〕の際限なきうぬぼれと手に負えなさはご存じでしょう。（中略）『ファッケル』が持つ影響力は、積極的な意味でも消極的な意味でも非常に不快なものです[†56]。

さらに同年四月、『ファッケル』三〇〇号の刊行直後[†57]、四月一三日の協会の会合においてはなんと「クラウス問題（Affaire Kraus）」が議題に挙がっている（*Protokolle* II, 439）。アルフレート・アドラーは協会員に静観を呼びかけ、フロイトも「私的にであってもこの件については話題にしない」よう念を押した。その上で「ウィーン精神分析協会にとって〈クラウス問題〉なるものは存在しないのだ」と強調した。フロイトからすれば、せっかくクラウスとはつかず離れずの関係を続けていたのに、ヴィッテルスが余計なことをしてくれた、との思いであったろう。一九一〇年になってにわかに強まるクラウスによる批判を、少なくともフロイトと協会員はヴィッテルス報告への「復讐」と捉え、それを無視することで事態の鎮静化を図ったのである。ところがヴィッテルスはあえて火に油を注ぐようなことを行う。それが同年秋の暴露小説『エゼキエル』の刊行であった。

ヴィッテルスはこの小説を一九一〇年冒頭には完成させていたようであるが[†58]、クラウスは自らのサークルやイルマを標的としたこの小説の出版妨害に乗り出した（*Memoirs*, 95–96）。まずクラウスは知人の女性を使ってヴィッテルスの原稿のコピーを手に入れ、その内容を確認した。その上で弁護士を通じてフロイト側と連絡を取り、このような小説を出版させないよう圧力をかけた。そしてその際ヴィッテルスがいかに信用できない人物であるかを示すために、一九〇八年秋の仲違いの後に、ヴィッテルスから送られてきた関係修復を懇願する手紙をフロイトに見せた。フロイトはクラウス側から聞いた小説の内容に驚くと共に、クラウスと縁を切って自分の側に来たと思っていたヴィッテルスが「二股」をかけていたことにショックを受け、出版を思いとどまるよう自ら説得に乗り出す。

日付は不確かであるが、『ファッケル』三〇〇号が出て、協会で「クラウス問題」が討議されたのと同時期に、フロイトは刊行予定の小説の原稿を読ませるようヴィッテルスに求めた。翌日、わずか一日で読み終えたフロイトは「私は自分の意見を一言にまとめてあげよう。この本を出版しなくても君は失うものは何もないが、もし出版したら君はすべてを失うだろう」とヴィッテルスに告げた。フロイトは自分とフリースの揉め事の例なども挙げ、「理由はどうあれ、友情が破綻したときには沈黙を守るべきだ」と出版を思いとどまるよう求めた。その際、出版停止にかかる費用はすべて自分が負担する、という条件もつけたという。師の懸命の説得にそれでもなお応じないヴィッテルスに対し、フロイトはしまいには怒り出して「精神分析学はお前のくだらない喧嘩よりも大切なんだ。なんでお前のくだらん本のせいで精神分析学が痛めつけられるのを、私が指をくわえて見てなきゃならんのだ」と怒鳴り、最終的には「もしこの本を出版したら、私のサークルにいることは許さん」とまで言い放った（*Memoirs*, 97–98）。

この後七月一日の精神分析協会が、ヴィッテルスが参加した最後の会合となる。師の説得を無視してヴィッテルスは一〇月に小説を刊行し、同月二日のフロイトのフェレンツィ宛書簡には「ヴィッテルスは小説を刊行したがゆえに協会をやめた」と記されている。[†59] そして一〇月五日の協会の議事録にはヴィッテルスの脱会が記録されている（*Protokolle* III, 3）。一方クラウスの側も、同小説の出版差し止めを求め訴訟を起こし、両者の喧嘩はついに法廷闘争にまで至る。これによって三者の関係は断たれ、その後クラウスは精神分析学に対する散発的な批判を続け、フロイトは沈黙を維持し続けることになる。

三　おわりに――三者関係の「その後」

二人の父に「勘当」された後、ヴィッテルスは医師としての仕事に戻り、第一次大戦中は軍医として各戦線を転々とした。復員後は再びウィーンで精神分析医としての活動を始め、一九二三年には世界初のフロイトの伝記†60を書き上げドイツ語で出版する（同書は翌年、英語とフランス語でも出版された）。ヴィッテルスは同書をフロイトに献呈し、それを契機に両者の関係はある程度改善し始める。一九二五年には一五年ぶりにフロイトと再会し、一九二七年には「破門」を解かれ精神分析協会に再入会を許されるのである（*Memoirs*, 124）。一九二八年以降ヴィッテルスは活動の軸を徐々にアメリカに移し、一九三一年には二冊目のフロイト伝を今度は英語で刊行した。彼はニューヨーク精神分析協会で活動する一方、ニューヨーク大学やコロンビア大学でも働き、アメリカにおけるフロイト理論の紹介者として活躍した。一九四〇年にはアメリカの市民権も獲得し、一九五〇年に同地で没している。

とはいえ、この修復された二人の師弟関係にも、クラウスの存在は最後まで暗い影としてつきまとった。一九二三年、ヴィッテルスからの献呈本について書簡でやり取りする中で、フロイトは「私はあなたへのクラウスの影響をいつもよくないものだと感じ、あなたは永久に彼の虜となって、悪影響を受け続けるのだろうと思っていました」と再びクラウス批判を行う。そして『エゼキエル』問題の最中にクラウスに対して「情愛を訴える手紙」を書いたことを忘れたのか、とヴィッテルスの「二股」を詰問した（*Memoirs*, 104–105）。両者が再会し、ヴィッテルスの破門が解かれた後の一九二九年の書簡の中でも、フロイトは同じ問題を繰り返す（*Memoirs*, 132–133）。

さらに一九三三年、アメリカに居を移していたヴィッテルスが最後にウィーンでフロイトに会ったとき、ヴィッテルスが旧フロイト伝の修正について話しあっていた最中に、不意にフロイトは不機嫌になり、「お前はクラウスを攻撃しようとしているまさにそのときに彼に〈ラブレター〉を書いた」と難癖をつけた。さすがに「わが耳を疑った」ヴィッテルスは、「でも教授、それはもう二五年も昔の話ですよ」と返したが、フロイトは「わかっている、でもお前はあのとき私と親しかったのに」と口ごもった（*Memoirs*, 143）。フロイトは、かつてヴィッテルスがクラウスと縁を切り、自分の忠実な弟子であるかのように振る舞うさなかに、当のクラウスに「ラブレター」を書いたという二股を終生許すことはなかった。ティムズはこうした事実からクラウス＝フロイト＝ヴィッテルスの関係を「エロティックな三角関係」と呼ぶ。[†61]弟子の忠誠をめぐって、この三者がある種の精神的な「同性愛」関係にあったことを示唆しているわけである。

一方で、クラウスとヴィッテルスの関係が修復されることはなかった。クラウスは一九二三年一月に恋人のシドニー・ナドヘルニー・フォン・ボルティンに宛てた手紙の中で、ヴィッテルスのことを「悪党」、「人を病気にしたてあげたがる輩（Symptomjäger）」と罵り、「かつて私の『ノイエ・フライエ・プレッセ』への嫌悪を〈父親コンプレックス〉に還元した」人間と書いている[†62]（これが、クラウスがヴィッテルスの「ファッケル・ノイローゼ」報告を知っていた証拠とされている[†63]）。さらに一九二五年にアプトン・シンクレアからクラウスが第一次大戦後に書き上げた反戦戯曲『人類最後の日々』を英訳出版したいという提案があった際、クラウスはこの話にヴィッテルスが関わっているという理由で、提案を拒否する。そしてこの件に関する書簡の中で、クラウスはヴィッテルスが「遺憾ながら」かつて『ファッケル』の寄稿者であったこと、しかしながら暴露小説を書いてクラウスを辱めた上に、当の小説執筆後に「あなたなしでは生きていけない」などと書いてよこした信用ならない人間であることを強調し、自分同様フロイトにも「絶交」を言い渡されていることを指摘している。[†64]レンシングはこの書簡を引用しつつ、クラウスのヴィッテルスへの「憎しみ」が、シンクレアの提案を拒否する一因になったと述べる。[†65] このチャンスを逃した結果、クラウスの最高傑作である『人類最後の日々』は長らく英語圏の読者には未知の書物であり続けることになるのである。

それではクラウスとフロイトの関係はどうなったのであろうか。フロイトはクラウスを無視し続けた。公の場でのクラウス批判は行わなかったようだが、一九二七年に書いたアルノルト・ツヴァイク宛書簡の中ではクラウスのことを「私の敬意のランク付けにおいて、最低の場所に位置する奴」とこき下ろしている。[†66] またクラウスも一九三四年に刊行した『ファッケル』所収の長大な反ナチス論文「なぜ『ファッケル』は刊行されないか」の中で、同時代における「メディアと精神分析による人間の愚昧化」を指摘する（F890–905: 140, 1934）。「ナチズムがメディアを滅ぼしたのではなく、むしろメディアがナチズムを生み出した」（F890–905: 141）と主張するクラウスの論法に従えば、彼は精神分析を、メディア同様ナチズムの登場を可能にするような精神状況を生み出した元凶とみなしていた、といえる。[†67] クラウスが精神分析の手法を終生許さなかったことは、このように最晩年の著作からも読みとることができるのである。

しかし、何人かの論者が指摘するように、クラウスは一九一〇年前後においてはフロイト個人の人格を否定するような批判を明示的には行っていない。[†68] クラウスの批判の多くはフロイトの弟子に向けられたものであった。一方でフロイト自身もヴィッテルスやグラーフ、ザドガーといった自身の弟子が行ったような精神分析の安易な応用には、クラウス同様、批判的であった。ゲイのフロイト伝においても、クラウスの精神分析学批判がフロイト本人というよりも、あくまでその図式的応用に向けられていたこと、そしてフロイト本人も弟子たちの行う精神分析学の通俗化を嫌っていたことが強調されている。[†69]

クラウスとフロイトは二〇世紀初頭に、女性に対する抑圧的な性道徳や同性愛を罪として裁く道徳＝法に反対する上での共闘から親交を始めたわけであるが、こうした旧弊な性道徳に反対する姿勢は両者共に終生変わっていない。第一次大戦後、彼らは共に反動勢力に抵抗し社会民主党と共和国を支持した。そしてナチス・ドイツによる合邦の危機のもとエンゲルベルト・ドルフスのオーストロ・ファシズム政権が成立すると、両者はかたくなにイデオロギーに固執する社民党に見切りをつけ、ナチスに対するオーストリア独立の擁護者としてドルフスを支持する。一八四八年革命以降の解放の波に乗り社会的上昇を果たした同化ユダヤ人に属するフロイトとクラウスの人生行路は、想像以上に似ている。[†70] 彼らの基本姿勢はリベラルな個人主義者とでもいうべきものであった。両者の関係の悪化は、思想的にまったく相容れなかったということよりも、ヴィッテルスを介した個人的な感情のもつれが原因であったといえよう。クラウスとフロイトの相互批判は、罵りあいではなくもっと生産的な議論になる可能性があった。この二人の知識人が短い蜜月の後、長い対立に入ってしまったことは、オーストリア思想史にとって不幸なことであった。

ここまで、特に「文化」史的側面からクラウス思想の特色を――ロース、フロイトと比較しつつ――描き出してきた。続く第3章では、クラウスのこうした文化批判の論理が「政治」の場でどのように発揮されたのか、彼の第一次大戦批判を見ながら検討していこう。

* ウィーン精神分析協会の議事録である Hermann Nunberg und Ernst Federn (Hg.), *Protokolle der Wiener Psychoanalytischen Vereinigung* (1976=2008, Giessen) からの引用は、本文中に *Protokolle* と略記し、巻数と頁数を記載した。

* フリッツ・ヴィッテルスの自伝 (Edward Timms [ed.], *Freud and the Child Woman: The Memoirs of Fritz Wittels*, New Haven/London, 1995) からの引用は、本文中に *Memoirs* と略記し、頁数を記載した。

†1 これらの諸論稿をクラウスは *Sittlichkeit und Kriminalität* (1908) にまとめた。

†2 Sigmund Freud, Drei Abhandlungen zur Sexualtheorie (1905), in: *Gesammelte Werke.* Band V, Frankfurt am Main, 1942=1991, S. 27–145（「性理論のための三篇」、渡

邉俊之訳、『フロイト全集』、第六巻、岩波書店、二〇〇九年、一六三―三一〇頁).

†3 「クラウスとフロイト」をめぐる先行研究は主に以下のものを参照した。Erwin Hartl, Karl Kraus und die Psychoanalyse. Versuch einer Klarstellung, in: *Merkur*, 31, 1977, S. 144–160; Timms, Sorcerers and Apprentices: The Encounter with Freud, in: *Karl Kraus*, 1986, pp. 94–114; Wagner, *Geist und Geschlecht*. S. 118–131 (『世紀末ウィーンにおける精神と性』、一二五―一三九頁); *Szasz, Anti-Freud*; Albin Waldvogel, Karl Kraus und die Psychoanalyse. Eine historische-dokumentarische Untersuchung, in: *Psyche*, 44 (5), 1990, S. 412–444; Kory, *Im Spannungsfeld zwischen Literatur und Psychoanalyse*; Leo A. Lensing, The *Neue Freie Presse* Neurosis: Freud, Karl Kraus, and the Newspaper as Daily Devotional, in: *The Jewish World of Sigmund Freud: Essays on Cultural Roots and the Problem of Religious Identity*, Arnold D. Richards (ed.), North Carolina/London, 2010, pp. 51–65; ジャン＝フランソワ・ラプレニー「フロイト〈とその顛末〉――カール・クラウスと精神分析、もしくはある敵意の掛け金」、合田正人訳、『思想』、第一〇五八号、二〇一二年六月、一七三―一九五頁。

†4 Timms, *Karl Kraus*, 1986, p. 94; Szasz, *Anti-Freud*, p. 20.

†5 本書第1章注76参照。

†6 一九〇六年一月一二日付のフロイトによるクラウス宛書簡。Sigmund Freud, *Briefe 1873–1939*. Ausgewählt und herausgegeben von Ernst L. Freud, Frankfurt am Main, 1960, S. 248–249 (『フロイト著作集』、第八巻、生松敬三ほか訳、人文書院、一九七四年、二五八―二六〇頁).

†7 一九〇六年九月二五日付のフロイトによるクラウス宛書簡。Hartl, Karl Kraus und die Psychoanalyse, S. 152; Szasz, *Anti-Freud*, p. 21.

†8 「あなたのご意見とご努力の方向が私のそれと部分的に一致していることが、『ファッケル』の中に私の名前をたびたび見出すことができた原因だったであろうと思います」(一九〇六年一月一二日付のフロイトによるクラウス宛書簡。傍点引用者)。Freud, *Briefe*, S. 248 (『フロイト著作集』、第八巻、二五八頁).

†9 「『ファッケル』のリール事件の記事拝読いたしました。本当に何ともいいようのないほどすばらしいものでした。人々はあなたの文体を称賛し、そのウィットに驚嘆することでしょう。しかしながら、あなたが本来望んでいる自らを恥じ入るということを、彼らは知らないままでしょう。そのために彼らはあまりに多く、自らの連帯に安心しきっています。われわれ少数派は団結すべき

なのです」（一九〇六年一一月一八日付のフロイトによるクラウス宛書簡。傍点引用者）。Hartl, Karl Kraus und die Psychoanalyse, S. 162; Timms, *Karl Kraus*, 1986, p. 95.

†10 本書四五頁を参照。

†11 ティムズは同論の掲載を「幼児性欲の強調ゆえに中傷にさらされていたフロイト」に対する支援と見ている（Timms, *Karl Kraus*, 1986, p. 94）。

†12 Hartl, Karl Kraus und die Psychoanalyse, S. 161.
ラプレニーもこの時期の二人を評して次のように述べている。「実際、『モラルと犯罪』におけるクラウスのいくつかの主張と、『性理論三篇』の相似には驚くべきものがある。両者とも当時、倒錯という概念の定義のし直しに努めている。両者とも、同性愛のような性的行動に関する刑法的処罰に反対している。最後に、両者とも、ブルジョワ性道徳が指定する例外の地位からエロティシズム（クラウス）と性（フロイト）の領域を解き放とうと努力している」（ラプレニー「フロイト〈とその顚末〉」、一七三頁）。

†13 例えば、レンシングはおそらく両者が個人的に会っていただろうと推測するが（Lensing, The *Neue Freie Presse* Neurosis, p. 53）、一方でサッズとラプレニーは会っていないという説をとっている（Szasz, *Anti-Freud*, p. 20; ラプレニー「フロイト〈とその顚末〉」、一七三頁）。

†14 Freud, Die „kulturelle“ Sexualmoral und die moderne Nervosität, S. 163（「〈文化的〉性道徳と現代の神経質症」、一七三頁）.

†15 一九一〇年四月一二日付のフロイトのフェレンツィ宛書簡。Sigmund Freud und Sándor Ferenczi, *Briefwechsel*. Band I, 1908–1911, Eva Brabant, Ernst Falzeder, Patrizia Gimapieri-Deutsch（Hg.）, Wien, 1993, S. 242. 同書簡の中で、フロイトはクラウスの報復を恐れ、書簡の内容を他に漏らさないように念を押している。

†16 ヴィッテルスについては彼の自伝に加え、Philip R. Lehrman, Fritz Wittels 1880–1950, in: *Psychoanalytic Quarterly*, 20, 1951, pp. 96–104を参照のこと。
なおヴィッテルスの著作は日本では、*Critique of Love*（New York, 1929）の邦訳である『愛の精神分析』（井沢三樹訳、アルス、一九三〇年）と *Sex Habits of American Women*（New York, 1951）の邦訳である『性と女』（柴田実訳、啓明社、一九五四年）の二冊が出版されている。

†17 Leo A. Lensing, „Geistige Väter“ & „das Kindweib“: Sigmund Freud, Karl Kraus und Irma Karczewska in der Autobiographie von Fritz Wittels, in: *Forum*, 430–431, 1989, S. 62–71; Edward Timms, “The Child-Woman”: Kraus, Freud, Wittels and Irma Karczewska, in: *Vienna 1900: From Altenberg to Wittgenstein*, Edward Timms and

Ritchie Robertson (ed.), Edinburgh, 1990, pp. 87–107; Leo A. Lensing, "Freud and the Child Woman" or "Kraus Affair"? A Textual "Reconstruction" of Fritz Wittels Psychoanalytic Autobiography, in: *The German Quarterly*, vol. 69, no. 3, Summer, 1996, pp. 322–332.

†18 ヴィッテルスの自伝の編集者であるティムズは、自身のクラウス伝を含め、従来の研究におけるヴィッテルスとクラウスやフロイトの関係性をめぐる議論が「不確定」であったことを指摘した上で、同自伝の発見により三者の関係性の詳細な再構成が可能になったと述べている（Timms, The "Child-Woman", p. 87）。

†19 Wittels, *Memoirs*, pp. 45–47. 同箇所では書簡へのクラウスの返事も読むことができる。

†20 この論文は、クラウスと『ファッケル』を当時の刑法との関連から検討した Reinhard Merkel, *Strafrecht und Satire im Werk von Karl Kraus*, Frankfurt am Main, 1998, S. 408–417において詳しく検討されている。

†21 Kraus, *Schriften.* Band 1, S. 281–283（『モラルと犯罪』、一九三―一九五頁）.

†22 Frank Wedekind, Mutter und Kind, in: *Morgen, Wochenschrift für deutsche Kultur*, 14 Juni 1907, S. 61–62.

†23 Timms, *Karl Kraus*, 1986, pp.75–80. 同書には上演の際のプログラムが掲載されている。

†24 Wedekind, Mutter und Kind, S. 62.

†25 これは一九〇七年六月二四日付である。Mirko Nottscheid (Hg.), *Karl Kraus-Frank Wedekind. Briefwechsel 1903 bis 1917*, Würzburg, 2008, S. 98–99, 204–205.

†26 Wagner, *Geist und Geschlecht*, S. 129（『世紀末ウィーンにおける精神と性』、一二七頁）; Timms, The "Child-Woman", p. 91; 山口「『道徳と犯罪』における芸術家カール・クラウスの視座」、一三三頁。

†27 ただし『議事録』の注によると、フロイトは後に愛から憎しみへの転移という考え方を捨て、両者を異なる欲動として論じるようになる（*Protokolle* I, S. 155）。

†28 レンシングはヒッチュマンの批判を重視し、これがクラウスを念頭に置いたものであることを指摘する。Lensing, „Geistige Väter", S. 64.

†29 *Protokolle* I, S. 182にはその概略だけが記されている。記録がない理由を、ティムズは「[ヴィッテルスの]主題――早熟で、まったく抑制されることのない女性のセクシュアリティの崇拝――が〈学問的会議〉の速記記録に残ることはあまりにスキャンダラス」と考えられたからではないか、とヴィッテルスの『自伝』への注解の中で述べる（*Memoirs*, p. 169）。一方でレンシングは、「偉大なヘタエラ」報告が「女医」報告以上に厳しい批判を浴びたがゆえに、記録をあえて残さなかったのではない

か、と推測する（Lensing, „Geistige Väter", S. 64)。

†30　このように読めば、ヴィッテルスは前回の「女医」報告でフロイトが否定した女性観を、あえて再び肯定的に論じた、と解釈できる。だがティムズは、ヴィッテルスの「偉大なヘタエラ」報告の内容を学術会議の記録に残すのはふさわしくないと考えた協会側（この点については前注参照）が、「偉大なヘタエラ」報告での討論の内容を「女医」報告での討論に加えて記録しなおしたのではないかと推測している（*Memoirs*, pp. 169–170)。そしてその根拠として、「女医」報告の討論において、ヴィッテルスの「女医」論文には登場しない「ヘタエラ」という単語を用いて、フロイトが批判を行っているという事実を挙げる。フロイトのヴィッテルス批判とは「女医」報告ではなく、「偉大なヘタエラ」報告に対するものと読むべきだというのである。しかし本文中で述べたように、少なくともヒッチュマンは「女医」報告にある「遅れてきたギリシア女」というヴィッテルスの概念を「ヘタエラ」といい換えて批判しており、このヒッチュマンの議論を受けて、フロイトが「ヘタエラ」とは「ルンペン」に過ぎない、と議論を進めたとしてもおかしくはない。それゆえ本書では、あえてヴィッテルスはフロイトを挑発するような報告を行った、と解釈する。

†31　本書四五頁、ならびに第1章注86参照。

†32　Kraus, *Schriften*. Band 1, S. 244（『モラルと犯罪』、一七七頁）.

†33　フランク・ヴェデキント『地霊・パンドラの箱』、岩淵達治訳、岩波文庫、一九八六年、一二三頁。

†34　Lensing, „Geistige Väter", S. 64.

†35　例えばヴィッテルスは自身の恋人イルマに関し、「神経症とは抑圧と葛藤の産物なのだから、彼女はわれわれの神経症的な時代には適合しない、非神経症的な魂を持った原型なのだ」とみなしていた（*Memoirs*, 62)。すなわちどんな男のものにもならず奔放な性生活を送ることができれば、女性は神経症になることはない、と彼は想定していた。ただしクラウスがこうしたヴィッテルスの考えに完全に同意していたわけではない。

†36　ゲーテの詩『魔法使いの弟子』とは、魔法使いの老師がいない間に、その弟子がうろ覚えの魔法を使って箒に水汲みをさせていたところ、魔法を解く呪文を忘れたため家中が水浸しになってしまうという内容である。非常にポピュラーな作品で、フランスの作曲家ポール・デュカスが曲をつけており、ディズニーの映画『ファンタジア』にも登場する。

†37　Fritz Wittels, *Freud and His Time: The Influence of the Master Psychologist on the Emotional Problems in Our Lives*, New York, 1931, p. 406.

†38　ただし、ヴィッテルスとクラウスの個人的な関係が始まるのは、一九〇七年のことで、この段階では、あくまで著名な作家と無名の一読者の関係であったと思われる。

†39　それゆえ例えば、ティムズは、自著の中で「クラウスとフロイト」に関する章のタイトルを「魔法使いとその弟子」にしている（Timms, *Karl Kraus*, 1986, chap. 5）。

†40　クラウスの『魔法使いの弟子』解釈については、ラプレニー「フロイト〈とその顚末〉」、一七五―一八一頁が詳しい。

†41　『ゲーテ全集』、片山敏彦ほか訳、第一巻、人文書院、一九六〇年、二四〇―二四三頁。

†42　Kraus, *Schriften*. Band 8, S. 347（『アフォリズム』、二一一頁）.

†43　Timms, *Karl Kraus*, 1986, pp. 96, 103; Szasz, *Anti-Freud*, p. 23; ラプレニー「フロイトと〈その顚末〉」、一七四頁。

†44　「Talent」という単語の意味については、邦訳『黒魔術による世界の没落』（山口裕之・河野英二訳、現代思潮新社、二〇〇八年）の訳者解説（三六一頁）を参照のこと。また本章で後述するヴィッテルス批判のアフォリズムにおいても、クラウスは「Talent」批判という形でヴィッテルス批判を展開している（F266: 20, 1908）。

†45　この論説以外でも例えばクラウスは「彼らはメディアを支配し、市場を支配し、今や無意識までも支配する」（F300: 27; *Schriften*. Band 8, S. 223［『アフォリズム』、二一〇頁］）というアフォリズムを発表している。これはマスコミ、金融、精神分析医にユダヤ系が多かったことをあてこすったものと読むことができる。

†46　Peter Gay, *Freud: A Life for Our Time*, New York, 1988, p. 250（『フロイト』、第一巻、鈴木晶訳、みすず書房、一九九七年、二九六―二九七頁）.

ここでゲイが指摘しているように、フロイト本人はこの問題について最晩年の論文「分析における構築」でとりあげ、自分たちはそのような単純化を行うことはないと抗弁している（Sigmund Freud, Konstruktionen in der Analyse (1937), in: *Gesammelte Werke*. Band XVI, 1950=1993, Frankfurt am Main, S. 41–56［「分析における構築」、渡邉俊之訳、『フロイト全集』、第二一巻、岩波書店、二〇一一年、三四一―三五七頁］）。

†47　Karl Popper, *Conjectures and Refutations: The Growth of Scientific Knowledge*, London, 1963=1969, pp. 34–38（『推論と反駁――科学的知識の発展』、藤本隆志・石垣壽郎・森博訳、法政大学出版局、一九八〇年、五八―六五頁）。クラウスとポパーの比較についてはSzasz, *Anti-Freud*, pp. 72–76を参照のこと。

†48 Timms, The "Child-Woman", p. 95. 先述した精神分析協会でのこの本の合評会においても、フロイトはそのエピグラムにある「ausleben」という単語をあえて用いて、「『ファッケル』はセクシュアリティの解放（Ausleben）を支持するが、われわれ精神分析協会はそれとは異なる」という趣旨の発言を行っている（*Protokolle* II, 81）。つまり同書がクラウス的著作であることを、フロイトも認めていたわけである。

†49 ヴィッテルスはこの批判について、「ほとんどが私以外の誰も、その意味をわからないようなものだった」と『自伝』で書いているが（*Memoirs*, 91）、クラウス・サークルではその意味は自明のことだったようで、そのうちの一人カール・ハウアーは一二月三日付のクラウス宛書簡の中で「あなたのW［ittels］に対するアフォリズムはすばらしいですね。奴がどんな反応を示すのか楽しみです」と書き送っている（Lensing, „Geistige Väter", S. 67）。

†50 Timms, The "Child-Woman", p. 96.

†51 アニーは早くも創刊当初の『ファッケル』（F2: 28–29, 1899）で言及されているクラウスお気に入りの女優で、クラウスは自分の恋人となったアニーにいろいろと世話を焼いた。それは彼女の出演交渉から、結核に罹った彼女の看病、さらには一九〇一年に彼女が早世した後の、故人の名誉を汚す新聞記事への訴訟にまで至った。クラウスは後々までアニーの写真を自分の机の上に飾っていたといわれ、晩年の『ファッケル』でも写真つきで彼女に言及する（F852–856: 48–51, 1931）など、アニーはクラウスの生涯を通じての「心の恋人」であった。クラウスとアニーについてはさしあたり Wagner, *Geist und Gechlecht*, S. 95–105（『世紀末ウィーンにおける精神と性』、九九–一一一頁）; Timms, *Karl Kraus*, 1986, pp. 72–75を参照のこと。両者の関係をまとめた資料として、Friedrich Pfäfflin und Eva Dambacher (Hg.), *„Wie Genies sterben". Karl Kraus und Annie Kalmer, Briefe und Dokumente 1899–1999*, Göttingen, 2001がある。

†52 「女性の美的天才性」とはまさに『ファッケル』（F81: 18–21, 1901）において——ペーター・アルテンベルクからの書簡という形で——アニーについて語られている部分にあたる。

†53 Ernest Jones, *Sigmund Freud: Life and Work*, vol. II, London, 1958, pp. 133–134（『フロイトの生涯』、竹友安彦・藤井治彦訳、紀伊國屋書店、一九六九年、一〇六頁）.

†54 Szasz, *Anti-Freud*, pp. 25–26; Timms, *Karl Kraus*, 1986, p. 103; Lensing, „Geisitige Väter", S. 62; Kory, *Im Spannungsfeld zwischen Literatur und Psychoanalyse*, S. 32.

†55　Geroge C. Avery (Hg.), *Feinde in Scharen. Ein wahres Vergnügen dazusein. Karl Kraus – Herwarth Walden Briefwechsel 1909–1912*, Göttingen, 2002, S. 160, 469.

†56　二月一三日付のフロイトによるフェレンツィ宛書簡。Freud und Ferenczi, *Briefwechsel*, S. 213. ただし『ファッケル』二九四号には、三〇〇号ほど明確な形での精神分析への批判は書かれていない。ここでフロイトがいう「不快な攻撃」が二九四号のどこかの部分を指すのか、それとも刊行された記事以外での何らかの攻撃を意味するのかは不明である。前注に挙げたクラウスとヴァルデンの往復書簡集の編者は、クラウスはヴィッテルス報告の内容をすぐに察知し、それに対して自己防衛を行うと公言したことに反応して、フロイトがこのような内容の書簡を書いたと推測している（Avery, *Feinde in Scharen*, S. 469）。

†57　同じく四月一二日付のフェレンツィ宛書簡の中でもフロイトは「ファッケル・クラウスは精神分析学に向けて彼のウィットの愚かなロケットを打ち上げてきましたね。いずれにせよ、ウィーンにおける〈文化闘争者〉があえて行うことを見るのは興味深いものです」と書いている（Freud und Ferenczi, *Briefwechsel*, S. 241–242）。フロイトがいかに『ファッケル』に注意を払っていたのかはこうした事実から明白であるといえる。

†58　Timms, The "Child-Woman", p. 97.

†59　Freud und Ferenczi, *Briefwechsel*, S. 305.

†60　Fritz Wittels, *Sigmund Freud. Der Mann, die Lehre, die Schule*. Wien, 1924.

†61　Timms, The "Child-Woman", p. 104.

†62　一九一三年一月六日付のシドニー宛書簡。Karl Kraus, *Briefe an Sidonie Nádherný von Borutin*, München, 1977, Band I, S. 569 und Band II, S. 344.

†63　Hartl, Karl Kraus und die Psychoanalyse, S. 147. これに加えて、例えばアルビン・ヴァルドフォーゲルはクラウスの論文「無許可の精神分析」（F387–388: 17–22）をヴィッテルス報告に関連するものとして挙げている（Waldvogel, Karl Kraus und die Psychoanalyse, S. 426–427）。

†64　Leo A. Lensing, Karl Kraus as "Volksklassiker"? Upton Sinclair and the Translation of *Die letzten Tage der Menschheit*（Including an unpublished Kraus manuscript）, in: *Deutsche Vierteljahresschrift für Literaturwissenschaft und Geistesgeschichte*, 59, 1984, S. 156–168.

†65　Lensing, Karl Kraus as "Volksklassiker"?, S. 167.

†66　一九二七年一二月二日付のフロイトによるツヴァイク宛書簡。Sigmund Freud und Arnold Zweig, *Briefwechsel*, Frankfurt am Main, 1967, S. 11.

†67　クラウスがなぜこのような等置を行ったのか、メディア的なものと精神分析的なものにどのような類似の問題を見出していたのかについては、本書第6章第二節を参照のこと。

†68　Timms, *Karl Kraus*, 1986, p. 113; Wagner, *Geist und Geschlecht*, S. 120（『世紀末ウィーンにおける精神と性』、一二七頁）.

†69　Gay, *Freud*, pp. 214–215（『フロイト』、第一巻、二五三—二五四頁）.

†70　両者の経歴、思想の類似性については Kory, *Im Spannungsfeld zwischen Literatur und Psychoanalyse*, S. 50 ff.

第3章 メディア批判とテクノロマン主義批判――カール・クラウスと第一次世界大戦

一 はじめに――反戦知識人クラウス

一九一四年六月二八日、当時ハプスブルク帝国領だったボスニア＝ヘルツェゴヴィナの都市サラエヴォで放たれた一発の銃弾は、皇位継承者フランツ・フェルディナントの命を奪っただけでなく、第一次世界大戦開戦の引き金となった。クリスマスまでには終わると思われたその戦争は四年にわたって続き、前線における機関銃、毒ガス、戦車、戦闘機、潜水艦などの最新兵器の登場は戦死者の数を飛躍的に増大させた。銃後においては、生産の集約化、食料品の配給制度化、報道の規制など物心両面での国家統制が強まった。第一次大戦は前線だけでなく銃後も巻き込んだ人類初の「総力戦」という意味で、まさに未曾有の戦争であった。

カール・クラウスの生きたハプスブルク帝国は、同盟国ドイツとこの戦争を戦い、敗戦の結果帝国そのものが消滅することになる。そもそも「国力のすべてを勝利という目標に向けて一元化すること」を求められる総力戦を戦うということは、「諸民族の自律性を何よりも尊重しなければならないハプスブルク帝国の特性と最も矛盾するもの」であった。[†1] 開戦当初から連戦連敗を続けたハプスブルク帝国軍は、次第に同盟国ドイツへの依存度を深め、軍事面に限らず内政・外交のあらゆる側面でドイツに従属するようになっていく。このことは帝国に対する非ドイツ系ネーションの反発を強め、敗戦の結果、中欧多民族帝国は民族自決の名のもと、いくつものネーションステートへと解体していった。

この間クラウスは、戦時下のドイツ、オーストリアの様子を事細かに『ファッケル』誌上に記録し続けた。開戦四カ月後の一九一四年一一月に行った講演「この大いなる時代に」(F404: 1-19, 1914) で自らの反戦的立場を明確にして以降、クラウスはドイツ・オーストリアにおける数少ない反戦知識人として活動し、戦時中にもかかわらず一七冊に及ぶ『ファッケル』を刊行、さらに四八回もの講演会をウィーンを中心に中欧諸都市で開催した（その収益は福祉団体へと寄付された)。そして戦時中から、後に彼の代表作となる『人類最後の日々』を書き進めていた。

『人類最後の日々』は全五幕二〇〇場以上からなり、登場人物も数百を数え、著者自身が「火星の劇場こそふさわしい」と呼ぶ長大な戯曲である。[†2] フランツ・フェルディナント暗殺を伝える号外売りの登場に始まる序幕から、敗戦を黙示録的に描きだしたエピローグまで、時系列に沿って劇は進むが各場の構成に明確な筋はない。いうなれば主役は第一次大戦を戦うドイツ・オーストリア全体であって、劇は宮廷、街頭、教会、新聞の編集部、前線など戦時下の様々な場面をモンタージュ的につなぎあわせた構成となっている。戦後刊行された同作はヨーロッパ各国で高く評価され、クラウスは三度ノーベル文学賞に推薦されることになる。[†3]

クラウス思想の一貫性を探る際に「クラウスと第一次世界大戦」が特に問題となる理由は、一義的に捉えがたい思想家であるクラウスの評価の中でも、第一次大戦前後の評価は特に錯綜しているためである。従来の研究では革新的知識人と保守的知識人という完全に対立した捉え方が存在する。クラウスの革新性を評価する側は、『ファッケル』を基盤につねにウィーン社会へのラディカルな批判を続けたクラウスの言論活動、第一次大戦への反戦的態度、ならびに戦後発表された長大な反戦戯曲『人類最後の日々』に着目する。戦前から一貫していた体制批判の「展開」が、壮大な反戦戯曲に結実したと評価されるのである。

一方クラウスの保守性を強調する側は、彼の戦前の時代批判の論理がテクノロジー批判や進歩批判を通じた「近代」批判に基づいていたこと、そしてクラウスが自ら批判する市民社会への対抗軸として、理念としての貴族を支持していたことを重視する。それゆえクラウスが保守的であったにもかかわらず反戦知識人として活躍し、『人類最後の日々』を書くに至った「転換」が強調されるのである。それゆえ『人類最後の日々』に結実するクラウスの反戦思想が、戦前の思想から連続的に「展開」されたものなのか、それともそこに「転換」があるのかを確定するためにも、この時期を検討することは不可欠なのである。

二　二人のクラウス?

(一)「啓蒙的・批判的」知識人クラウス

序章でも簡単にふれたように、カール・E・ショースキーは一九九八年に出版された『歴史と共に考える』において、『世紀末ウィーン』の議論を展開させて、宗教的で唯美的なバロック文化の伝統に加え、道徳的で政治的、学問的な啓蒙主義文化の伝統という、「二つの文化」の角逐が一八世紀以来のウィーンに存在したという横軸から捉えた議論を提示している。そして貴族的な唯美文化の側面を強調した『世紀末ウィーン』ではほとんど扱わなかったクラウスを、一九世紀末における啓蒙主義文化の伝統の代表として論じ、彼の友人である建築家のアドルフ・ロースとあわせて、「オーストリアにおける最後のピューリタン、快楽的な弱さと冒険的な美に屈しようとする人々に対し法と言葉の文化を守る最後の預言者」、唯美派に対する「倫理派」という評価を行った。[†4]『道徳と犯罪』において展開された既存の旧弊な市民社会的道徳に対する女性の性的自由と自己決定権の主張や、ロース、オスカー・ココシュカといったウィーンで批判にさらされていた文化アヴァンギャルドの擁護、そして第一次大戦への反戦的態度は、啓蒙主義文化の後裔にふさわしいものとショースキーは考えている。

ショースキーにとっての啓蒙主義文化とは「言葉」の文化であって、それは演劇や音楽など感情に訴えるバロック的唯美文化に対置されるものである。それゆえ啓蒙主義文化の後裔たるクラウスは『人類最後の日々』において、「忌まわしい戦争目的を偽装するための言語の信念なき乱用」に反対して「理性と言語の精悍な徳」を守ろうとした人物として評価される。[†5]新聞記者たちが常套句による装飾で偽って銃後の世界を操作している中、クラウスは当の新聞記事や演説、布告などからなるルーズなコラージュで作品を作り出すことで、その言語の虚偽性を暴きだした。ショースキーはこうしたクラウスの時代批判の方法を評価しているのだが、ここで彼が言及しているクラウスの作品形式について多少説明を加えたい。

ショースキーも指摘するように、クラウスの社会批判は他者によって書かれた言葉を利用するという形式をとった。主に当時の新聞・雑誌からの引用をそのまま貼りつけ、クラウスが独自のタイトルとときに応じて短いコメントをつけた寸評（Glosse）と呼ばれる諷刺形式、ならびに池内紀が「対比の技法」[†6]と呼ぶ、一つの頁を縦に割ってきわめて対照的な二つの記事を併記する諷刺形式が『ファッケル』誌上には数多く見られる。第一次大戦中の『ファッケル』からいくつか具体例を紹介してみよう。

例えば、「戦争の危険」と「平和の危険」（F426–430: 70, 1916）という二つの寸評においては、戦時利得の諷刺として、「戦争は金持ちのためだけに行われている」と街中で話していたのを他人に聞かれ告発された傷病兵に関する記事と、開戦による禁輸措置によって売り上げが大幅に増え配当が上がった会社に関する経済記事が続けて掲載されている。クラウスは、戦時利得を批判し拘禁された兵士の記事と、現に戦時利得を得ている会社についての経済記事を並べることで、この問題を批判しているのである。

また「対比の技法」の例としては、戦争の残忍性とその継続を嘆くローマ教皇ベネディクト一五世の言葉と、オーストリア軍によるイタリア軍艦の撃沈を言祝ぐ『ノイエ・フライエ・プレッセ』主筆のモーリッツ・ベネディクトの言葉を対比した「二つの声」(F406–412: 1–2, 1915) がある。クラウスは同じ「ベネディクト」という名を持つ二人の人物の言葉を対比することで、オーストリアの新聞の好戦性と神からの離反を暴きだしているのである。戦時の検閲が厳しい中で、クラウスは検閲を通り抜けた新聞・雑誌の文章をただ切り貼りするだけで諷刺を行うという手法を洗練させていったが、この形式は読者の想像力に訴えるものであった。[†7]

『人類最後の日々』にもこの手法は受け継がれて、ほぼ第一次大戦の進行に沿って舞台上には前線から銃後に至る様々な出来事が明確な筋もなくつなぎ合わされて登場し、そうした部分からなる全体が一つのモンタージュ作品を形成している。そしてその中には戦時中の『ファッケル』に寸評という形で掲載されたものをパラフレーズしたものも数多い(例えば先述の「平和の危険」は五幕三〇場に、[†8]「二つの声」は一幕二七・二八場に利用されている)。[†9]『人類最後の日々』の読者が彼を革新的知識人と評価する理由には、作品の反戦的内容もさることながら、一九二〇年代のフォト・モンタージュや映画を先取りするような彼の言語テクニックもあった。[†10]例えば、日本における最も早い段階でのクラウス紹介者の一人である加藤周一も、こうした作品形式を次のように評価している。

原則としていえば、個別的な事実は無限にあるから、それをどれほど多く蒐集しても、それだけでは決して全体に達しないはずである。ところが『人類最後の日々』を通読すると、個々の断片的な場面の印象は蓄積されて、いくさという現象の全体の動かすべからざる印象に到る。[†11]

ショースキーや加藤らの主張に見られるように、戦前から行っていたラディカルなウィーン社会批判を継続したものとしての反戦的言論活動とアヴァンギャルドな手法をとった反戦思想の作品化は、クラウスを革新的知識人として評価する上で十分な根拠と考えられてきた。ショースキーからすれば、クラウスは「言葉の文化」たる啓蒙主義文化の後裔として、開戦とナショナリズムの熱狂の中で「言葉」の使われ方をとりあげて戦争批判を行った人物、すなわち啓蒙主義文化の担い手である市民社会的な徳を根拠に腐敗した市民社会の批判を行った「反市民的市民の一種」であった。[†12]

（二）「保守的」知識人クラウス

しかしここで注目しなくてはならないのは第一次大戦直前の『ファッケル』を「戦前のクラウス保守主義の絶頂」とする、アルフレート・プファビガンらの主張である。[†13] この立場からすると『人類最後の日々』は、長引く戦争により「保守反動の『ファッケル』が反軍国主義－平和主義の機関紙へ」と「一八〇度の方針転換」を遂げた結果として生み出されたものである。[†14] それゆえ第一次大戦期のクラウスを論じるにあたって注目すべきは、開戦の熱狂の中、多くの知識人が左から右への態度変更をしているまさにそのときに、保守の論客クラウスが右から左に「転換」したことにある、というのだ。[†15]

だがこうした相反する評価を受ける原因は、クラウスのテキストそれ自体にある。そのことは大戦勃発直前の一九一四年七月一一日付の『ファッケル』に掲載された「フランツ・フェルディナントと才覚者たち」（F400–403: 1–4, 1914）[†16]、「貴族との交際の憧れ」（F400–403: 90–95）[†17]を見れば明らかである。特に前者についてアルベルト・フックスは「極右的な論文」[†18]、イェンス・マルテ・フィッシャーは『人類最後の日々』の読者からすれば「唖然とするようなテキスト」[†19]と論じている。

簡単にふれると前者は、暗殺された大公を追悼するエッセイである。クラウスは暗殺の犯人を「進歩と教養という最も矮小な権力」であると決めつけ、次のように主張する。

神から解き放たれたこの権力は、発展という誤った道をその人格の豊かさで遮断しようとしていた者［フランツ・フェルディナント］に対し、まさにとびかかろうとしていた（F400–403: 1）[†20]。

ここでクラウスが問題としているのは、大公がセルビア人によって暗殺されたという事実よりも、「リベラリズムの恐怖の的」、「進歩の恐怖の的」であった大公が、「進歩と教養」によって殺害されてしまったということの象徴的意味なのである。

「言葉」をその考察の中心に据えるクラウスは自らの主敵をメディア、中でも当時ヨーロッパを代表するウィーンの新聞であった『ノイエ・フライエ・プレッセ』に定めていた。ウィーン・リベラル派の牙城であった同紙を敵とすることは、楽観的に「進歩」を奉じ産業化を通じてオーストリアの近代化を目指すリベラル派を必然的に敵とすることになった。クラウスにとってあらゆるものの商品化を促進する産業化は、悪しき「近代」の一側面に過ぎなかった。リベラル派批判はクラウスをフランツ・フェルディナントに代表される貴族の支持へと向かわせた。それゆえ大公暗殺の犯人とは、大公に敵対する勢力であるリベラル派、そしてその基本理念であるところの進歩と教養であると、クラウスは比喩的に論じているのである。大公こそ「世界没落の実験場」たるオーストリアのフォーティンブラスであったのに、と彼は自身が好んで朗読したシェイクスピアの『ハムレット』を引きながら大公の死を悔やむ（F400–403: 2）[†21]。

これと同様に後者も、クラウスの貴族への接近を裏切りと批判する「ラディカルな文筆家の友人」たちへの応答のエッセイである。クラウスは挑発的にこう述べる。

彼ら［クラウスを批判するラディカルな文筆家の友人］は、ユダヤ人のリベラリスト、ブルジョア、『ノイエ・フライエ・プレッセ』に対する私の攻撃を極左的であると考え、次のことを予感すらしなかった。この攻撃が――そもそも私が何かを欲し、その私の欲したものを国家にわかりやすいような言い回しにするとしたら――最高度に極右的であるということを。彼らは、私が革命家であると信じ込んでいた。いまや知らねばならない、私が一八四八年から一九一四年にかけての時代どころか、フランス革命の段階にさえ至っていないということを（F400–403: 92）[†22]。

フランツ・フェルディナントが暗殺され、戦争の危機が高まる一九一四年七月の段階で、このように大公の死を悼み、同時に自らを極右と公言して「今やあらゆるところで見られる光に照らされた人類のガラクタに在庫一掃セールが迫っているという確信への私の満足」（F400–403: 93）[†23]を語るクラウスからすれば、「戦争によって疑いなく戦前の保守的な『ファッケル』の要求の多くが満たされた」だろうとプファビガンはいう。プファビガンからすればクラウスはもともと「平和主義者」であったのではなく、「第一次大戦の残虐な現実を目の当たり」にして方針転換を図ったに過ぎない[†24]。

われわれはカール・クラウスを、つまりフランツ・フェルディナントの保守革命を夢見、デモクラシーや議会主義や進歩に反対し、開戦直前に軍人タイプを称揚したクラウスを、世界大戦のイデオロギー的準備をなした責任に対しまったくの無罪とはできない。[†25]

クラウスを「反啓蒙」の保守的知識人と見るこのプファビガンの議論は、彼を啓蒙の後裔たる革新的知識人と見るショースキーの議論とは対極にある、いわば「啓蒙的・批判的」知識人クラウスの脱神話化を図る議論である。

確かに上述の二つのクラウスのエッセイからも読みとることができるように、第一次大戦前の彼の思想には、同時代の腐敗の原因として進歩を批判し、それへの対抗軸としてフランツ・フェルディナントに代表される貴族を評価する側面があった。[†26]それゆえクラウスの保守性を強調する論者は、特にこの「進歩批判」と「貴族評価」という二つの点に注目している。例えば、フィッシャーはクラウスのテクノロジー的進歩に向けられた文化ペシミズム抜きには彼の第一次大戦への態度は理解できないと指摘し、[†27]またニケ・ワーグナーは、クラウスが「彼の根源理念の現世での実現、文化と自然の調和に最も近いもの」として貴族を評価していたと論じている。[†28]「装飾」批判や「セクシュアリティ」論で見たように、クラウスには、文化を生み出す根源の力である自然から乖離していく「近代」社会が没落に向かっていると黙示録的に捉え、その没落の原因をテクノロジーによる進歩に見る傾向があった。[†29]クラウスの革新性を評価する論者が強調するクラウスの同時代へのラディカルな批判的態度の基底には、テクノロジー的進歩に対する批判や腐敗した市民社会に対して理念としての貴族を対置する「保守」的思想があったということは否めない。

『人類最後の日々』には明示的にクラウス本人とわかる「不平家」という人物が登場し、メディアが流布する戦争観を楽天的に信じている「楽天家」というその名の通りの人物と、計二四場にわたって対話を繰り広げている。クラウスの反戦思想を研究する上で不平家の反戦的発言の内容をたどることは非常に重要であるが、クラウスを保守的と捉える立場からすると、不平家は決してそのままクラウスの思想を語っている人物とは捉えられず、むしろ戦前の保守思想からの「転換」の結果が不平家の発言という解釈になる。クラウスが革新的知識人と捉えられてきたのには、もっぱら第一次大戦後に完成した『人類最後の日々』の不平家のイメージから評価されてきたことに原因があるというのだ。[†30]

しかし筆者は、第一次大戦前の言論活動と『人類最後の日々』の間にクラウス思想の「転換」を強調する立場はとらない。クラウスの反戦思想は確かに、第一次大戦前から連続する進歩批判や貴族評価という一見保守的な要素をはらんでいたが、そうであるがゆえに第一次大戦という現象をより鋭敏な批判的視点で論じることができたと考えている。また彼の「保守的」な反戦思想は、西欧文明に対するドイツ文化の聖戦を支持した当時の保守主義者と明確に異なり、「テクノロマン主義」といった概念を作り出して戦争批判を行うことで、アドルノのような後世の思想家に継承される革新的視点を手に入れることができた。

すなわちクラウスをもっぱら革新的知識人と捉える立場とは異なり、クラウスのラディカルな批判の基底に拭いがたく保守的な要素があることを認めつつも、そうした保守的な思想からの「転換」の結果が『人類最後の日々』に結実した彼の反戦思想であると考えるのではなく、むしろそうした保守的な思想の「展開」がラディカルな反戦思想に結実すると同時に、同時代の保守的知識人とは異なる革新的視座へとクラウスを導いたと考えているのである。第1・2章で見たように、人間の内的「自然」を擁護し進歩を批判する「保守」的なクラウスは、世紀転換期のウィーンにおいて、女性の性解放や同性愛の認知を求め、人種差別を批判するある意味で「リベラル」な機能を果たす言論人でもあった。この批判の立脚点となった「保守」性と、批判の果たすラディカルな機能の結びつきを、彼の第一次大戦批判の中に探ってみたい。

三　カール・クラウスの第一次世界大戦批判

まず簡単に第一次大戦期のクラウスの活動を紹介しておこう。第一次大戦期に限らず、クラウスの言論活動は（一）彼自身が執筆・編集・発行を行った『ファッケル』誌上におけるものと（二）自らの作品や彼の敬愛する作家・戯曲家の作品を朗読する講演会の二つに大別される。『ファッケル』は第一次大戦中に四〇四号から四九八号まで合併号を含め全一七冊が出版され、四八回行われた講演会のほとんどはウィーンで行われたが、ベルリンでも五回、チューリヒとフランクフルトでも一回ずつ開催され、一九一八年五月にベルリンで集中的に行った講演会では、ドイツ皇帝ヴィルヘルム二世に対するかなり辛辣な諷刺作品も朗読している。

それぞれの記録を年別にまとめると、一九一四年には四〇四号の一冊、講演会は二回、一九一五年には四〇五号から四一七号まで三冊、講演会は三回、一九一六年には四一八号から四四四号まで六冊、講演会は一一回、一九一七年には四四五号から四七三号まで五冊、講演会は一六回、一九一八年はドイツが休戦協定を結ぶ一一月一一日までに、四七四号から四九八号まで二冊、講演会は一六回である。全体的に見て、戦争の後半期のほうが活発な活動をしていたことがわかる。[†31]

前節で紹介したように、クラウスの戦争批判の前提には第一次大戦前から持ち越されたテクノロジー批判、進歩批判としてのいわゆる「保守」主義がある。これは開戦により「転換」するのではなく「展開」され、むしろ第一次大戦批判としていくつかの位相で現れている。本章ではそれを特に、メディア批判とテクノロマン主義批判という二つの位相から見ていきたい。前者については開戦初期の一九一四年一二月に発表された「この大いなる時代に」(F404: 1–19) を中心に、後者については敗戦間近の一九一八年五月に発表された「テクノロマンティックな冒険」(F474–483: 41–45, 1918) を中心に論じる。この両時期における戦争批判、さらには『人類最後の日々』におけるクラウスの議論を同時に検討することで、クラウスの思想が戦前から戦中、戦後にかけて連続するものであることを示していく。

(一) メディア批判――「この大いなる時代に」

七月の開戦以降沈黙を保ち、「単なる新聞読み」(F405: 1, 1915) に徹していたクラウスが、再び口を開いたのは一九一四年一一月一九日の講演「この大いなる時代に」においてであった。だがこの反戦への態度表明もクラウス独特のものであって、講演全体が、進歩とその産物であるメディアに対する批判という体裁をとっている。

進歩、その足下で草むらは嘆き、森は紙となり、紙は新聞になる。進歩は生の目的を生の手段に従属させ、われわれを自分たちの道具の補助ねじに変える (F404: 6)。

クラウスにとって、この進歩の生み出した最も殺人的な兵器こそが「メディア」であって、戦争を引き起こしたのもメディアであり、この戦争を継続させているのもメディアであった。

しかしそのうちわかるだろう、世界大戦も、メディアを通じた人類の精神的自己破壊に比べれば、いかに小さな事柄であるかということが。そしていかに世界大戦が根底的にはメディアの影響力の一つを意味するに過ぎないかということが（F404: 10）。

こうした批判の例証も、クラウスはメディア自身の言葉から持ってくる。「エルンスト・ポッセという名の男」（F431–436: 72–77, 1916）というエッセイにおいてクラウスは、ケルン新聞の主筆であるポッセが新聞紙上で「もし新聞がなければ、そもそも戦争は可能だろうか。その発生原因においても、その継続においても」と書いているのを引用し、それがクラウス自身の「メディアの過大評価の権利」を証する「直接的自白」であると述べた上で、メディアの廃止以外に改革のしようがないことを主張する（ポッセは『人類最後の日々』四幕二〇場にも登場する）[†32]。クラウスにとって第一次大戦という「人類最後の日々」の責任編集長は『ノイエ・フライエ・プレッセ』の編集長ベネディクトにほかならなかった（四幕二九場）[†33]。

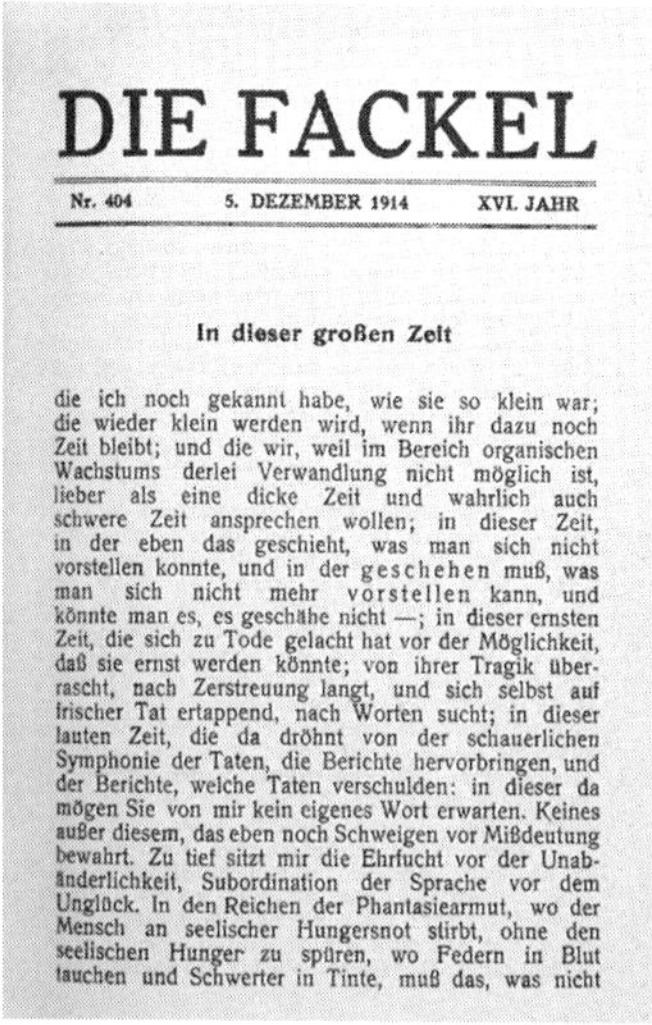

DIE FACKEL

Nr. 404 5. DEZEMBER 1914 XVI. JAHR

In dieser großen Zeit

die ich noch gekannt habe, wie sie so klein war; die wieder klein werden wird, wenn ihr dazu noch Zeit bleibt; und die wir, weil im Bereich organischen Wachstums derlei Verwandlung nicht möglich ist, lieber als eine dicke Zeit und wahrlich auch schwere Zeit ansprechen wollen; in dieser Zeit, in der eben das geschieht, was man sich nicht vorstellen konnte, und in der geschehen muß, was man sich nicht mehr vorstellen kann, und könnte man es, es geschähe nicht —; in dieser ernsten Zeit, die sich zu Tode gelacht hat vor der Möglichkeit, daß sie ernst werden könnte; von ihrer Tragik überrascht, nach Zerstreuung langt, und sich selbst auf frischer Tat ertappend, nach Worten sucht; in dieser lauten Zeit, die da dröhnt von der schauerlichen Symphonie der Taten, die Berichte hervorbringen, und der Berichte, welche Taten verschulden: in dieser da mögen Sie von mir kein eigenes Wort erwarten. Keines außer diesem, das eben noch Schweigen vor Mißdeutung bewahrt. Zu tief sitzt mir die Ehrfucht vor der Unabänderlichkeit, Subordination der Sprache vor dem Unglück. In den Reichen der Phantasiearmut, wo der Mensch an seelischer Hungersnot stirbt, ohne den seelischen Hunger zu spüren, wo Federn in Blut tauchen und Schwerter in Tinte, muß das, was nicht

『ファッケル』404号（1914年12月５日）

なぜここまでメディアが問題となるのか。クラウスは次の二点を軸にメディア批判を展開している。一点目は戦争の現実がメディアにより曲解されていること、すなわち現実を捻じ曲げて伝えるメディアの書き手と、それを背後で操る戦時利得、資本主義の問題（イデオロギーの作り手の問題）であり、二点目はメディアによって創り出され、伝えられる誤った事実を事実そのものと信じてしまう意識構造の問題（イデオロギーの受容者側の問題）である。虚構が「現実」と認識されることで、現実世界の中で新たな行為が生まれ、虚構が現実化されていくというプロセスをクラウスは問題視した。

まず前者の例から見ていこう。報道記者そして愛国詩人により、死は「名誉の戦死（Heldentod）」とされ、前線は「解放されたる人間性」（一幕二六場）[†34]が発露される場となる。世紀末ウィーンの名高い文学者の中で開戦の熱狂に巻き込まれることがなかったのは、クラウスとアルトゥーア・シュニッツラーだけだったといわれる。[†35]『ノイエ・フライエ・プレッセ』の女性特派員アリス・シャレク[†36]のような報道記者に加え、『イギリスに対する憎しみの歌』を書いた愛国詩人エルンスト・リサウアー（一幕九場）[†37]や軍務につく文学者フーゴー・フォン・ホフマンスタール（一幕一九場）[†38]など数多くの詩人が、『ファッケル』や『人類最後の日々』の中で批判された。

ウィーン唯美派の痛烈な批判者であったクラウスは、特にこうした詩人たちの愛国者への転向に手厳しく、「指導的精神の自己犠牲があまりにも早く起こったので、彼らにはそもそも犠牲に供すべき自己があったのかという疑問すら生じてくる」と皮肉っている（F404: 16）。この姿勢は、徴兵され前線へと駆りだされる民衆と、銃後の世界で前線を常套句でもって美化する詩人の間にある「倫理的差異」を語る不平家の口吻のうちにも維持されている（一幕二九場）[†39]。不平家からすれば名誉の戦死など「不運な偶然」に過ぎない（二幕二九場）[†40]。

つねに現実や事柄をいかにしてつかみとるかという「言葉」の使われ方を問題にするクラウスにとって、言葉で悪しき現実を「装飾」する新聞記者や愛国詩人は言葉の最悪の冒瀆者であり、それゆえ最も非難されるべき人々であった。一九一八年五月に書かれた「終戦後の戦争作家」（F474–483: 156–158）というエッセイにおいても、クラウスは講和に際し「戦争詩人や言葉で行為を助け、それによって行為を免れ、さらには他者の破滅を犠牲にして自らの恥ずべき身の安全を手に入れただけでなく、利得を得たすべての連中」をすべての国で鞭打ちに処すべきだと主張しているくらいである。

こうしてメディアを通じ記者や愛国詩人によって美化された戦争の背後にクラウスが見ていたのは、国際資本主義であった。「戦争で問題となっているのは（Es handelt sich in diesem Krieg）」、「しかり戦争では商売が行われているのです（Jawohl, es handelt sich in diesem Krieg）」（F406–412: 111）とはクラウスが好んで使った対話調のアフォリズムである（一幕二九場、二幕一〇場にも登場）[†41]。フィッシャーは「カール・クラウスはほとんど唯一の非社会主義的な、つまりはマルクス主義者ではない平和主義者であって、すでに第一次大戦の初めから戦争と商業の結びつきを認識していた」と指摘するが[†42]、クラウスは「この大いなる時代に」の中でも、この結びつきについて以下のように主張している。

ときに販路が戦場となり、そして戦場が再び販路となる必要があることを私はよく知っている。しかしある曇った日に、人はよりはっきりと気づき次のように問う。目的意識を持ち一歩もはずれることなく神から離れていくようなこの道を歩むことが本当に正しいのか、と（F404: 4–5）。

人類とは顧客のことである。軍旗と戦火、英雄とその協力者、そしてすべての祖国の背後には、祭壇が建立され、敬虔な知がそれに手をあわせる。神は消費者を創り出された！（F404: 5）。

クラウスにとってこの戦争はマルスが商いの守護神となり、メルクーアが軍神になった商人戦争であった（一幕二二場）[†43]。帝国主義戦争下では販路をめぐって戦争が起こり、そこで勝ち取られた領土は再び販路となる。クラウスが戦時中に資本主義への批判を強めるのは、戦争がきわめて高邁なイデオロギーを掲げながら単なる利益追求に過ぎないということを見抜いていたからなのである。

第一次大戦が膨大な戦時利得を生み出したことは、当時すでに大きな問題になっていた。例えばマックス・ウェーバーも、選挙権も持たずに前線で祖国のために戦う兵士と、その戦争から莫大な利益を上げている銃後の戦時利得者を対比し、プロイセンの不平等な三級選挙法改正の必要を熱っぽく説いている。[†44] 戦時中の『ファッケル』において「戦時利得者とは怪物である」（F457–461: 6, 1917）と論評を行うクラウスは、『人類最後の日々』において戦時利得者を聖書に現れる野蛮の民ゴグ、マゴグ（五幕五〇場）[†45] として形象化した。第二節で言及した寸評「平和の危険」も劇中にパラフレーズされ、戦争の早期終結を憂慮する戦時利得者の口からは、文字通り講和が結ばれることの危険性が語られる（五幕三〇場）[†46]。各国の社会主義者が開戦の熱狂の中「城内平和」に安んじてしまった一九一四年に、このように戦争と資本主義の結びつきを批判することができたのは、「神は人間を消費者だとか生産者としてではなく、人間として創造されたという思想」（一幕二九場）[†47] を軸に時代を批判する保守主義者クラウスであった。

加えて問題なのが現実を創り出すメディアの力である。クラウスにとって第一次大戦とは「報道を生み出す行為と、行為を引き起こす報道の恐ろしいシンフォニーが鳴り響く時代」（F404: 1）であった。[†48] メディアは事実を報道することをその生業にしているはずであるが、クラウスから見ると、生活の活字化がメディアなのではなく、メディアの活字化が生活になってしまっている（F404: 8）。人々はメディアに報道されたことを信じ、メディアに行動を促され、結果的にメディアが新たな行為を生む。[†49]

真実は、新聞が中身の言明ではないこと、そうではなくて中身それ自体であり、さらにそれ以上に刺激物であるということだ（F404: 11）。

クラウスは「爆弾」（F431–436: 78）という寸評で、フランスが先制攻撃を行いニュルンベルクに爆弾を投下したという誤報をとりあげているが、実際こうした虚偽報道や誤報が世論を沸騰させ、対仏宣戦布告の口実の一つになった[†50]。

また同様の視点はクラウスのナショナリズム観にも見られる。多民族国家であったハプスブルク帝国は、一九世紀末以来各民族のナショナリズムの勃興に苦しんでいた。これに対し、クラウスは『ファッケル』創刊当初から「ほかの者たちがいつもネーションごとに境界づけたがっている広大な常套句の泥沼」を干拓するという計画を宣言していたし（F1: 1–2, 1899）[†51]、オーストリアに「〈諸民族の抗争〉という不毛な娯楽」をもたらしたものはメディアにほかならないと考えていた（F404: 14）。ネーションが実体化されることによって、人々がネーションという枠組みへと本質主義的に還元され、ネーション間の抗争という新たな現実が生み出される。ナショナリズムも、開戦の熱狂も、排外主義も、このようにメディアの作り出したものとクラウスは考えた。そしてこうした虚偽意識を作り出すメディアの最悪の力が発揮されたのが第一次大戦であった。

数十年に及ぶ訓練を通じて、新聞記者たちは人類を、自分自身に対する殲滅戦争を可能にするような想像力の欠如の状態へと持っていった。彼らは自らの装置の過度の機敏さによって、人類の経験やその精神的な継続の能力をすべて不要のものにし、さらになお自ら［戦争へ］駆け込むのに必要な死への覚悟を植えつけている（F404: 9）。

クラウスが人類に必要なものと考えるのは何よりも「想像力」であって、右の引用が示すように、メディアの最大の問題とは、「常套句」によって人類から想像力を奪う点にあった。クラウスからすれば、メディアが報じることは単なる「幻影」であって、その実体は「騒がしいが少しも怖くない本質」に過ぎない。だが人々はテクノロジーの所産であるメディアのいいなりになってしまっているのである。

メディアは召使ではない――召使がどうしてこれほど多くのことを要求し、また手に入れることができるだろう――メディアが出来事そのものなのだ。またもや道具がわれわれの手に負えなくなってしまったのである（F404: 9）。

ここでもクラウスが批判するのは進歩の生み出した道具に人類が支配されていること、「機械を発明するほどに複雑であるが、それに使われるほど原始的」（F261–262: 1, 1908）[†52]な人類の姿である。この人類の手から離れて際限のない暴走を始めた装置、そしてその装置を運用して人類から想像力を奪った「意識産業」を分析していることから、ジョージ・オーウェル、ハンス・マグヌス・エンツェンスベルガー、マーシャル・マクルーハンらの先駆けとしてクラウスをメディア論的観点から評価する議論も多い[†53]。

（二）テクノロマン主義批判――「テクノロマンティックな冒険」

クラウスが戦争批判において最も問題としたものは、第一次大戦で利用された「近代テクノロジー」であった。その問題性を明確化するために、クラウスは戦前のテクノロジー批判を展開して「テクノロマン主義」という造語を作り出し、概念化している。クラウスが第一次大戦中に生み出した最も重要なこの概念を[†54]

主題化した論文が「テクノロマンティックな冒険」（F474–483: 41–45）である。

私からすれば、こうした行為［第一次大戦］の始まりから次のように考えていた。すなわち人間の品位の落頭（Kopfsturz）が脳のウイルスによって引き起こされており、そのウイルスに対し、それ自体ウイルスに感染した学問はこれまでまったくその手がかりをつかむことができないでいる（F474–483: 41）。

クラウスはテクノロジー戦争に奉仕する近代科学を問題視し、その堕落の原因を「脳のウイルス」によるものと比喩的に表現する。ここで彼が問題にするものこそが、「テクノロマン主義」、すなわち近代テクノロジーとロマン主義の「同時性」である。

私が勝利をおさめた没落の方向の中で作用していると見ている現象は、「同時性」という現象である。つまりは一撃のもとで前線と広範な銃後地帯の毒殺を可能にする近代の発明と、中世の形式を持つ遊戯の直接的な結びつきのことだ。化学と生理学が肩を組んで戦っているような行為の出発点に色あせた紋章を使うこと――このことこそ毒ガスの毒以上に速く人々から生を奪い去るものである（F474–483: 41）。

ここでクラウスのいう「勝利をおさめた没落」とは、テクノロジーによる進歩を謳歌する同時代のヨーロッパ社会が行き着いた先の野蛮、すなわち第一次大戦のことである。「最後の騎兵戦」[†55]であると同時に、近代テクノロジーの粋を集めた「最初の総力戦」でもあった第一次大戦においては、クラウスがテクノロマン主義と批判する時代錯誤の現象が、メディアによるイデオロギーから前線での現実の戦いまで、いたるところに氾濫していた。クラウスにとっての問題は、「旧き」帝国の支配下でメディアを通じ「英雄」や「名誉」といった言葉であたかも中世の遊戯であるかのように喧伝されている戦争と、「近代テクノロジー」を用いてドイツ化学が生み出した毒ガスにより塹壕の中でもだえながら兵士が死んでいく戦争の「同時性」なのである。

ヴィルヘルム二世の演説などからこの戦争は聖戦の様相を帯びていたが、クラウスにいわせると「ドイツの神は、ガス雲の中のみならず、機械の中から現れる」(F474–483: 42)。戦闘機、毒ガス、Uボートといった第一次大戦に登場した新兵器は、『ファッケル』や『人類最後の日々』に何度も登場し、クラウスの批判の俎上に載せられている。それぞれ具体例を挙げれば、ヴェルダン上空を神のように何の危険もなく飛行しながら爆弾を投下した経験を語る飛行士の手記(F418–422: 38–39, 1916; 一幕三〇場)[†56]、赤十字の毒ガス使用中止の要請に対して、余計な苦しみをもたらさずに敵の戦闘能力を失わせるガスの威力を称揚するドイツの新聞記事(F474–483: 35–36)、敵を満載した輸送船を撃沈するのに時計で測ると四三秒かかったことを伝える新聞記事(F437–442: 121, 1916; 三幕三六場)[†57]など様々な手記や新聞記事が寸評で紹介されるが、こうした記事の即物的引用が時代のグロテスクさを如実に表している。

クラウスの戦争批判は、テクノロジー兵器を使う戦争が、メディアの喧伝するロマンティックな概念からいかにかけ離れているか、という点を指摘することによって行われる。つまりテクノロジー戦争とロマン主義の両立不可能性を彼は主張するのである。それゆえクラウスは、ナポレオン時代にフルトンの発明した潜水艦を軽蔑的兵器であると非難しその使用に反対した将軍を紹介することで、第一次大戦中のドイツ軍の重要な兵器であったUボート批判を行う(F462–471: 19–20, 1917)。旧き軍人の矜持からすれば、テクノロジー兵器を用いた戦争などもはや戦争ではないし、大量破壊兵器は人間の邪悪さを助長するとクラウスは考えていた。クラウスは、レオナルド・ダ・ヴィンチが『手記』において潜水艦を発明しない理由として人間の「性悪さ」を挙げている箇所を引用し、自らの議論を根拠づけている（F474–483: 40）[†58]。

もちろんクラウスの主旨は、テクノロジー戦争の代わりに白兵戦や騎兵戦でロマンティックな戦争をすればよいということにあるのではない。あくまでクラウスの批判は、人類の進歩が行き着いた先での野蛮に向けられているのである。

> 権力が新たな死をその権力維持のために必要としていること、旧き支配がその立場を化学に負ってまで維持していること、権力の標章が化学薬品に頼らざるをえないこと――このことはつまり勝利をおさめたわれわれの文化が救いがたく毒殺に委ねられているということである。その想像力を発明に使い果たしてしまった人類は、発明の効果をもはやイメージすることもできない――さもなくば人類は後悔から自殺しているだろう！　しかし人類は自らの品位をも発明に使い果たしてしまったので、そのような進歩を人類に対してまで使用する権力のために生き、そして死んでいくのである（F474–483: 45）。

クラウスがここで語るのは、テクノロジーによる戦争がもはや勇敢さとか名誉といった言葉で語りうるような人間の経験の範疇を超えてしまっていること、にもかかわらずその戦争を従来の常套句で語る人々、それと同時に戦争に兵器を供給し続ける科学者の想像力の欠如である。「もし想像力を持っていたら戦争など始めはしない」（一幕二九場）[†59]。このようにクラウスの戦争批判は、第一次大戦前から持ち越されたテクノロジー批判という彼の思想のいわゆる保守的側面の「展開」によってなされているが、テクノロジーによる戦争をロマンティックな用語で装飾する同時代の保守派を「テクノロマン主義」という概念を用いて批判することによって、ラディカルな革新的批判たりえているのである。

だがクラウスの保守思想からの「転換」を強調する立場の論者には、こうした根本思想の問題よりも、クラウスの貴族や教会、軍人への評価が変わった点（敗戦後一時期クラウスは社会民主党を支持した）をその証左とする議論が多い。確かに戦時中の『ファッケル』での論調以上に、戦後に発表された『人類最後の日々』では軍人や教会、ハプスブルク家に対する批判の度合いが強い。デモクラシータイプよりも軍人タイプを賞賛した開戦当初の態度（F406–412: 160–161）は消え、『人類最後の日々』に描かれる軍人は無謀な突撃を繰り返させ（四幕一一場）[†60]、捕虜を虐待し（五幕一四場）[†61]、軍事裁判で即時処刑を行う（四幕三〇場）[†62]、残虐で冷酷極まりない人間像として批判的に描かれている。

しかしその同じ作品の中でクラウスは、楽天家に「ドイツ軍国主義こそ近代世界に対抗する牙城であるのに、あなたのような保守的な人間がなぜ軍国主義に反対するのかわからない」という問いを投げかけさせ、自分の分身たる不平家に次のように答えさせている。

私は進歩主義者が軍国主義を支持するのをさほど不思議とは思いません。あなたがおっしゃるのももっともです。というのもあなたのいう軍国主義は私の考えているものではなく、あなたの考えているものですから。軍国主義とは権力手段であり、その都度支配的な精神的方向の貫徹のために使われるものです[†63]。今日軍国主義は、支配的な精神的方向がメディアに奉仕しているように、ユダヤ＝資本主義的な世界破壊の理念に奉仕しているのです（一幕二九場）[†64]。

ここでも不平家＝クラウスは、自分が反軍国主義者に転向したとは主張せず、いわゆる軍国主義なるものが、メディアや資本主義に奉仕し「テクノロマンティックな冒険」たる戦争を推し進めているからこそ軍国主義を批判しているのだと主張している[†65]。このことに関しクラウスは戦後、自分は人類のガラクタ一掃セールを期待したのに、戦争の結果ガラクタが一層増えてしまったと嘆いている[†66]。欺瞞者や頽廃者、瀆神者ではなく無実の人々の血を流したこの大戦の結末にあって、クラウスの分身たる不平家は、「神の計らいは計り知れないとすれば、その行いは解しえない！」と天を仰ぎ見るのである（五幕四二場[†67]）。

四　おわりに――近代の「野蛮さ」としての世界大戦

果たして第一次大戦中の『ファッケル』、そして戦後の『人類最後の日々』はクラウスの戦前思想の「一八〇度の方向転換」の結果であろうか。プファビガンらの批判は、テクノロマン主義批判も不平家の軍国主義批判も、戦争の残虐さを目の当たりにした戦時中のクラウスの「転換」の結果と見る[†68]。だがここまで見てきたように、第一次大戦中の『ファッケル』さらには『人類最後の日々』の戦争批判に通底するのは、戦前から続く進歩、テクノロジー、「近代」への批判であった。クラウスの戦前の思想は反戦思想へと「転換」したのではなく、「展開」されたというべきだろう。

しかしこれをもって彼を単純な保守主義者に分類できるかといえば問題はそう簡単ではない。西欧文明に対するドイツ「文化」の擁護、進歩や「近代」への懐疑といった保守思想は、第一次大戦前・戦中のドイツ語文化圏に幅広く見られた。こうした思想の担い手の多くは自らの非政治性を誇り、西欧のデモクラシーを軽蔑する一方で、ドイツ＝プロイセンの権力政治とその帰結である第一次大戦の悲劇に対しては敗戦まで、人によっては敗戦後までも盲目であった。そういった勢力が戦後にナチズムの培養土となる保守革命論の担い手となっていく。彼らとクラウスが明白に異なる点は、クラウスが「戦争を文明、進歩の所産と見て、文化の堕落の明白化として非難したところ」[†69]にある。この観点がなければ、文化の擁護は単なるテクノロマン主義と化し、口先だけの近代批判は、野蛮へと退化していくことになる。クラウスにとって文化を語って近代戦争を支持するというのはそもそも二律背反であった。

クラウスは『人類最後の日々』の終末部で、「どの戦争もなんとか講和によって終結しました」という楽天家に対し、不平家にこう答えさせている。

この戦争は違います。この戦争は生の表面で行われたのではなく、生それ自体の内部で猛威を振るいました。前線は銃後へと入り込み、そこにとどまってしまうでしょう（五幕四九場）[†70]。

前線と銃後が分離された従来の戦争が、あくまで「生の表面」で行われる戦争であったとすれば、物質的生活から精神的生活まですべてを動員して行われる「総力戦」であった第一次大戦とは、まさに「生それ自体の内部」において行われる戦争であった。

クラウスの戦争批判に見られる革新性とは、戦争やナショナリズムの原因としてメディアが果たす役割の洞察、戦争の背後にある経済利害の批判、テクノロマン主義という概念を使ったテクノロジー兵器とイデオロギーの間の矛盾の暴露、そしてここで引用したように総力戦であった第一次大戦の従来の戦争との「質的差異」を見出した分析力にある。問題はこうした革新的分析が、進歩批判や貴族称揚といったいわゆる彼の「保守」的態度から生み出されたことだ。今までの研究が示すように、進歩を人類の没落過程として黙示録的に批判し、腐敗した市民社会に貴族を対置するという保守思想がクラウスに見られることは否定できないのである。

だが第1・2章でも見たように、旧弊なウィーン市民社会を批判して文化アヴァンギャルドであるロースを擁護し、（その友好関係が一時的だったとはいえ）フロイトと手を結び女性の性解放や同性愛の認知を求めたクラウスを伝統主義者とは呼べない。反戦論者として活躍したことからもわかるように、独墺同盟の深化と戦争拡大を推し進めた当時の政府や軍部を支持する保守層とも異なるし、またナショナリズムや前線経験の重要性を説く後の保守革命論者ともクラウスは明確に意見を異にする。クラウスの第一次大戦批判から見えてくるのは、彼の保守性が無批判な現状肯定の保守主義でも野蛮への回帰のような後ろ向きの保守主義でもないということではないだろうか。

「テクノロマンティックな冒険」での議論のように、クラウスの批判は最先端の進歩が戦場での殺し合いという野蛮と結びついていることに向けられている。[†71]すでに戦前においてクラウスは同時代の楽観的な進歩主義者を「電気に照らされた野蛮人」（F285–286: 15, 1909）と批判しているが、クラウスはテクノロジー的進歩とそれを使う人間の不釣り合いを問題としているのである。クラウスの批判が進歩やテクノロジーに向けられていることは否定しえないが、彼の主眼は進歩をすべて捨てて野蛮に返るという反近代主義ではなく、あくまでそれを使う人間精神への批判にあった。[†72]それゆえクラウスは手段としての機械は拒絶することなく、「日常生活を便利にする限りはテクノロジーに対し何の留保もなかった」。[†73]彼は自動車も所有していたし、第一次大戦後には移動に飛行機も使い、ラジオのような最先端のメディアを自らの講演に用いている。

このことは第一次大戦後、彼の批判する「近代」への対抗軸が貴族や聖職者、軍人ではなくなったことにも当てはめることができる。クラウスは彼の批判するメディア、資本主義、軍国主義といった「近代」装置に対し、彼が戦前期待していた貴族が何ら対抗力にならないばかりか、むしろそれに便乗し、さらにはその結果引き起こされた悲惨に責任を取らないことに憤りを感じていた。また戦時利得者ら「成金の貴族化」は、クラウスが支持していた貴族層の価値を大幅に下げた（F431–436: 31）。現にクラウスは先の「貴族との交際の憧れ」の中で、この憧れも貴族が俗世の低劣さに染まらない限りという留保をつけているのである（F400–403: 94）[†74]。精神の貴族主義者であったクラウスの支持する貴族とは理念としての貴族であって、現実の貴族層や保守層そのものではなかった。クラウスの保守性を強く批判したプファビガンも、クラウスの貴族支持が決して「成り上がり的上昇志向」によるものではなく、「精神の貴族性」に基づいていたことを指摘している[†75]。クラウスが「貴族」と評価するのは彼がその人物に貴族性を感じることができる場合のみだった[†76]。

このようにクラウスの保守思想とは、何らかの特定の時代や階層を「保守」する思想ではなく、彼が保守すべきと考える「理念」を基準にしてラディカルに時代診断を行うという、きわめて論争的な思想なのである。だからこそ「啓蒙的・批判的」知識人であることと「保守的」知識人であることは矛盾しなかった。第一次大戦批判においてクラウスは、人々を煽り戦争に追いやるメディア、人間を消費者あるいは生産者としてのみ扱う資本主義、徴兵した市民をテクノロジー兵器の前にさらす軍国主義を批判した。クラウスの批判する対象とは人間を質的存在から量的存在へと変え、それを操作的に扱おうとするテクノロジー装置であり、そうした非人間化を促進しているという意味での進歩、「近代」であった。ナショナリズムと帝国主義の時代に個人の質的な人間性を理念に掲げ時代批判を行うというのは、いかにも保守的で非政治的、あるいは時代錯誤にすら見えるかもしれない。だがジグルト・パウル・シャイヒルが指摘するように、保守的なクラウスの時代診断は他の同時代人たちのそれよりも、今日のわれわれの眼に鋭いものとして映るのである[†77]。

ここで興味深いのは、クラウスを思想的先達の一人とするテオドール・W・アドルノにも、テクノロジーへの懐疑、精神の貴族性といった保守的な要素とそのラディカルな批判的精神の同居が指摘されることである。[†78] 熱心なクラウスの支持者であったアルバン・ベルクのもとで学んだアドルノはクラウスの講演会にも足を運んでいるし、アドルノ研究においてはクラウスを「啓蒙の弁証法」解明の先駆とする見方もある。[†79] またアドルノ自身、第二次世界大戦中にクラウスと『人類最後の日々』について次のように書いている。

すでに前大戦において、人間の肉体が物量戦に適していないために本当の経験というものが不可能になっていた。砲兵隊を率いるボナパルト将軍の下に戦われたいくさについて物語るような調子で、大戦について語ることのできる人はひとりもいなかったはずである。（中略）カール・クラウスが自作を『人類最後の日々』と名づけたのは正しかった。現在生じつつある事態には「世界の没落の後に」とでもいう外題がふさわしいであろう。現実の戦争が情報や宣伝や解説のために完全に蔽い隠されているという事態、戦闘中の戦車にニュース映画のカメラマンが乗り込んだり、特派員が名誉の戦死を遂げるという事態、操作誘導された世論と無意識の行動がごったになっているという現象、こうしたすべては経験の枯渇の形を変えた現れにほかならない。[†80]

ここでのアドルノの論点はクラウスのメディア批判、テクノロマン主義批判を展開したものにほかならない。彼らの直面した戦争はそれぞれ異なるものの、クラウスもアドルノも戦後に総力戦状態からの「正常」化や「文化の復興」が起こりうるなどとは考えていなかった。重要なことは、第一次大戦が体現していた、進歩そして「近代」がそのうちにはらむ野蛮を見抜くことができたのが、保守主義者ともとれるようなクラウスのような人物だったことである。クラウスは保守的であったにもかかわらず、ではなく保守的であったからこそ、ラディカルな反戦知識人、そして「批判的ウィーンモデルネ」の代表的人物たりえたのである。

一方でクラウスの保守性を論じる上では一つ重要な問題が残っている。プファビガンはクラウスが平和主義者へと「転換」した政治的行動の重要な契機として、市民層出身で一貫した反戦平和主義者だったハインリヒ・ラマシュを支持する論文を挙げているが、[†81]帝国最後の首相にもなったこの人物はむしろオーストリア政治において「保守」に位置する人物であった。筆者はクラウスの政治的な意味での保守性を論じなければならないとすれば、むしろこのラマシュ支持の態度からそれを読みとるべきではないかと考えている。

クラウスがアドルノのような批判的モデルネと異なるところは、自ら批判する悪しき「近代」への対抗軸をオーストリアの保守層――例えば大戦前にはフランツ・フェルディナント、大戦中にはラマシュ、そして後にはエンゲルベルト・ドルフス――に見出す傾向があったことである。決して保守層をそのまま肯定的に評価するような実体化は行わなかったものの、彼が重要な局面で評価する人物はオーストリアの保守層の中から選ばれた。それはあの仮借ない反オーストリア知識人クラウスにも本質的に付随していた「オーストリア理念」に基づくものではなかったか。上記の三人はみなドイツ＝プロイセンまたはナチス・ドイツに対抗するオーストリアの存在意義を説く政治家であった。

次章で詳述するように、外交政策など具体的な政治問題に関するクラウスの第一次大戦批判は、ドイツ、特にプロイセンに体現される「近代」の野蛮、そしてそれに追従するオットカール・チェルニン外相らのオーストリア外交に向けられ、それへの対抗軸として賞賛されたのが、かつてフランツ・フェルディナントのブレーンとしても活躍し、オーストリアを多文化的連邦国家に改組しようと試みた帝国最後の首相ラマシュであった。一九三〇年代に反ナチスの姿勢からドルフスを支持することになるクラウスには、進歩による野蛮への対抗軸としての、オーストリアを捉える視点が多少なりともあったと考えられる。クラウスにとっての言論活動の足場、彼にとっての根源はやはり「オーストリア」にあった。次章ではクラウスのこうした「オーストリア・パトリオティズム」の側面を、彼の反戦思想における「オーストリア的中欧」理念という側面から読み解いていく。

†1　大津留厚「ハプスブルク帝国」、松原正毅・NIRA編『世界民族問題事典』、平凡社、一九九五年、九〇六頁。

†2　Kraus, *Schriften.* Band 10, S. 9（『人類最後の日々』上、iii頁）.

†3　本書序章注7を参照。

†4　Schorske, *Thinking with History,* pp. 135, 163.

†5　Schorske, *Thinking with History*, pp. 135–138.

†6　池内『闇にひとつ炬火あり』、一一五頁。エドワード・ティムズもこの技法に関し、クラウスのことを「アイロニックな並記の達人」と呼び、それが最も効果的に発揮されたのが第一次大戦中であったと述べている（Timms, *Karl Kraus*, 1986, p. 45）。

†7　Pfabigan, *Karl Kraus und der Sozialismus,* S. 179.
　なお大戦中クラウスは、検閲をくぐり抜けて『ファッケル』の刊行を続けるため、知己の検閲官クルト・ハーガーと協力して自ら事前検閲を行うなど、ほかにも様々な努力を試みていた。クラウスと戦時中の検閲については以下を参照。John Halliday, Satirist and Censor: Karl Kraus and the Censorship Authorities during the First World War, in: *Karl Kraus in Neuer Sicht*, Sigurd Paul Scheichl und Edward Timms（Hg.）, München, 1986, pp. 174–208; Timms, *Karl Kraus*, 1986, pp. 352–356.

†8　Kraus, *Schriften.* Band 10, S. 618（『人類最後の日々』下、一九八頁）.

†9　Kraus, *Schriften.* Band 10, S. 190–191（『人類最後の日々』上、一五四―一五五頁）.

†10　Leo A. Lensing, “Kinodramatisch”: Cinema in Karl Kraus's *Die Fackel* and *Die letzten Tage der Menschheit*, in: *The German Quarterly*, vol. 55, no. 4, November, 1982, pp. 480–498.

†11　加藤周一「カルル・クラウス――『人類最後の日々』について」、『加藤周一自選集』、第三巻、岩波書店、二〇〇九年、二八〇頁（初出は『朝日ジャーナル』、一九六四年八月号）。

†12　Schorske, *Thinking with History*, p. 164.

†13　Pfabigan, *Karl Kraus und der Sozialismus,* S. 170.

†14　Jens Malte Fischer, Das technoromantische Aben-

teur. Der Erste Weltkrieg im Widerschein der Fackel, in: *Kriegserlebnis. Der Erste Weltkrieg in der literarischen Gestaltung und symbolischen Deutungen der Nationen*, Klaus Vondung (Hg.), Göttingen, 1980, S. 279–280.

†15 Albert Fuchs, *Geistige Strömungen in Österreich 1867–1918*, Wien, 1949=1978, S. 272.

†16 Kraus, *Schriften.* Band 4, S. 420–423（『黒魔術による世界の没落』、二六八―二七五頁）.

†17 Kraus, *Schriften.* Band 4, S, 335–341（同前、二五六―二六七頁）.

†18 Fuchs, *Geistige Strömungen in Österreich*, S. 272.

†19 Fischer, Das technoromantische Abenteur, S. 278.

†20 Kraus, *Schriften.* Band 4, S. 420（『黒魔術による世界の没落』、二六九頁）.

†21 Kraus, *Schriften.* Band 4, S. 420–421（同前、二六九―二七〇頁）.

†22 Kraus, *Schriften.* Band 4, S. 337（同前、二五九頁）.

†23 Kraus, *Schriften.* Band 4, S. 337（同前、二六〇頁）. 後掲注26も参照のこと。

†24 Pfabigan, *Karl Kraus und der Sozialismus*, S. 174.

†25 Pfabigan, *Karl Kraus und der Sozialismus*, S. 176.

†26 クラウスは一九一三年に書いたエッセイ「あいつはユダヤ野郎じゃないか」においても、自らの政治的立場が「フランス革命に達していない」と公言した後で、「相場師、心理学者、レポーター」と「貴族、将校、聖職者」を対比し、後者のほうが「人間的礼節」をそなえていると評価する。ここでは時代の腐敗の担い手として、クラウスが「株式市場、精神分析学、メディア」を同列に論じていることがわかる（F386: 4, 1913）。

なお同エッセイは、戦後発表されたクラウスの著書『黒魔術による世界の没落』に収められているが（*Schriften.* Band 4, S. 327–334［『黒魔術による世界の没落』、二四二―二五五頁］）、クラウスはここで引用したフランス革命に関する記述だけを削除している。

†27 Fischer, Das technoromantische Abenteur, S. 275.

†28 Wagner, *Geist und Geschlecht*, S. 172–173（『世紀末ウィーンにおける精神と性』、一八八頁）.

†29 日本におけるクラウスの保守思想に着目した研究としては、山口裕之の以下の諸論稿を参照。「カール・クラウスにおける世界・言葉・性――根源概念と時代批判（一）・（二）」（大阪市立大学文学部紀要『人文研究』、第四四巻、一九九二年、一一一―一三四頁、ならびに、第四五巻、一九九三年、一〇七―一二六頁）、「カール・クラウスの〈根源〉概念における〈技術〉対〈自然〉」、『独逸文学』、第九四号、一九九五年、三三―四二頁。

†30 Pfabigan, *Karl Kraus und der Sozialismus*, S. 180;

Timms, *Karl Kraus*, 1986, chap. 22.

†31 『ファッケル』の書誌学的な研究は、Hink, *Die Fackel* を参照。

†32 Kraus, *Schriften*. Band 10, S. 459（『人類最後の日々』下、三九頁）.

†33 Kraus, *Schriften*. Band 10, S. 504（同前、八四頁）.

†34 Kraus, *Schriften*. Band 10, S. 189（『人類最後の日々』上、一五三頁）.

†35 Hilde Spiel, *Vienna's Golden Autumn, 1866–1938*, London, 1987, p. 198（『ウィーン――黄金の秋』、別宮貞徳訳、原書房、一九九三年、三四〇頁）.

†36 本書四九頁（第1章第四節）で論じたように、クラウスは、戦時において美しく着飾る女性が取り締まりを受ける現状を、軍服を着た女性従軍記者が高く評価される現状と対比し、それを「悲劇的カーニヴァル」と名づけた。その際、女性の「自然」から乖離した存在としてカリカチュア化されたのがこの従軍女性記者シャレクで、彼女は『ファッケル』、『人類最後の日々』に繰り返し登場する。前線で兵士たちに戦争に対する感激をまくし立て、それを美化して銃後に伝える彼女の姿は非常にグロテスクである。彼女に対するこうした嘲笑的態度がはなはだしかったため、クラウスは訴訟を起こされた上、シャレクの兄に決闘を申し込まれすらした（Field, *The Last Days of Mankind*, p. 85; Timms, *Karl Kraus*, 1986, p. 376）。

†37 Kraus, *Schriften*. Band 10, S. 101–105（『人類最後の日々』上、六二―六七頁）.

†38 Kraus, *Schriften*. Band 10, S. 146–148（同前、一〇八―一一一頁）.

†39 Kraus, *Schriften*. Band 10, S. 221（同前、一八四頁）.

†40 Kraus, *Schriften*. Band 10, S. 297（同前、二六四頁）.

†41 Kraus, *Schriften*. Band 10, S. 212, 256（同前、一七六、二二〇頁）. これはクラウスのアフォリズム集にも収録されている（*Schriften*. Band 8, S. 387［『アフォリズム』、一三一頁］）。

†42 Fischer, Das technoromantische Abenteur, S. 280.

†43 Kraus, *Schriften*. Band 10, S. 162（『人類最後の日々』上、一二六頁）.

†44 Max Weber, Wahlrecht und Demokratie in Deutschland, in: *Gesammelte politische Schriften*, Tübingen, 1988, S. 245–291（「ドイツにおける選挙法と民主主義」、山田高生訳、『政治論集I』、みすず書房、一九八二年、二六三―三一三頁）.

†45 Kraus, *Schriften*. Band 10, S. 660–665（『人類最後の日々』下、二三九―二四五頁）.

†46 Kraus, *Schriften*. Band 10, S. 618（同前、一九八頁）.

†47　Kraus, *Schriften*. Band 10, S. 197（『人類最後の日々』上、一六一頁）. 同様のアフォリズムをクラウスは『ファッケル』にも掲載し（F406–412: 96）、さらに彼のアフォリズム集（Kraus, *Schriften*. Band 8, S. 372）にも収録している。

†48　河野英二もこの文章を引用し、次のように主張している。「ここでは、ある先行する行為がそれに続く報道文の題材になるという因果関係への認識と、それとは反対に報道文が先行して行為を招来する可能性への認識が、クラウス特有の交差配列法によって凝縮的に結び付けられている。（中略）これはまさしく、ある言葉を発することはある行為を遂行することである、という言語行為論の基本テーゼを先取りする考え方であった」（河野英二「言葉の行為遂行的な美学と倫理――世紀転換期ウィーンの諷刺家カール・クラウスの思想的アクチュアリティ」、『思想』、第一〇四二号、二〇一一年二月、四七―四八頁）。

†49　クラウスはすでに第一次大戦前のエッセイ「黒魔術による世界の没落」（F363–365: 1–28, 1912）の中で、「彼ら［ジャーナリスト］はもはや使者ではなく、行為の詩人なのであって、それゆえに危険の創造主なのである」（F363–365: 22）と同様の批判を行っている（Kraus, *Schriften*. Band 4. S. 447［『黒魔術による世界の没落』、三一四頁］）。

†50　Field, *The Last Days of Mankind*, p. 83.
　また第一次大戦開戦前夜の報道の問題については、ジェームズ・ジョルも次のように指摘している。「［一九一四年］八月二日から三日にかけて、西部戦線の実情について風評が乱れ飛んだ。独・仏両政府は、相互にそれを否認した。双方の偵察隊が国境を越えるという事態も確かにあった。その他、フランスの飛行機がニュルンベルクを爆撃したなどという情報が、未確認のまま公表され、後で誤報とわかったが、これらの誤報の中には、ドイツ側の最後の対仏宣戦の口実として利用されたものもある」（James Joll, *The Origins of the First World War*, Second Edition, London/New York, 1992, p. 30［『第一次世界大戦の起源・改訂新版』、池田清訳、みすず書房、二〇〇七年、四三頁］）。

†51　この『ファッケル』創刊号の巻頭言には邦訳がある。「『ファッケル』創刊号の巻頭言」、河野英二訳、『思想』、第一〇五八号、二〇一二年六月、三三二―三三四頁。

†52　Kraus, *Schriften*. Band. 4, S. 9（『黒魔術による世界の没落』、七頁）.

†53　John Theobald, *The Media and the Making of History*, Aldershot, 2004, chap. 3; Timms, *Karl Kraus*, 1986, pp. 276, 341; Janik and Toulmin, *Wittgenstein's Vienna*, p. 31

（『ウィトゲンシュタインのウィーン』、四七頁）; Edward Timms, Karl Kraus and the Transformation of the Public Sphere in Early Twentieth-Century Vienna, in: *Changing Perceptions of the Public Sphere*, Christian J. Emden and David Midgley (ed.), New York/Oxford, 2012, pp. 164–182; ジャック・ブーヴレス「常套句があるところに深淵を見る術を学ぶこと——犠牲と国民教育」（合田正人訳、『思想』、第一〇五八号、二〇一二年六月、七〇—七四頁）.

エンツェンスベルガーが自ら批判する「意識産業」の存在条件として、啓蒙主義、人権、資本主義、テクノロジーを挙げていることからも、メディア批判が「近代」批判の形をとる理由が見えてくるといえよう。Hans Magnus Enzensberger, Bewußtseins-Industrie, in: *Einzelheiten* 1, Frankfurt am Main, 1964, S. 7–17（『意識産業』、石黒英男訳、晶文社、一九七〇年、七—二〇頁）.

†54 例えばティムズはこの問題に一章を割いている。Timms, *Karl Kraus*, 1986, chap. 18.

†55 Walter Kleindel, *Die Chronik Österreich*, Dortmund, 1984, S. 464.

†56 Kraus, *Schriften.* Band 10, S. 305（『人類最後の日々』上、二七〇頁）.

†57 Kraus, *Schriften.* Band 10, S. 385（同前、三五三頁）.

†58 ここでクラウスが引用しているのは『レオナルド・ダ・ヴィンチの手記』（杉浦明平訳、岩波文庫、下巻、一九五八年、二八四—二八五頁）の次の一節である。「呼吸をこらえることのできる間しか水中にとどまりえないこと。多数の人々が道具の力でしばらく水中にいられること。どのように、しかしまたなぜ私は水中にとどまる方法を述べないか、また私はどれだけ食わずに過ごせるか。このことを発表もしなければ伝授もしないのは人間どもが性悪だからである。奴らは海底で船を襲って船底を壊し、そこに乗っている人々と一緒に船を沈没させるのに利用するに違いない」（傍点引用者）。

†59 Kraus, *Schriften.* Band 10, S. 208（『人類最後の日々』上、一七二頁）. クラウスはこのアフォリズムも『ファッケル』（F406–412: 111）に掲載すると同時に、彼のアフォリズム集（Kraus, *Schriften.* Band 8, S. 386）にも収録している。

†60 Kraus, *Schriften.* Band 10, S. 450–451（『人類最後の日々』下、三〇—三一頁）.

†61 Kraus, *Schriften.* Band 10, S. 579–580（同前、一五八—一五九頁）.

†62 Kraus, *Schriften.* Band 10, S. 511–516（同前、九〇—九五頁）.

†63 クラウスはユダヤ系であったが、資本主義批判を行

う際にしばしばこうした反ユダヤ的な言辞を連ね、このことは同時代人からの批判の対象となった。

†64　Kraus, *Schriften.* Band 10, S. 197（『人類最後の日々』上、一六一—一六二頁）.

†65　加えて、レナート・ブラントの研究では、第一次大戦後のクラウスのフランツ・ヨーゼフ批判も同様の見地から、すなわち「内部の敵」への皇帝の無力さに対し向けられているとの指摘がなされている。Lennart Brand, „Gegenüber dem Einbruch einer traditionslosen Horde". Ursprung, Wesen und Bewahren im Werk des Karl Kraus, in: *Konservative Profile. Ideen & Praxis in der Politik zwischen F. M. Radetzky, Karl Kraus und Alois Mock*, Ulrich E. Zellenberg (Hg.), Graz/Stuttgart, 2003, S. 303–320.

†66　Kraus, *Schriften.* Band 4, S. 340（『黒魔術による世界の没落』、二六三—二六五頁）.

†67　Kraus, *Schriften.* Band 10, S. 644（『人類最後の日々』下、二二四頁）.

†68　Pfabigan, *Karl Kraus und der Sozialismus*, S. 181–185; Timms, *Karl Kraus*, 1986, p. 273.

†69　John D. Haliday, *Karl Kraus, Franz Pfemfert and the First World War: A Comparative Study of "Die Fackel" and "Die Aktion" between 1911 and 1928*, Passau, 1986, p. 113.

†70　Kraus, *Schriften.* Band 10, S. 659（『人類最後の日々』下、二三九頁）.

†71　Kraus, *Schriften.* Band 2, S. 291（『ウィーン　聖なる春』、三〇三頁）.

†72　この意味で同時代の若きクラウス信奉者の中から、高名な分子生物学者であると同時に進歩・文明批判者でもあったエルヴィン・シャルガフが誕生したことは興味深いことである（シャルガフについては序章注10を参照）。

†73　Rothe, *Karl Kraus*, S. 27. 同様の指摘は Timms, *Karl Kraus*, 1986, pp. 148–149にも見られる。

†74　Kraus, *Schriften.* Band 4, S. 339（『黒魔術による世界の没落』、二六一—二六二頁）.

†75　Pfabigan, Urne und Nachttopf, S. 75.

†76　この点に関し河野は、クラウスの貴族との交際を彼の保守化の証拠とみなす立場に対し、当時のオーストリアの反戦運動における貴族の発言力の大きさを指摘し、クラウスを単純に保守／革新と分類することの問題点を指摘している（河野「言葉の行為遂行的な美学と倫理」、六三頁）。

†77　Sigurd Paul Scheichl, Politik und Ursprung. Über Karl Kraus' Verhältnis zur Politik, in: *Wort und Wahrheit*, Nr. 29, 1972, S. 51.

†78　Martin Jay, *Adorno*, Cambridge, 1984, introduction and pp. 106–108（『アドルノ』、木田元・村岡晋一訳、岩

波同時代ライブラリー、一九九二年、序文ならびに一六五―一六八頁). またクラウスとアドルノの思想的連関の研究には Irina Djassemy, *Der „Produktivgehalt kritischer Zerstörerarbeit“. Kulturkritik bei Karl Kraus und Theodor W. Adorno*, Würzburg, 2002がある。

†79　例えば、アドルノの伝記を書いたロレンツ・イェーガーは、次のように指摘する。「[『啓蒙の弁証法』における] アドルノとホルクハイマーの最も重要なテーゼはこうである。〈現在の人間が自然状態へと転落している事態は、社会的な進歩と切り離すことはできない。経済的な生産性の向上は、一方では公正な世界の条件を作り出すが、他方ではそれを利用する技術的機関や社会集団に、この集団には属さない住民たちを支配する不当な優位性を与えてしまう〉。アドルノはすでにウィーン時代に、カール・クラウスのもとで、ある種の「啓蒙の弁証法」といえる現象があるとする考え方を持つようになっていた。メディアに対する闘いの中でクラウスも、最も新しいもの、最もモダンなものが、つねにより人間性に富んでいるとは限らないことを経験していた」(傍点引用者)。Lorenz Jäger, *Adorno. Eine politische Biographie*, München, 2003, S. 172 (『アドルノ――政治的伝記』、三島憲一・大貫敦子訳、岩波書店、二〇〇七年、一九七頁).

†80　Theodor W. Adorno, *Gesammelte Schriften*. Band 4, Frankfurt am Main, 1980, S. 60–61 (『ミニマ・モラリア』、三光長治訳、法政大学出版局、一九七九年、六六―六八頁).

†81　Pfabigan, *Karl Kraus und der Sozialismus*, S. 186.

第4章　「オーストリア的中欧」理念と第一次世界大戦
——カール・クラウスとハインリヒ・ラマシュ

一　はじめに——保守派の戦争批判

カール・クラウスの第一次世界大戦中の戦争批判は、戦後に大部の戯曲『人類最後の日々』へと洗練・純化された。同作品の成果によりクラウスはヨーロッパ中で名声を博し、現在に至るまでクラウスと第一次大戦をめぐる研究は、『人類最後の日々』を中心に行われてきたといってよい。[†1]この戯曲の魅力は、加藤周一の次の『人類最後の日々』評が的確に表している。

『人類最後の日々』は、今読んでも、少しも色あせていない。その具体的な背景は、第一次世界大戦であり、その舞台は、独墺同盟側の社会であるが、われわれはそこにわれわれの経験したすべての戦争を見ることができる（傍点引用者）。[†2]

加藤のように多くの論者は『人類最後の日々』の意義を、第一次大戦下のウィーンというきわめて「特殊」な状況を描いた戯曲にもかかわらず、その射程が現代の戦争全般への批判にあてはまるという「普遍」性ゆえに認めてきた。前章で見たように、テオドール・W・アドルノもこの批判的視野の普遍性の観点から同作を評価し、自らの第二次大戦批判に利用している。だが一方で戦時中にも刊行され続け、この戯曲の素材となった『ファッケル』に発表されたクラウスの第一次大戦批判はあまり省みられることがなかった。本章で着目するのは、このクラウスの第一次大戦中のオーストリア政治への具体的、時事的な批判の内容である。

中でも本章では第一次大戦中のクラウスの戦争批判を、オーストリア保守派の政治家ハインリヒ・ラマシュ（一八五三—一九二〇）の反戦思想との関連から検討する。両者は『ファッケル』創刊当初から親交があり、ラマシュは同誌への寄稿も行っていた。[†3] 第一次大戦期にクラウスは同じ反戦派としてラマシュを強く支持し、いくつかのラマシュ論を『ファッケル』誌上に発表している。クラウスとラマシュの思想的関係を論じる意義は、クラウスの戦争批判をオーストリア政治史の文脈でラマシュに代表される保守派の反戦思想の系譜に位置づけること、そしてクラウスを保守派の反戦思想の基盤にある「オーストリア的中欧」の観点から捉えなおす可能性を示唆することにある。

従来クラウスは「オーストリア的中欧」を肯定的に語るハプスブルク神話の「冷酷な破壊者」[†4] とみなされ、彼の作品群は「ウィーンという環境に対抗して生み出された文化にほかならない」[†5]（傍点引用者）と評価されてきた。こうした通説に対し、本章では鋭いオーストリア批判者クラウスにも拭いがたく内在していた「オーストリア的中欧」の視座を、彼の第一次大戦批判、中でもラマシュのハプスブルク帝国の保守思想に根ざした反戦思想との関連から読み解くことを試みる。

その際、本章で扱う「オーストリア的中欧」とは、オーストリア理念やハプスブルク神話などともいい換えられる、ドイツ＝プロイセンとは異なったオーストリア独自の存在意義を主張する思想の基盤としての「中欧」を意味している。すなわち、ドイツ＝プロイセンとハプスブルク帝国の関係拡大を目指すドイツ・ナショナルな中欧論、特に第一次大戦期の文脈でいえばフリードリヒ・ナウマンの中欧論とは明確に異なる、もう一つの「中欧」である。

「ドイツ・ナショナル」な中欧か「オーストリア・パトリオティズム」の中欧か、という選択肢は一九世紀末以降のオーストリア市民層内部に深刻な亀裂を生み出したアイデンティティ問題であった。[†6]前者の立場は独墺同盟の深化、ハプスブルク帝国内でのドイツ系の優位の堅持を求め、中でも過激派はドイツ帝国との一体化を目指し、スラブ化するハプスブルク帝国の解体をも主張した。[†7]それに対し、後者の立場が主張する、ハプスブルク帝国の多民族性、王朝への忠誠、カトリック信仰などをその支柱とした「オーストリア的中欧」理念は、旧弊な多民族帝国を「保守」する機能を果たす一方で、第一次大戦時の排他的なドイツ・ナショナリズムや戦争の継続に対する強力な反対を生み出す原動力ともなった。オーストロ・マルクス主義の代表的理論家オットー・バウアーもこうした理念を、特にその代表者としてラマシュの名を挙げながら、「まったく独特のオーストリアの平和主義」と評価している。[†8]

だがそれは「思想」と呼ぶほど抽象的に純化されたものではなく、むしろドイツの影響力が拡大しオーストリアの独自性が脅かされたときに発露される、「思想」以前のいわば「政治文化」とでも呼ぶべきものであろう。[†9]「オーストリア的中欧」とは、あくまで「ドイツ・ナショナルな中欧」への対抗理念、あるいは防衛理念であった。またクラウス自身が積極的な「オーストリア的中欧」論を展開しているわけではない。

それゆえ本章では、『ファッケル』におけるクラウスのラマシュ論の内容だけでなく、ラマシュ自身の反戦思想の内容をも詳しく検討することで、ラマシュが主導しクラウスもその系譜に位置したと考えられる

「オーストリア的中欧」に基づく保守反戦思想の内容を明らかにする。そのことを通じ、第一次大戦前のフランツ・フェルディナントへの支持、戦時中のラマシュ反戦思想への共鳴、一九三〇年代のエンゲルベルト・ドルフス政権の支持に見られる、クラウスの政治的態度の変遷に一貫して通底する視座を抽出していきたい。

二　カール・クラウスとハインリヒ・ラマシュ

(一)　ハインリヒ・ラマシュという人物

まず日本ではほとんど知られていないラマシュという人物の生涯にふれておきたい。ラマシュは一八五三年にニーダーエスタライヒのザイテンシュテッテンに生まれた。ショッテン・ギムナジウムとウィーン大学を経て法学博士号を取得し、刑法と国際法の専門家として母校の教壇に立った。後に保守反戦派として志を同じくするヨゼフ・シュンペーター、ヨゼフ・レートリヒも若き日に彼のもとで学んでいる。一八九九年には上院議員となり、ハーグ国際平和会議に政府代表の一員として参加した。さらにラマシュは一九〇七年に開催された第二回会議にも参加しているし、仲裁裁判所の判事にも選出されている。こうした経験から平和運動にも関心が強く、ベルタ・フォン・ズットナーの平和友好協会にも参加していた。ズットナーは一九〇五年に女性で初めてノーベル平和賞を受賞したオーストリアの平和運動家である。[†10] 一方でラマシュは保守派の論客としても知られ、ハプスブルク帝国の国内問題に関し皇位継承者フランツ・フェルディナントのアドバイザーの役割を務めていた。[†11] 国際法学者として仲裁裁判を通じた国際紛争の解決を目指す平和主義、他方で、愛国者としてハプスブルク帝国の枠組みを多民族の連邦国家へと改組することで維持しようとする保守主義が、彼の思想の根底にあったと考えられる。
　こうした思想から第一次大戦中には反戦的態度を貫き、様々な媒体で反戦言論活動を行うと共に上院で三度にわたって反戦演説を行った（これらは戦後、反戦論文集『ヨーロッパ最後のとき（*Europas elfte Stunde*）』にまとめられた［以下引用に際しESと本文中に略記］）。また産業家ユリウス・マインル、国法学者ヨゼフ・レートリヒらが結成した反戦グループ「マインル・グルッペ」にも所属していた。一九一六年一一月に皇帝フランツ・ヨーゼフが逝去し、若きカール一世が帝位に就くと、講和や国内問題に関し進言も行っている。さらに戦争末期の一九一八年には、アメリカの特使であるジョージ・ヘロンとスイスで接触、一〇月にハプスブルク帝国最後の首相に就任するなど現実政治でも大きな役割を果たした。[†12]
　高名な国際法学者でもあったラマシュが一九二〇年に死去した際には、各国の知識人から哀悼の意が表された。例えば『アメリカ国際法雑誌』においては、ジェームズ・ブラウン・スコットが「オーストリア共和国はその最もすぐれた市民を失った」とラマシュの偉大さをたたえ、[†13]『イギリス国際法年鑑』では、W・R・ビショップが次のようにラマシュを追悼している。

　後世のオーストリアにおいてラマシュの名は、勇敢で高貴な愛国者、旧き帝国の最後の首相の名として残るであろう。世界史においては彼の名は、アナーキーの迷宮から秩序正しく適切に組織された文明社会へと人類を導く偉大な努力のシンボルとして残り続けるだろう。[†14]

　彼の死後、娘のマルガの編集によって刊行された論文集にも、ヘルマン・バールやフリードリヒ・フェルスター、レートリヒといった独墺の知識人に加え、先に挙げたアメリカ人神学者ヘロン、オランダの内相も務

ハインリヒ・ラマシュ

めたアレクサンダー・デ・サフォルニン＝ローマンも寄稿している。このようにラマシュはオーストリアの国内外で高く評価された法学者、政治家であった。

クラウスとラマシュの関係についていえば、両者の親交はクラウスがハプスブルク帝国の刑事政策について刑法の専門家であるラマシュに助言を求めたことから始まった。直接のきっかけは、一八九九年にウィーンで起こった両親による子ども虐待死事件（「クッチェラ事件」）の公判をめぐって、クラウスがラマシュに寄稿を求めたことにあるようだ。[†15] 書簡のやり取りなどを通じた良好な関係はその後も継続し、第一次大戦中にはオーストリアにおける数少ない反戦知識人として共闘することになる。

クラウスは第一次大戦中の『ファッケル』において「よりよきオーストリア人」（F445–453: 66–67, 1917）、「ラマシュに賛成」（F474–483: 46–49, 1918）、「第二部」（F474–483: 136–139）と、三度にわたってラマシュ論を掲載している。一つ目の論文がラマシュの社会民主党機関紙『労働者新聞』への寄稿「平和の国際的保障」（ES: 92–95）に、二つ目の論文がラマシュの「上院第二演説」（ES: 148–160）に、三つ目の論文がラマシュの「上院第三演説」（ES: 160–175）に言及していることから、クラウスが第一次大戦中にラマシュの反戦論文・演説に注意深く目を通していたことがわかる。

またクラウスの兄弟で実業家のルドルフ・クラウスもラマシュやマインルらの反戦グループに所属し、その会合場所に自宅を提供するなどして、彼らの活動に協力していた。[†16] ルドルフとマインルは、彼らのグループの考え方をカール・クラウスに伝え、支持を得るために、カールが尊敬するラマシュを経由して政策に関する覚書をクラウスに送付している[17]。そして後述するように、反戦的でドイツに批判的な「上院第三演説」ゆえに、ドイツ・ナショナル派から厳しい批判を浴びたラマシュを、クラウスは自らの講演会や『ファッケル』誌上で公然と擁護した。クラウスとラマシュの共闘関係はこうした伝記的事実からも明白といえる。

(二) 二人の関係をめぐるこれまでの研究

次にクラウスとラマシュの関係に関する従来の研究を、その問題点を指摘しながら整理しておこう。クラウス研究において両者の関係を示唆する先行研究は数多いが、そのほとんどは第一次大戦中の一つのエピソードとして紹介するにとどまっている。

イェンス・マルテ・フィッシャーはクラウスの反戦思想がカントのリゴリズム同様ラマシュの理念に影響されていたことを指摘するが、その影響関係の具体的な中身についてはまったくふれていない[18]。

アルフレート・プファビガンはクラウスとラマシュに個人的な関係があったことを示唆し、非政治的著作家クラウスの「最も重要」な政治的記事として彼のラマシュ論「ラマシュに賛成」を挙げているが、その内容の検討は行っていない[19]。またプファビガンはクラウス思想におけるラマシュ論の位置づけを読み誤っている。前章でも見たように、プファビガンはいわばクラウスの修正主義的な評価を行う研究者で、一貫した反戦平和主義者クラウスという評価に対し、第一次大戦前のクラウスの保守反動思想からの「転換」を強調する議論を展開している。そしてクラウスの「保守反動」の証拠として、戦前のクラウス思想に顕著な進歩やテクノロジーに対する悲観的な評価、さらに保守的な皇位継承者フランツ・フェルディナントを支持していたその政治的姿勢を挙げる。しかし先述のようにラマシュはフランツ・フェルディナントに非常に近い立場にあった。政治的立場から考えれば、クラウスのフランツ・フェルディナント評価とラマシュ評価の間には

「転換」よりもむしろ「連続」性を読みとらねばならないだろう。

クラウスとラマシュの関係に言及している数少ない邦語研究には太田隆士のものがある。だが同研究はハリー・ツォーンの研究に依拠し、ラマシュを『人類最後の日々』の登場人物である楽天家のモデルと捉えている点に問題がある。[20] あまりに素朴に戦争を支持する文字通りの「楽天家」と反戦平和主義者ラマシュを重ね合わせるのには無理があるのではないだろうか（楽天家のモデルの一人はおそらく第一章で論じたアドルフ・ロースではないかと考えられる[21]）。

クラウスとラマシュの関係を同時代の政治史的な文脈から読み解いているのがフランク・フィールド、エドワード・ティムズらの研究で、クラウスとラマシュを共にドイツとの同盟からの離脱とオーストリアの単独講和を模索する政治勢力と位置づけている。[22] さらにフィールドはクラウスのラマシュ評価のポイントを第一次大戦期の反戦思想に限定することなく、ラマシュのことをクラウスが「本能的」に反応するような「キリスト教徒の保守派」の人物であると指摘し、一九三〇年代のドルフス支持もクラウスがラマシュと同じ要素をドルフスの中に認めたことに理由があると考え、ラマシュ支持からドルフス支持を「連続」的に捉えている。[23] 同様にティムズもクラウスのラマシュ支持を彼の保守的態度から理解し、後のドルフス支持には第一次大戦前のフランツ・フェルディナント支持が反映していると指摘する。[24] この意味でフィールドとティムズの研究は、クラウスをフランツ・フェルディナント、ラマシュ、ドルフスとの関係において「オーストリア的中欧」の支持者という観点から捉える可能性を示唆するものである。しかし両研究は共に、ここでふれたすべての従来の研究同様、クラウスの反戦思想とラマシュの反戦思想をテキストのレベルで比較するという作業は行っていない。パウル・シックの研究が、ラマシュのテキストを引用し、それに対するクラウスのラマシュ論の内容を紹介している数少ない先行研究の一つである。[25]

「クラウスとラマシュ」というテーマについて最もまとまったものは、両者の関係について一節を割いているラインハルト・メルケルの研究ではないかと思われるが、彼の著書のタイトルが『カール・クラウスの著作における刑法と諷刺』であることからもわかるように、研究の主題はあくまでハプスブルク帝国の刑事政策をめぐるクラウスとラマシュの関係である。ただしメルケルの著作は未公刊のクラウス宛のラマシュ書簡を掲載するなど資料的な意味でも重要な研究である。またメルケルが、一九世紀末から最晩年に至るまでクラウスが一貫してラマシュに敬意を払っていたことを示し、その根拠にラマシュの「保守性」へのクラウスの共感を指摘していることは指摘しておきたい[26]。

一方で、ラマシュ、マインル、レートリヒら保守派反戦グループに関する研究書[27]もいくつか存在するが、クラウスが彼らを支持し『ファッケル』誌上で側面支援していたことはほとんど論じられていないのである。

三　クラウスのラマシュ論

（一）　軍縮の訴え

まず検討するのはクラウスによる「よりよきオーストリア人」とラマシュによる「平和の国際的保障」という二つの論文である。ラマシュの論文は一九一六年一二月五日に社会民主党の『労働者新聞[28]』編集部へ寄せられた書簡という形で掲載されたもので、クラウスの論文はほぼこのラマシュの論文の引用からなっている。クラウスの論説のタイトルが「よりよきオーストリア人（Ein besserer Österreicher）」と比較形である理由は、彼がこの直前の記事で論じているフーゴー・フォン・ホフマンスタールとラマシュを比べて、という意味であると考えられる[29]（第一次大戦中クラウスはホフマンスタールの軍への協力を厳しく批判していた）。

クラウスが注目したラマシュの議論は軍縮に関するものである。同論においてラマシュは、ドイツがハーグ会議以来の反軍縮路線を改め、「途方もないカタストロフの反復」を防ぐためにも軍縮の方向へ進まねばならないことを主張している。「政治家は従来行われてきた軍拡の道を離れねばならない」(ES: 94)。

クラウスとラマシュは共に、近代テクノロジーの発展が軍拡と結びつくことで、従来の語彙で戦争を語ることは不可能であるという確信に到達していた。例えばクラウスは高度なテクノロジー兵器（第一次大戦でいえば毒ガスやUボート）を用いて戦争を遂行しつつ、それを聖戦や名誉の戦死など旧来の語彙で装飾し正当化することを「テクノロマン主義」と名づけ強く批判した（F474–483: 41–45）。またラマシュも別の論文でトマス・ホッブズに言及しながら次のように主張する。

> ホッブズが自然状態におけるあらゆる人間の平等を、強者が暴力によって、弱者が策略によって双方を殺すことができるという事実から引き出したように、最高度の「文化的」状況の中では、国家間の平等の問題は、双方があれやこれやの性質の手段［高度なテクノロジー兵器］を用いてお互いを絶滅させることができるという事実によって解消される[†30]（ES: 116）。

この人類文明の新たな段階において、もはや国際紛争を解決する手段として戦争は不可能であると彼らは考えた。クラウスは自らの論文の末尾を「私はハインリヒ・ラマシュ教授が、あらゆる人が立派とされるこの国で、数少ない［真に］立派な人であること、キリスト教の隣人愛が日和見的に扱われる国で、キリスト教徒であるということを疑わない」と結び、ラマシュを称賛している。

（二）講和への希求

クラウスの論文「第二部」はオーストリアの外相オットカール・チェルニンの政治的態度と、ラマシュの上院での「第二演説」（一九一七年一〇月二七日）を対比させたものである。これもほぼラマシュの演説の引用と、それへのクラウスのコメントからなっている。

同演説の主題は講和と国際的仲裁機関の設置である。クラウスが引用しているくだりでラマシュはまず自らのハーグでの裁判官としての経験を語り、各国の裁判官の公正な態度を回顧している。そしてチェルニンに対し「暴力の支配ではなく法の支配」を、「国家間組織を設立し、永遠の臨戦状態に代えて、平和の受け入れ準備を整えること」を、戦況の好転いかんにかかわらず履行するよう求めている。クラウスは論文末尾で「これ以上鮮明に、思慮深く、人間的に精神的に語ることは不可能であろう」と、ここでもラマシュを絶賛している。

クラウスにとって同じ保守派でもラマシュとチェルニンの違いは、前者が一貫して講和を求めているのに対して、後者が講和を望みつつドイツの勝利の講和にも期待するという二枚舌を駆使していることにあった。特にチェルニンが協商国側との講和に失敗し失脚した一九一八年四月以降、クラウスは「天才チェルニン」(F474–483: 1–22)、「原理的声明」(F484–498: 232–240, 1918) などの論文で厳しくチェルニンを批判している。ラマシュ自身もチェルニンの外交には懸念を持ち、前述のように戦況の好転によって目指す講和の内容が変わることがないように釘を刺しているし、「第三演説」においてもチェルニンが中立国で信頼されていないことへの憂慮を語っている (ES: 167)。現にアメリカの特使ジョージ・ヘロンの回想の中でも、チェルニンはつねにドイツ宮廷とエーリヒ・ルーデンドルフら軍部の意向で動き、ドイツ・ナショナル派とつながっていたと記されている。[†31] クラウスは一つの演説で「講和」と同時に「拳」を語るチェルニンと、一貫して講和を語るラマシュとを対比し、後者を評価しているのである（F474-483: 136）。

（三）　ドイツ・ナショナル派への批判

クラウスによる論文「ラマシュに賛成」は、第一次大戦中のラマシュ論の中で最も重要なもので、ラマシュの上院演説の擁護と演説への反響に対する応答という形をとっている。一九一八年二月二八日のラマシュの「上院第三演説」は、全体がオーストリアにおけるドイツ・ナショナル派の上院議員ロベルト・パッタイの演説への批判である。パッタイはドイツとの関係強化と勝利の講和を主張する政治家だった。パッタイ演説の内容は、バグダット・ラインの維持、ドイツ的アントワープ、ロシア周辺国家の併合を求め、講和政策を批判するもので、その締めくくりも「われわれは勝者であり、勝利の栄冠を要求する」と主張するものであった†32。この演説に対し、ラマシュは次のように反論した。

これ［パッタイの演説］はライン＝ヴェストファーレンの重工業の弁護士の演説であって、オーストリアの人民のための演説ではない（ES: 161）。

ラマシュは戦争継続を主張するパッタイらの主張が決してオーストリア人民のためにならず、むしろドイツ帝国主義を支えるドイツ重工業の利益になるに過ぎないことを喝破したのである。

またラマシュは、パッタイらの望む勝利の講和も批判の俎上に載せた。勝利の講和で求められる平和の「物質的・現実的保障」なるもの（新たな戦争を防ぐという口実で行われる、相手国の弱体化を目指す賠償や領土割譲などのこと）は、つねに復讐のための戦争、量質両面での軍拡を招いてきた。それゆえ勝利の講和とは間違った講和に帰結せざるをえない。「征服政治はそれが国家間の戦争状態を永続化させうるがゆえに認められない」（ES: 166）とラマシュは結論づける。

同演説は協調講和を求めると共に同盟国ドイツを批判する内容であったがゆえに、議会内外で激しい論争を巻き起こした。ドイツ・ナショナル派が強く反発し、演説中に激しい野次を飛ばしたことは議事録から読みとることができる。その一方で社会民主党の政治家カール・ザイツは、この翌日のオーストリア下院において、ラマシュの発言こそ「人民」の意見を代弁するものと賛美し——自党と保守派のラマシュの政治思想が一致するものではないことを留保しつつも——「この荒涼とした上院で協調講和を公言する勇気を持つ人物、ラマシュ教授にわれわれは感謝の念を持っている」と演説した[†33]。また議会の外でも、ドイツ・ナショナル派でオーストリアにおけるナウマン中欧論の代表的支持者であったハインリヒ・フリートユンクが『フォス新聞』、『ノイエ・フライエ・プレッセ』といった独墺両国の有力紙においてラマシュを批判する論陣を張ったのに対して[†34]、クラウスは論説「ラマシュに賛成」を書き上げ、三月二七日にウィーンで行われた自らの講演会において、前章で紹介した「テクノロマンティックな冒険」などと共にそれを披露し、五月に『ファッケル』に掲載することでラマシュへの支援を行ったのである。

「ラマシュに賛成」においてクラウスは、ラマシュとドイツ・ナショナル派を対比的に論じる形式をとり、パッタイ、フォン・プレーナー、フリートユンクら代表的なドイツ・ナショナル派に対し、次のように諷刺的に批判を加えた。ドイツ・ナショナル派は、もし今カントが自ら『永遠平和のために』を引用してみせたりなどしたらカントをののしるであろうし、またドイツ建国の父ビスマルクに対しても、彼が普仏戦争の際にエルザスだけで満足したことでののしるであろう。パッタイは「われわれは勝者であり、勝利の栄冠を要求する」と叫ぶであろうし、フォン・プレーナーはカントのメンタリティがオーストリアのそれよりも外国の思考様式に近いことを咎めるであろう、と。

クラウスはドイツ・ナショナリズムを奉じる彼らが、ドイツのよき伝統である、カントの精神、ビスマルクの現実政治《レアルポリティーク》からいかに乖離してしまっているかを皮肉っているのである。ラマシュを高く評価するクラウスからすれば、フリートユンクの考えをとるかラマシュの考えをとるか、という選択肢自体が時代のおかしさなのであった。なぜならフリートユンクは、一九〇八年にハプスブルク帝国によるボスニア＝ヘルツェゴヴィナ併合に伴ってバルカン半島に政治的緊張が生じた際に、誤った情報に基づいてセルビアへの先制攻撃を主張し、その誤りを『ファッケル』で酷評されて以来のクラウスの批判対象だったからである[†35]（フリートユンクは『人類最後の日々』にも戯画化されて登場する［一幕六場］）[†36]。クラウスはラマシュを「その老人的賢明さが祖国の名誉財産に属する」人物と持ち上げ、この論説を「彼が生きる時代はあまりに低級である──ラマシュが気高く生きんことを！」と結んでいる。

「ラマシュに賛成」は非常に反響が大きく、『労働者新聞』によると、クラウスが講演会で同論を朗読したときには「嵐のような同意」が得られたという[†37]。またその反響の大きさゆえに当局からも睨まれ、この講演の内容は反戦的なものとしてハプスブルク帝国軍司令部に報告された[†38]。後に存在が明らかとなった「ラマシュに賛成」講演をめぐる報告書を、クラウスは『ファッケル』に転載しているが、その中では、「この［クラウスの］講演会はきわめて平和主義的で、その反戦的、［独墺］同盟に敵対的な調子において他に類のないような政治集会と化した」と報告がなされ、「同盟国であるドイツ帝国への誹謗」、「平和主義者の上院議員ラマシュ博士への賞賛」といった「敗北主義的発言」があったと記されている（F508–513: 81–82, 1919）。しかも同報告には、クラウスの講演に将校を含め何人かの軍人も参加していたことが記されており、このことは当時のクラウスの支持層、読者層を知る上でも興味深い事実である。ラマシュ本人はこの講演会には参加していなかったものの、『労働者新聞』の報道からその内容を知り、クラウスに感謝の手紙を書き送った。[39]またクラウスは『人類最後の日々』にも、ラマシュの演説が行われた日のパッタイを諷刺的に登場させ次の台詞をいわせている。

わしは奴に答弁してやったとも。一歩も退くもんかいとな——やつもじっくり考えなおそうぞい、ラマシュはじゃよ。われわれは勝者であり、勝利の栄冠を要求する（五幕三場）。[40]

クラウス反戦思想においてラマシュは非常に重要な地位を占めるにもかかわらず、『人類最後の日々』でのラマシュの登場箇所はこのパッタイの台詞の中だけである。このことからもクラウス反戦思想を包括的に探るには、『人類最後の日々』だけではなく、戦時中の『ファッケル』の研究が不可欠であることがわかるといえよう。

さて、ここまで見てきたように、クラウスが大戦中に発表した三つのラマシュ論の中で引用したラマシュの論文・演説は、それぞれが軍縮、講和と国際的仲裁機関の設立、ドイツ・ナショナル派とドイツ帝国主義の批判を主題とするものであった。だがこれらの主題それ自体は、字面だけを見れば「オーストリア的中欧」とは無関係の一般的な反戦平和思想にも見える。クラウスが支持したラマシュの反戦思想は、どのような意味で「オーストリア的中欧」に関わるのであろうか。

四　ハインリヒ・ラマシュとオーストリア保守反戦思想

（一）「ドイツ・ナショナルな中欧」への批判

冒頭でふれたように、「オーストリア的中欧」理念とはドイツ＝プロイセンとは異なるオーストリアの存在意義を主張するものである。それゆえ第一次大戦において、ラマシュの批判の主眼はドイツ帝国とヴィルヘルム二世に向けられ、オーストリア国内では「第三演説」に見られるようにドイツ・ナショナル派に向けられることになる。

上院議員であったラマシュはクラウスのように表立ってドイツ＝プロイセン批判を行ったわけではない。しかしラマシュは「ドイツ・ナショナル派の政治のあらゆる形式に対する鋭い敵対者」であった[†41]。ラマシュの論文の端々には、権力政治と軍拡の帰結である第一次大戦の原因がドイツにあることが示唆されている。それはヨーロッパで軍拡競争が開始された年としてドイツ帝国が成立した一八七一年を挙げていること（ES: 114）、またハーグ会議でドイツ（ならびにフランス）の代表が強硬に軍縮提案に反対したことを指摘していることからもわかる（ES: 144–145）。また一九一七年の論文で「党派などもはや存在せず、ただ人類のみ（Ich kenne keine Parteien mehr, ich kenne nur Menschen）」（ES: 116）と、ヴィルヘルム二世の第一次大戦開戦演説を平和主義的文言にいい換えていることからも読みとることができる。ヴィルヘルム二世の演説は「人類」の部分が「ドイツ人」であり、ナショナリズムと戦意を煽る国粋主義的なものだった（ちなみにクラウスも『人類最後の日々』においてこのヴィルヘルムの演説を、楽天家の台詞として語らせている［一幕二九場］）[†42]。

だがラマシュの反ドイツ＝プロイセン感情は彼のテキストからよりも、周囲の証言から鮮明に知ることができる。例えば第一次大戦中、自身の反戦戯曲をスイスで上演するための移動中にザルツブルクのラマシュ宅を訪れたシュテファン・ツヴァイクは、ラマシュにドイツとの同盟から離脱する可能性を示唆されたことを、自伝『昨日の世界』の中に記している。ツヴァイクによると、そのときラマシュは次のように語った。

> 誰もわれわれの［同盟離脱という］不実を責めることはできません。百万人以上の死者を出しました。われわれは充分な犠牲を出し、充分なことをやりました。いまやもうドイツの世界支配のために捧げる一つの生命もありません。ただの一つもです。[†43]

ツヴァイク自身もラマシュを次のように評している。

> 二人とも［ハインリヒ・ラマシュとイグナツ・ザイペル］断固たる平和主義者であり、厳格な信仰を持つカトリック教徒であり、情熱的な旧オーストリア人であった。そしてこのような人物として、ドイツ的＝プロイセン的＝プロテスタント的軍国主義に対して最も深い敵対関係にあった。彼らはこのような軍国主義をオーストリアの伝統的理念とそのカトリック的使命とは結合しえないものと感じていた（傍点引用者）。[†44]

またヨゼフ・シュンペーターは、大戦中かつての師ラマシュに何度か書簡を送ってオーストリアの征服こそドイツの戦争目的ではないかという危惧を示し、一九一六年二月には次のように書き送っている。

> プロイセン的で、ルター的で軍国主義的な中欧が、歯をむきだしにした野獣のような態度で世界中と対立し

ています。私たちが知り愛しているオーストリアはもはや存在しないかのようです。私はオーストリアには文化的価値などなく、無抵抗に屈服すべきだなどという考えに転向することなどできません（傍点引用者）。[†45]

後の書簡でシュンペーターがラマシュとの考え方の一致を喜ばしく思うと記していることから、シュンペーターがいわば同じ問題を共有する人物としてラマシュに書簡を送っていたことがわかる。一九一八年にラマシュと会談を行ったアメリカの特使ヘロンも、ラマシュがつねにドイツのことをプロイセンと呼び、プロイセンの勝利とは世界の精神的敗北であり、ヨーロッパが物質主義に陥ると、ヘロンに語ったと伝えている。[†46] 彼らの証言から読みとることができるのは、当時のオーストリア保守反戦派の人々がドイツ帝国をプロイセン的で、プロテスタント的（ルター的）、軍国主義的なものと評し、それをオーストリアの伝統とは相容れないものと感じていたということである。

特にシュンペーターの書簡はナウマンの『中欧論』（一九一五年一一月）が発表され、独墺間の関係強化が叫ばれる時期に送られたものであったことからも重要である。この時代「中欧」というスローガンは何よりもナウマン的な中欧、ドイツ帝国をその盟主とする中欧を意味していた。[†47] それに対しラマシュら保守反戦派は、この「ドイツ・ナショナルな中欧」に「オーストリア的中欧」が脅かされているという危機感を共有していた。[†48] ラマシュはナウマン的な意味での中欧に反対する代表的なオーストリアの論客であった。ラマシュは直接ナウマンの『中欧論』を論じた箇所で、ナウマン的中欧とはヨーロッパを二つの敵対陣営に分離し、将来の戦争を不可避のものにし、恒久平和を不可能にするものであると批判している（ES: 174）。

またナウマンの著書にこそ言及しないものの、一九一七年一月のオーストリア政治協会での講演「われわれの講和目的」[†49] においても「中欧というスローガン」を批判している。その中でラマシュは、「中欧」が協商国側にとって大きな脅威である「プロイセン主導下での政治的・軍事的に緊密に統一された国家同盟」とみなされていることに憂慮を示し、即時講和を欲するのであれば、そうした「中欧」を放棄した西と東の媒介者たる「独立した強力なオーストリア」こそ協商国側に歓迎されるであろうと主張する。このようにラマシュやシュンペーターはオーストリアにおける反ドイツ=プロイセン知識人に分類できる。彼らのドイツ帝国批判、ドイツ・ナショナル派批判には、「オーストリア・パトリオティズム」派のアイデンティティ・ポリティクスという側面が強く見られるのである。

カール・クラウスは、こうした「オーストリア・パトリオティズム」を前面に出しているわけではないものの、非常に辛辣なヴィルヘルム二世の批判者であった。[†50] クラウスにとって、ヴィルヘルム二世は侵略戦争に過ぎない第一次大戦を、あたかも聖戦であるかのように「装飾」する最悪の人物として、徹底した批判対象であった。例を挙げれば、ヴィルヘルム二世のカントを利用した好戦的演説とカントの『永遠平和について』の一節を対比させた「カント主義者とカント」(F474–483: 155–156) がある。ドイツ軍の勝利が「ケーニヒスベルクの哲人」の語った倫理的、精神的善に結びついていると主張するヴィルヘルム二世の演説と、戦争の講和後に「懺悔の日」の必要を説くカントの一節[†51]の対比は、いかに好戦的演説の中の言葉がカントに代表されるドイツ哲学の言葉から乖離しているのかを際立たせている。クラウスは一九一八年五月にベルリンで開催した自作朗読会でも挑発的に同作を朗読している。またこの寸評は『人類最後の日々』にもパラフレーズされた(四幕三七場)[†52]。

他にも「講和の日に」(F474–483: 141–142) という寸評においては、ウクライナとの講和締結後に人類全体の講和の必要を説くオーストリア皇帝カール一世の演説と、なお勝利の講和を望むヴィルヘルム二世の演説を併記し、ドイツ=プロイセンの好戦性を強調している。ここではヴィルヘルム二世と対照的なオーストリア皇帝カール一世の平和志向が肯定的に評価されている。クラウスにとって、ドイツの勝利とは「精神の貧困化」による「物質的勝利」を意味し（これは上述したラマシュがヘロンに語ったものと似た表現である）、彼の眼前にあるドイツとはもはや詩人と思想家（Dichter und Denker）の国ではなく、裁判官と死刑執行人（Richter und Henker）の国に過ぎなかった（一幕二九場）[†53]。もちろん『人類最後の日々』にはハプスブルク帝国やフランツ・ヨーゼフへの批判も見られるが、全体的にドイツ帝国とヴィルヘルム二世への批判のほうが辛辣であるといえる。

またクラウスは独墺関係の拡大にも強く反対した。一九一八年五月の独墺両帝会談を、独墺関係の「拡大深化」であると喧伝するマスコミに対して、クラウスは、それがオーストリアにとってはドイツへの従属の強化に過ぎないと批判を行っている。その名の通り「拡大深化」（F484–498: 1–12）（五幕八場・九場にパラフレーズ）[†54]と題された寸評では、同月の新聞から様々な「拡大深化」という語の用例のモンタージュを行い、最後には第一次大戦中の日本による中国への侵略的要求に関する報道を引用して、まさに日中関係が「拡大深化」されている、と諷刺的コメントを書き加えている。クラウスからすれば独墺関係とは日中関係に比すべき従属関係に過ぎなかった。ましてや、そもそもこの会談は、オーストリア皇帝カール一世の対仏単独和平工作が露見したことによりドイツ参謀本部への弁明を強いられた、「皇帝のカノッサ行き」だったのである[†55]。

（二）「オーストリア的中欧」という理念

次にラマシュの理念について外交、内政の両側面から見てみよう。まず外交面においてラマシュが一義的に求めたものは、早期の栄誉ある講和であった。ラマシュにとっての栄誉ある講和とは、領土併合や賠償を伴わない講和であり、なによりもハプスブルク帝国の領土が保全される講和を意味していた。ラマシュの反戦思想とは、ハプスブルク帝国の枠組みの維持を目指すという「オーストリア的中欧」への深い愛着から発したものであった。

またそれと同時に求めたのが戦後の国際的仲裁機関の設置である[†56]。ラマシュはハーグ仲裁裁判所を発展させたような国際的組織の必要性を論じ、アメリカ大統領ウッドロウ・ウィルソンに対しても戦時中から好意的な評価を行っている（ラマシュは戦後ウィルソンの演説集の独訳を刊行している[†57]）。そのようなラマシュにとって講和ならびに国際的仲裁機関両方の阻害要因と考えられたのが、ドイツ＝プロイセンの権力政治とナウマン的な「中欧」であった。

「中欧」理念に対し、私は争いの平和的調停のための組織と平和に対するあらゆる国々からなる共同保障を伴った、平和維持のための国家連盟を対置した。ウィルソンの念頭にあるようなそうした普遍的な国家連盟は、敵味方共にあらゆる特殊な同盟関係を不要なものにするし、ヨーロッパに平静をもたらすという目的を、一九一四年に完全に自らの無力さをさらけ出した勢力均衡の政治よりも確実に達成する（ES: 174–175）。

ここでラマシュはドイツ・ナショナルな「中欧」に批判を加え、それに「国家連盟」を対置している。この国家連盟構想にはラマシュの国際法志向に加え、「オーストリア的中欧」理念への自負も見てとることができる。相互に敵対するネーションステートからなる世界がこうした国際的な上位機関を作るに際して、多民族国家として「ヨーロッパのミニチュア」であったオーストリアから学ぶところは大きいはずだとラマシュは考えている（ES: 121）。

ハプスブルク帝国という多民族国家において、個々の民族のナショナリズムを超えた統合原理を生み出そうとすれば、それは一定程度「普遍性」に開かれた原理にならざるをえない。ラマシュはこの観点から、「オーストリア的中欧」の統合理念とヨーロッパさらには国際社会における国家間組織の問題を並行的に論じうると考えていたのである。クラウスの反応という点では、彼がこうした講和や国際組織の設立という理念に賛意を示していたことは、先にとりあげた「第二部」という論文から明らかであるといえよう。

次に内政問題である。国内改革はラマシュの反戦思想において、講和や国際的仲裁機関といった外交と不可分の関係にあると考えられていた[†58]。戦時下での中央集権化とドイツ中心主義の強化を改め、オーストリアを多民族連邦国家に改組する必要があることを彼は強く主張する。上述のように栄誉ある講和をハプスブルク帝国の枠組みの維持と捉えるラマシュにとって、国内改革は不可避であった。

われわれは次のことを考慮に入れねばなりません。オーストリアは多民族国家であり、多民族国家にふさわしいのは、何よりも、運動・自治・自決の自由であると。諸民族の自決権。非常に誤解の多い言葉です。諸民族の自決権とは、数百年かけて慣れ親しんだあらゆる関係、経済的にも深く根づいたあらゆる関係を引き裂き、言葉の呪物（Fetisch）の犠牲にすることでもなければ、諸国家が言語的要素によりばらばらに引き裂かれ、言語的に単一の共同体からなる小さな単位へと砕けることを意味するのでもありません。諸民族の自決権とは、一つの同じ大きな国家に同居している諸民族が――少なくともある点においては――自らの事柄を自分で処理するということを意味しているのです（ES: 140）。

ラマシュは一九一七年六月の「第一演説」でこのように主張すると共に、こうした自治の実現を「オーストリア理念」と呼んでいる。

具体的な文脈でいえば、チェコ人を代表とするスラブ民族に自治権を与え、ドイツ人、マジャール人と平等の立場に引き上げる必要があるとラマシュは考えていた。そして彼にとって民族自決とは決して帝国の解体を意味せず、それはハプスブルク帝国の枠組みの中で達成可能なものであった。ラマシュは同じ反戦グループに属するマインルに宛てた書簡の中でも、一八四八年革命に際しハプスブルク帝国の枠内での自民族の同権を求めたチェコ人政治家フランティシェク・パラツキーを引き合いに出し、「もし七〇年前にパラツキーのプランを実行していれば、オーストリアは力強い文化国家になっただろう」と連邦化の必要を主張している。[†59]

従来ハプスブルク帝国における民族問題の解決案については、カール・レンナーやバウアーらの大著の存在もあって、もっぱらオーストロ・マルクス主義の理論が注目されてきた。[†60] 社会民主党は早くから同党の綱領に帝国の連邦国家化の要求を取り入れ、レンナーやバウアーといった理論家たちは属地主義と属人主義を織り交ぜた独自の民族自治論を展開していた。しかし市民層内部でドイツ・ナショナル派を批判する「オーストリア・パトリオティズム」派から、ラマシュのような改革案が主張されていたことにも注意が払われるべきだろう。これは国内改革をしなければハプスブルク帝国の枠組みの維持が困難であるという現実政治的な必要に迫られたものであったのと同時に、諸民族の同権こそネーションステートとは異なる多民族国家としてのハプスブルク帝国にふさわしいという、「オーストリア的中欧」理念から生じたものでもあった。

ではクラウスはこうした帝国内のナショナリズムについてどう考えていたのだろうか。クラウスは軍縮、国際的仲裁機関の設置、ドイツ・ナショナル派への批判に関しラマシュを肯定的に引用しているが、クラウスのラマシュ論の中ではラマシュの国内改革に関する部分は引用されていないのである。だが、そもそもクラウスはナショナリズムという現象それ自体に批判的であった。第一次大戦前に発表された、皮肉に富んだ次の二つのアフォリズムは、クラウスのナショナリズム観を如実に示すものであるといえよう。

ナショナリズムとは、私を、同じ国の愚か者と、私の倫理を侮辱する者と、私の言語を汚す者と結びつける愛のことである（F264–265: 26, 1908）。[†61]

ショービニズムや人種差別ほど狭量なものはない。私にとってすべての人間は平等である。いたるところに馬鹿はいるし、全員に対して私は平等に軽蔑の念を抱いている。小指の先ほどの偏見もない（F264–265: 28）。[†62]

クラウスのような個人主義者からすれば、人々をネーション別に分離しようとする試みや、特定のネーションへの所属で人間の優劣を決めようとすることは愚かな妄想にほかならなかった。[†63] それゆえ彼は、自身を「ユダヤ人」と規定されることも嫌った。[†64]

同時代に活躍した他の多くの知識人と同様に、ボヘミア生まれのウィーン育ちで、同化ユダヤ人の家系であるクラウスは、「オーストリア的中欧」の多民族性を体現する人物であった。このことはモラヴィア出身の同化ユダヤ人レートリヒや、非ユダヤ人だが同じくモラヴィア出身のシュンペーターにもあてはまる。帝国内の各ネーション間で抗争が深まる中、特に同化ユダヤ人は個別的ネーション意識を超えた「オーストリア人意識」の数少ない担い手たりえた。[†65] それゆえクラウスはこの「オーストリア的中欧」の枠組みそれ自体を破壊しようとするドイツ・ナショナル派を含めたあらゆるナショナリストに対してきわめて批判的だったのである（同化ユダヤ人による「オーストリア・パトリオティズム」は、第5章で後述するように、反ナチス・

ドイツという形で再び現れることになる)。

五　おわりに――パトリオティズムと「オーストリア的中欧」

以上のように、カール・クラウスが熱心に支持したラマシュの反戦思想というのは、現実政治的側面から見ればオーストリア保守派の反戦思想に位置づけることができる。そしてラマシュを軸にクラウスとシュンペーターのような到底同列に論じられることのない二人のオーストリア人が、第一次大戦への反応の仕方という点で一致していることが見てとれるのである。ドイツ＝プロイセンとは独立したオーストリアの存在意義を説くラマシュの思想は、ドイツ・ナショナルなナウマン的中欧とは異なる「オーストリア的中欧」という理念に基づくものだった。

こうしたラマシュに代表されるオーストリア保守派の反戦思想は現代から見ても非常に興味深い。オーストリアにおいては「多民族国家」というハプスブルク帝国の独自性を維持するための「保守」の思想が、逆にドイツ＝プロイセンの主導する戦争に対する独特の反戦的態度を生んだ。これをバウアーは「まったく独特なオーストリアの平和主義」と評価したのである。ドイツとは異なるオーストリア独自の道を模索するがゆえに彼らは単独講和を求めたし、国際問題の解決のためには仲裁機関が必要であり、「ヨーロッパのミニチュア」、「ミクロコスモス」たるハプスブルク帝国がその範たるべしという自負を持っていた。また多民族帝国の中で諸民族が真の意味で共存するためには、ドイツ中心主義を改め諸民族の平等を実現しなければならないという課題も認識していた。

もちろん現実政治において彼らの思想が実現可能なものであったかどうかといえば、そこに疑問符がつくのは間違いない。外ではドイツ軍に政策の決定権を握られ、内ではスラブ人への権限付与に反対するハンガリーを抱えたハプスブルク帝国にとって、ラマシュらの反戦思想は実現が難しいものであったし、現にカール一世の和平工作と遅きに失した国内改革は失敗に終わったのである。

またオーストリア保守思想をそのまま反戦平和主義と等置することはできない。オーストリア保守思想には、ハプスブルク帝国内でのドイツ人の優位を維持するという側面も存在し、ナウマン的中欧を支持するドイツ・ナショナル派の中には、ナウマンの著書の中に中欧にドイツ文化を広めるという意味での「オーストリアの使命」を読みとる者もあった[†66]。ラマシュの立場は保守派の中でも少数派だったのであり、「オーストリア的中欧」理念なるものを単純に肯定的に捉えるわけにはいかない。

しかしこうしたハプスブルク帝国内のドイツ人の既得権益を「保守」しようとする勢力と、ラマシュら保守反戦派の違いは、後者が「オーストリア的中欧」理念をもとに早期の無併合・無賠償の講和の必要を説き、国際的仲裁機関の設置を求め、ドイツ・ナショナル派のイデオロギーを暴露し、国内諸民族の同権を訴えたことにある。彼らにとっての「オーストリア的中欧」理念の意義は、現状を追認するのではなく、その概念の中身を換骨奪胎することでラディカルな現状批判の理念へと変えたことにある。逆説的であるが、彼らの主張は「特殊」オーストリア的な「保守」思想に基づいた、「普遍」的反戦平和主義という「革新」的主張であったといえるのである。

最後に残る問題は果たしてクラウスに積極的な意味での「オーストリア的中欧」の視座があったのかどうかということである。クラウスのラマシュ支持はあくまでラマシュの思想のうちにある早期講和や国際的仲裁機関の設置などの具体的目標への共鳴であって、ラマシュの反戦思想の根底にあった「オーストリア的中欧」理念とは無関係と主張することも可能といえるからである。しかしここで強調しておきたいのは、ドイツ＝プロイセン主導の侵略戦争やナウマン的中欧論に反対する知識人はルドルフ・ヒルファディング、カール・カウツキーなど社会主義者の間にも数多く存在したにもかかわらず、[†67] クラウスが『ファッケル』でもっぱら評価したのは、保守派の政治家ハインリヒ・ラマシュだったこと、[†68] さらには痛烈な「ナショナリズム」批判者であったにもかかわらず、ラマシュの「より純粋で深い意味でのパトリオティズム」（F474–483: 46）を高く評価していたことである。

第一次大戦直前、一九一四年七月の『ファッケル』でオーストリアの「フォーティンブラス」たるべきフランツ・フェルディナントの死を悼んだクラウスは（F400–403: 1–4, 1914）、フランツ・フェルディナントのアドバイザーを務めたこともあるハインリヒ・ラマシュの反戦思想に強く共鳴した。一九二〇年代には一時期社会民主党に接近するものの、ナチスによるオーストリア合邦の危機の中クラウスが支持したのはエンゲルベルト・ドルフスのオーストロ・ファシズム政権であった。リベラリズムの腐敗、戦争、ナチズムという時代の危機に対して彼が対抗軸として期待したのは、繰り返しになるが、「オーストリア的中欧理念」を信条とする政治家たちだったのである。

＊　本章においてハインリヒ・ラマシュの第一次大戦中の反戦論文・演説を集めた *Europas elfte Stunde*, München, 1919からの引用は、本文中にESと略記し、頁数を記した。

†1　日本における「クラウスと第一次世界大戦」に関する研究の多くは、『人類最後の日々』の研究として行われてきた。例えば、池内紀「言語批評と戦争――カール・クラウスの諷刺」（『エピステーメー』、一九七六年五月号、朝日出版社、七二―八五頁）、藪前由紀「第一次大戦の文学的消化――カール・クラウス『人類最後の日々』（1）プロパガンダ」（『独逸文学』、第三九号、一九九五年、九一―一〇四頁）、太田隆士「カール・クラウスの『人類最後の日々』試論――戦争と報道」（『駿河台大学論叢』、第二三号、二〇〇一年、四七―六五頁）

などを参照のこと。もちろん前章で述べたように、戦時中の『ファッケル』に掲載された論文と『人類最後の日々』には強い関連性があるわけだが、本章で述べるように『人類最後の日々』には必ずしも反映されているとはいえない重要なトピックが存在することもまた事実である。

†2 加藤「カルル・クラウス」、二七八頁。

†3 Timms, *Karl Kraus*, 1986, p. 36.

†4 Magris, *Der habsburgische Mythos in der österreichischen Literatur*, S. 236（『オーストリア文学とハプスブルク神話』、三三四頁）.

†5 Beller, *Vienna and the Jews*, p. 187（『世紀末ウィーンのユダヤ人』、二二七頁）.

†6 Birgitt Morgenbrod, *Wiener Großbürgertum im Ersten Weltkrieg. Die Geschichte der „Österreichischen Politischen Gesellschaft“* (1916–1918), Wien/Köln/Weimar, 1994, Kap. 1 und Kap. 3. なおこの場合の「オーストリア市民層」とは、ハプスブルク帝国においてドイツ語を母語とする市民層を指す。

†7 本書序章一一頁を参照。

†8 Otto Bauer, *Die österreichische Revolution*, Wien, 1923, S. 60（『オーストリア革命』、酒井晨史訳、早稲田大学出版部、一九八九年、九〇頁）. バウアーは同箇所で「オーストリアの平和主義」を次のように説明している。「この平和主義の中には、戦争に対する人間的嫌悪とウィルソンの講和のメッセージに対する平和主義的信仰が、旧オーストリアのパトリオティズムと旧オーストリアのプロイセンに対する憎悪、さらに君主国滅亡への憂慮と民族革命と社会革命に対する恐怖とが混在していた。ラマシュの人格がこの平和主義的潮流に意義を与えた」（傍点引用者）。

†9 「オーストリア的中欧」に関する邦語の研究は、村松『カトリック政治思想とファシズム』（特に第四章）を参照のこと。村松の研究は、一九三〇年代にナチス・ドイツによるオーストリアの合邦の脅威のもとで、オーストリアの独立を主張したオーストリア・イデオロギー（本書でいう「オーストリア的中欧」理念）を対象にしたものである。しかし村松は同時に、ドイツ・ナショナリズムの圧力が高まるときに「〈曲げられた小枝〉の反発」として生じるこうした理念が一九世紀までさかのぼって検討しうることを示唆している。

†10 ズットナーに関しては次の文献を参照のこと。A. v. Borris, Bertha von Suttner, in: *Die Friedensbewegung. Organisierter Pazifismus in Deutschland, Österreich und in der Schweiz*, Helmut Donat und Karl Holl (Hg.), Düsseldorf, 1983, S. 381–383. ズットナーの代表作である反戦小

説『武器を捨てよ』(*Die Waffen nieder. Eine Legens Geschichite*, 1889)も、ズットナー研究会により邦訳され、二〇一一年に新日本出版社より刊行されている。

†11　フランツ・フェルディナントとの関係については、ラマシュ自身による回想がある。Heinrich Lammasch, Erzherzog Franz Ferdinand, in: *Heinrich Lammasch. Seine Aufzeichnungen, sein Wirken und seine Politik*, Marga Lammasch und Hans Sperl (Hg.), Wien/Leipzig, 1922, S. 77–95.

†12　ラマシュの経歴に関して主に参考にしたのは、前注に挙げたマルガ・ラマシュとハンス・シュペールによる編著書に加え、以下の文献である。Fuchs, *Geistige Strömungen in Österreich 1867 bis 1918*, S. 265–271; *Österreichisches biographisches Lexikon 1815–1950.* Band IV, Graz/Köln, 1950, S. 415–416; Stephan Verosta, Der Bund der Neutralen. Heinrich Lammasch zum Gedächtnis, in: *Anzeiger der österreichischen Akademie der Wissenschaften*, philosophisch-historische Klasse, 106. Jahrgang 1969, Nr. 12, S. 175–198; Fritz Fellner, Heinrich Lammasch, in: *Die Friedensbewegung*, S. 243–245; Erich Kussbach, Heinrich Lammasch, Scholar of Public International Law and Austrian Stateman, in: *Miskolk Journal of International Law*, vol. 1, no. 2, 2004, pp. 64–78.

†13　James Brown Scott, Heinrich Lammasch (1853–1920), in: *The American Journal of International Law*, vol. 14, no. 4, Oct. 1920, p. 609.

†14　W. R. Bisschop, Heinrich Lammasch, in: *British Yearbook of International Law, 1920–1921*, p. 230.

†15　Merkel, *Strafrecht und Satire im Werk von Karl Kraus*, S. 202. 当時のウィーンでも非常にセンセーショナルだったこの「クッチェラ事件」とクラウスについては——ラマシュに関する言及はないものの——ラリー・ウルフ『ウィーン一八九九年の事件』(寺門泰彦訳、晶文社、一九九二年)という研究書がある。

†16　Morgenbrod, *Wiener Großbürgertum im Ersten Weltkrieg*, S. 50.

†17　一九一七年一一月一四日付のマインルによるラマシュ宛書簡には、日曜に開催されるクラウスの講演会に向け、マインルの覚書をラマシュ経由でクラウスに送付するよう、ルドルフ・クラウスに勧められた、という記述がある(Heinrich Benedikt, *Die Friedensaktion der Meinlgruppe 1917/18*, Graz/Köln, 1962, S. 187)。カールの性格をよく知るルドルフは、実の兄弟が渡すより、ラマシュが渡したほうが説得力があると考えたのだろう。ラマシュはこの提案に応じ、翌一五日に自らの「上院第二演説」の原稿と共にクラウスにマインルの覚書を送付した

(Merkel, *Strafrecht und Satire*, S. 218)。

†18 Fischer, Das technoromantische Abenteur, S. 284.

†19 Pfabigan, *Karl Kraus und der Sozialismus*, S. 186.

†20 太田「カール・クラウスの『人類最後の日々』試論」、五五頁。Zohn, *Karl Kraus*, S. 87.

†21 ロースは開戦の熱狂にのぼせ、当初熱心な戦争支持派になった。クラウスは戦時中の一九一五年一一月に、恋人のシドニー・ナドヘルニー・フォン・ボルティンに送った書簡の中で、自らの立場を「ネガティブ」、ロースの立場を「ポジティブ」と記している（Kraus, *Briefe an Sidonie Nádherný von Borutin 1913–1936*. Band I, S. 244)。さらに晩年の『ファッケル』においても「戦争中楽天的（optimistisch）だったアドルフ・ロース」(F890–905: 238, 1934）と回想している。なおこの点に関しては Rothe, *Karl Kraus*, S. 301を参照。

†22 Field, *The Last Days of Mankind*, pp. 123–124; Timms, *Karl Kraus*, 1986, p. 356.

†23 Field, *The Last Days of Mankind*, p. 124.

†24 Timms, *Karl Kraus*, 1986, p. 363; Timms, *Karl Kraus*, 2005, pp. 486–487.

†25 Schick, *Karl Kraus*, S. 90.

†26 Merkel, *Strafrecht und Satire*, S. 229.

†27 ラマシュならびに保守反戦グループに関しては以下の研究を参照した。Morgenbrod, *Wiener Großbürgertum im Ersten Weltkrieg*; Benedikt, *Die Friedensaktion der Meinlgruppe*; Günther Ramhardter, *Geschichtswissenschaft und Patriotismus. Österreichische Historiker im Weltkrieg 1914–1918*, Wien, 1973, S. 62–72.

†28 *Arbeiter Zeitung*, 5. Dezember 1918, S. 2. 新聞掲載時のもともとのタイトルは「戦争防止のための国際的協定」である。

†29 Timms, *Karl Kraus*, 1986, p. 297.

†30 これは一九一七年に書かれた「恒久平和の可能性について」(ES: 105–116）の一節である。

†31 George Herron, Heinrich Lammasch's Suggestion for Peace in Bern 1918, in: *Heinrich Lammasch*. S. 188.

†32 Benedikt, *Die Friedensaktion der Meinlgruppe*, S. 246.

†33 *Neue Freie Presse*, 2. März 1918, S. 5; *Arbeiter Zeitung*, 2. März 1918, S. 3.

†34 Heinrich Friedjung, Gegner des deutschen Bündnisses in Österreich, in: *Vossische Zeitung*, 8. März, 1918; Heinrich Friedjung, Die Gegner des Bündnisses mit Deutschland, in: *Neue Freie Presse*, 17. März, 1918.

†35 このときのクラウスのフリートユンク批判は、Prozess Friedjung（F293: 1–20, 1910）である。またこの件に関しては、Timms, *Karl Kraus*, 1986, chap. 8; Timms,

Karl Kraus and the Transformation of the Public Sphere in Early Twentieth-Century Vienna, pp. 179–180を参照のこと。

†36 Kraus, *Schriften*. Band 10, S. 91–94(『人類最後の日々』上、五二―五五頁)。

†37 *Arbeiter Zeitung*, 30. März 1918, S. 7.

†38 なおクラウスの戦争批判に対しては、オーストリアの当局だけではなく、ドイツ帝国も目を光らせていたようで、クラウスの戦争批判的態度を報告した――しかもカール・シュミットの手によるといわれる――書類が残されている（Carl Schmitt, *Die Militärzeit 1915 bis 1919*, S. 279–280, 552)。

†39 一九一八年三月三一日付のラマシュによるクラウス宛書簡。Merkel, *Strafrecht und Satire*, S. 221.

†40 Kraus, *Schriften*. Band 10, S. 557（『人類最後の日々』下、一三八頁）。

†41 Morgenbrod, *Wiener Großbürgertum im Ersten Weltkrieg*, S. 75.

†42 Kraus, *Schriften*. Band 10. S. 192（『人類最後の日々』上、一五六頁）。

†43 Zweig, *Die Welt von Gestern*, S. 269（『昨日の世界』、三八八頁）。

†44 Zweig, *Die Welt von Gestern*, S. 268（同前、三八六―三八七頁）。

†45 Stephan Verosta, Joseph Schumpeter gegen das Zollbündnis der Donaumonarchie mit Deutschland und gegen die Anschlußpolitik Otto Bauers, in: *Festschrift für Christian Broda*, Michael Neider（Hg.）, Wien, 1976, S. 384–385.

†46 Herron, Heinrich Lammasch's Suggestion for Peace in Bern 1918, S. 189.

†47 ナウマンによる「ドイツ・ナショナル」な中欧論については、以下の研究を参照のこと。深井智朗『一九世紀のドイツプロテスタンティズム――ヴィルヘルム帝政期における神学の社会的機能についての研究』（教文館、二〇〇九年、第五章）、板橋拓己『中欧の模索――ドイツ・ナショナリズムの一系譜』（創文社、二〇一〇年、第三章）、深井智朗「なぜ神学者ナウマンが『中欧』を書いたのか――神学的でも社会主義的でもないが、〈ドイツ・ルター派的〉な政策」（『思想』、第一〇五六号、二〇一二年四月、一九五―二一四頁）。

†48 Ramhardter, *Geschichtswissenschaft und Patriotismus*, S. 69.

†49 Heinrich Lammasch, Unsere Friedensziele, in: Benedikt, *Die Friedensaktion der Meinlgruppe 1917/1918*, S. 65–69.

†50　クラウスのヴィルヘルム二世批判に関しては、Monika Glettler, Karl Kraus zwischen Prussophilie und Prussophobie. Bismarck und Wilhelm II in der „Fackel"（in: *Österreich in Geschichte und Literatur*, XXIII, Nr. 3, 1979, S. 148–166）を参照のこと。

†51　ここでクラウスが引用しているのは『永遠平和のために』の以下の一節である（宇都宮芳明訳、岩波文庫、一九八五年、四五―四六頁）。

「戦争が終わり、平和条約の締結に際して、感謝祭に続いて懺悔の日が定められても、これは一民族にとってふさわしくない行事とはいえないであろう。ここでは天に対して国家の名で大きな罪過の許しが乞われるが、この大きな罪過は、人類が依然としてその責めを負っている罪過であり、他民族との関係においていかなる法的体制にもしたがおうとせず、自民族の自主独立を誇って、戦争という野蛮な方法（けれども戦争によっては、求められているもの、すなわちそれぞれの国家の正義は、決して裁定されるものではない）を好んで用いようとする罪過なのである。――戦争がつづいているのに、勝ち取った勝利を祝う感謝祭を行ったり、（多分にヘブライ的な）万軍の主に対する讃美の歌を歌ったりすることは、人間の父という道徳的理念とはいちじるしく相反する事柄であって、それというのも、これらの行事は、戦争という諸民族が相互に正義を求め合う仕方（これはまことに悲しむべきものであるが）に対する無関心をよぶばかりか、実に多くの人間や、かれらの幸福を滅ぼしたことに、喜びをもたらしさえするからである」。

†52　Kraus, *Schriften*. Band 10, S. 533–534（『人類最後の日々』下、一一二―一一三頁）。

†53　Kraus, *Schriften*. Band 10, S. 200（『人類最後の日々』上、一六四頁）。

†54　Kraus, *Schriften*. Band 10, S. 564–575（『人類最後の日々』下、一四四―一五四頁）。

†55　フリッツ・フィッシャー『世界強国への道――ドイツの挑戦　一九一四―一九一八』、第二巻、村瀬興雄監訳、岩波書店、一九八三年、三一六頁。

†56　ラマシュのこうした国際的上位機関に関する考えを簡潔にまとめたものとして、Bert Riehle, *Eine neue Ordnung der Welt. Föderative Friedenstheorien im deutschsprachigen Raum zwischen 1892 und 1932*（Göttingen, 2007, S. 77–80）を参照のこと。

†57　Heinrich Lammasch, *Woodrow Wilsons Friedensplan*, Leipzig, 1919. レートリヒの回想によれば、ラマシュは学生時代のレートリヒにウィルソンの著作を読むよう勧めていたようであり、ラマシュのウィルソンへの関心が第一次大戦をはるかにさかのぼるものであることがわか

る（Scott, Heinrich Lammasch, p. 612)。

†58　Ramhardter, *Geschichtswissenschaft und Patriotismus*, S. 68.

†59　一九一七年二月二五日付のラマシュによるマインル宛書簡。Benedikt, *Die Friedensaktion der Meinlgruppe 1917/1918*, S. 69.

†60　古典的な邦語研究として、矢田俊隆「オーストリア社会民主党と民族問題」（『ハプスブルク帝国史研究——中欧多民族国家の解体過程』、岩波書店、一九七七年、二九一—三四七頁）を参照。また民族問題に関するレンナー、バウアーの大著には邦訳がある。カール・レンナー『諸民族の自決権——特にオーストリアへの適用』、大田仁樹訳、御茶の水書房、二〇〇七年。オットー・バウアー『民族問題と社会民主主義』、丸山敬一・倉田稔・相田慎一・上条勇・大田仁樹訳、御茶の水書房、二〇〇一年。

†61　Kraus, *Schriften*. Band 8, S. 171.

†62　Kraus, *Schriften*. Band 8, S. 59（『アフォリズム』、一四二頁）.

†63　スティーブン・ベラーの研究によると、クラウスのように「精神の世界」に住むユダヤ人にとって、そもそもユダヤ性とは何かという問題は何の意味も持たなかった。クラウスに見出せるのは人種や民族といった集団的アイデンティティを拒絶する突きつめられた個人主義である（Beller, *Vienna and the Jews*, p. 211［『世紀末ウィーンのユダヤ人』、二四三—二四四頁］）。

†64　クラウスはエッセイ「あいつもユダヤ野郎じゃないか」（F386: 1–8, 1913）の中で、自分が通常ユダヤ的と呼ばれるような特性を何一つ帯びていないことを強調し、「そもそもユダヤ性とは何を意味するのか、例えばエルゼ・ラスカ＝シューラーやペーター・アルテンベルクの作品［両者は共にユダヤ系の詩人］を高く評価すれば、それはユダヤ的な感じ方を意味するのか」と、読者に問いかけている（Kraus, *Schriften*. Band 4, S. 327–334［『黒魔術による世界の没落』、二四二—二五五頁］）。

†65　「オーストリア・ネーション」の担い手としての同化ユダヤ人という問題に関しては、多くの論者が指摘している。例えばカール・E・ショースキーは「彼ら［ユダヤ系市民］は多民族国家における、超民族的人民、要するに昔の貴族の後釜に座った唯一の人間となった。彼らの運命は、自由主義的なコスモポリタン国家のそれと盛衰を共にした」と述べる（Schorske, *Fin-de-siecle Vienna*, p. 129［『世紀末ウィーン』、一六六頁］）。またヒルデ・シュピールも「ユダヤ系市民こそ帝国の最も忠誠な市民だった」と主張する（Spiel, *Vienna's Golden Autumn*, p. 42［『ウィーン——黄金の秋』、五九頁］）。

†66　Henry Cord Meyer, *Mitteleuropa. In German Thought and Action 1815–1945*, Hague, 1955, p. 210.

†67　ヒルファディング、カウツキーら社会主義者による、大ドイツ主義的・ナウマン的中欧論への反論については、河野裕康「ヒルファディングと中欧構想」(『社会思想史研究』、第一一号、一九八七年、一七七―一九三頁)を参照のこと。ただし当然のことながら社会主義者の反論は、経済的分析や反帝国主義に基づくもので、「オーストリア的中欧」理念に基づくものではない。

†68　この点についてはフィールドも次のように指摘している。「諷刺家［クラウス］が第一次大戦への反対に関し最も敬意を払ったのは、社会民主主義者ではなく、カトリックで保守的な人物［ラマシュ］であった」(Field, *The Last Days of Mankind*, p. 123)。

第5章 ナチズムとオーストロ・ファシズム
——カール・クラウスと二つのファシズム

一　はじめに——ドルフス支持表明の衝撃

一九三三年一月にドイツでアドルフ・ヒトラーと国民社会主義ドイツ労働者党（ナチス）が政権を握り、同年三月にオーストリアで首相のエンゲルベルト・ドルフスが議会を閉鎖しオーストロ・ファシズム体制を確立した後、両国の反体制知識人の間で最も関心が持たれていたことの一つは、カール・クラウスがこの事態に対しどう発言するかということであった。

『人類最後の日々』の著者であり、ロマン・ロランやバートランド・ラッセルらと共に一九三二年八月にアムステルダムで開かれた国際反戦会議に名を連ねた「反戦平和主義者」クラウス[†1]、そして第一次世界大戦後オーストリアの共和国体制を支持し、右派政権による政府の労働者弾圧に抗議を続けた「社会民主主義者」クラウス、この人物に読者が期待したことは、当然ながらヒトラーならびにドルフスに対する痛烈な批判であったろう。

しかし長い沈黙の後、一九三四年七月に刊行された『ファッケル』に掲載された三〇〇頁を超える長大な論文「なぜ『ファッケル』は刊行されないか」(F890–905: 1–315, 1934) の内容は、ナチズムに対する批判であると同時に、ドルフスのオーストロ・ファシズム政権に対する支持表明であった。クラウスは「ドイツ」のファシズムには「否」をつきつけたが、「オーストリア」のファシズムは「諾」としたのである。ウィーンから遠く離れたエルサレムの地で同論文を読んだゲルショム・ショーレムは、パリにいる友人ヴァルター・ベンヤミンに、その内容が「センセーショナル」だと早くも翌八月一四日に書き送り、同時に同論文へのベンヤミンの意見も求めている。[†2]

まず本論に入る前に、当時のオーストリアの政治状況とクラウスの対応について簡単に見ておこう。一九三三年三月に権威主義体制を開始したオーストリア首相ドルフスは、最大野党であるオーストリア社会民主党への弾圧を強め、議会から排除すると同時に社民党の武装組織である共和国防衛同盟に解散命令を出し、メーデーの行進も禁じた。以上のような弾圧に対し社民党の一部は一九三四年二月に蜂起するも政府に鎮圧され、同党は非合法化されることになる。このようにマルクス主義陣営に弾圧を加える一方で、ドルフスはオーストリアのドイツへの合邦をもくろむヒトラーとオーストリア・ナチスに対する抵抗も強めた。一九三三年五月に訪墺してきたバイエルン法相でナチ党員のハンス・フランクを国外退去させると同時に、翌六月にはオーストリア国内でのテロ攻勢を強めるナチスを禁止し、党員の逮捕ならびに国外退去処分を行った。また自らが所属していた与党キリスト教社会党をも解党させ「祖国戦線」を設立し、一九三四年五月には新憲法を制定し、反マルクス主義と同時に反ナチズムを奉じ、独立したオーストリアの存在意義を主張するいわゆる「オーストロ・ファシズム」政権を確立させた。

クラウスはこの間『ファッケル』を二冊 (F888, 1933; F889, 1934) 発表しているが、いずれも友人の建築家アドルフ・ロースへの弔事と自作の詩、ならびに自らへの批判記事に対する諷刺を掲載しているのみで、知識人の間ではクラウスの二つのファシズムに対する「沈黙」が大きな話題となっていた。一方彼は密かに、ゲーテの『ファウスト』にも出てくる魔女の狂宴の夜をモティーフにして、『第三のワルプルギスの夜』と題した長大なナチズム批判とドルフス支持を表明した著作を、一九三三年の三月から九月にかけて執筆していた。しかし同書の痛烈なナチズム批判が、自らの生命の危険と同時にドイツ国内でのユダヤ人の迫害を誘発するのではないかとの不安から刊行をとりやめた[†3]（同書の原稿は彼の弁護士オスカー・ザメクにより国外に持ち出され、第二次大戦後ようやく日の目を見ることになる）。そして同書をもとにした論文を一九三四年七月末に発表した。それが先述の「なぜ『ファッケル』は刊行されないか」である。その中でクラウスは「私はすべて可、ヒトラーだけは不可、ということだけしか考えていない」（F890-905: 185）[†4]といい切ってナチスを批判すると同時に、ドルフスの政策を擁護した。だが同論文を掲載した『ファッケル』が刊行されたのは、奇しくも彼がナチズムに対する闘士として熱烈な支持を表明したドルフスが、オーストリア・ナチスの蜂起により殺害された直後のことであった。

『第三のワルプルギスの夜』と「なぜ『ファッケル』は刊行されないか」はいずれもきわめて長大なもので、未発表に終わった前者と発表するために書きなおされた後者の間にはいくつもの異同があるものの、主たるテーマがナチズム論とオーストロ・ファシズム論であることに変わりはない。彼の批判は、第一にナチス・ドイツに向けられ、ヒトラーやヨゼフ・ゲッベルスといったナチス首脳部と、ナチスに迎合する知識人たちが俎上に載せられる。加えてクラウスは、各地のメディアが日々報じるナチスの残虐行為をこと細かに記録している。そして次に、彼の批判はオーストリア国内に向けられ、ドルフスとの対決姿勢を強める社民党とオットー・バウアーら党首脳部を俎上に載せる。ナチス・ドイツによるオーストリア合邦という危機が迫る中で、ドルフスを「ファシスト」と罵り、総選挙を求める社民党の戦術をクラウスは批判した。その上で、この時代の危機の救世主として、ドルフスとオーストロ・ファシズム政権を称賛したのである。もちろんクラウスの個々の論点は彼独自の緻密な言説分析に基づき、決して単純なものではない。だが「政治」史的観点から要約すれば、両書の内容はおおよそ以上のようにまとめることができるのである。

クラウスとファシズムをめぐる研究は欧米には数多く存在するものの、日本では池内紀によるクラウス伝の一章と『第三のワルプルギスの夜』の訳注ならびに訳者解説のほかには、この問題に言及したいくつかの論文が存在するだけである。[†5] 本章では書簡・回想といった様々な一次資料や欧米の先行研究に依拠しながら、『第三のワルプルギスの夜』や「なぜ『ファッケル』が刊行されないか」が書かれた文脈を明らかにしていく。

二 カール・クラウスのナチズム批判

(一) 第一次世界大戦批判からナチズム批判へ

まずクラウスのナチズム批判の言説分析から始めよう。クラウスにとってナチズムとはそれまで彼が批判し続けてきた「時代の悪」の集大成のような存在であった。それゆえ彼のナチズム批判には、これまで論じてきた戦前のウィーン市民社会批判、第一次大戦批判から一貫した手法がとられているのを見てとることができる。[†6] ここではまず、第一次大戦批判に代表されるクラウスの時代批判とナチズムに対する批判を「連続性」の観点から捉えることで、ナチズムという個別現象に限定されることのない、クラウスが問題にし続けた「時代の悪」が何であったのかを示したいと思う。

クラウスの時代批判は、つねに批判対象の語る「言葉」に着目して行われてきた。「言葉」を基準に時代批判を行う彼が、一九世紀末より一貫して最大の敵と考えたのは、日増しに影響力を伸ばしているメディアであった。イデオロギー的な虚偽の言葉を大衆に向けて拡散することで現実の行為を誘発するメディアを、クラウスは時代の悪の大本と見ていた。それゆえ一九一四年には、「世界大戦とはメディアの影響力の一つを意味するに過ぎない」（F404: 10, 1914）と考えたし、同じように一九三四年には「ナチズムがメディアを滅ぼしたのではなく、むしろメディアがナチズムを生み出した」（F890–905: 141）[†7] と主張している。彼にとって戦争の勃発もナチズムの興隆もメディアの責任だったのである。しかしナチズムの最大の問題とは、これまでクラウスが権力との癒着を批判してきたメディアが、ついに権力そのものになったことにあった。なりそこないのジャーナリストであったゲッベルスを宣伝大臣に置き、新聞、ラジオや映画などのマスコミを用いて宣伝工作を行うナチスという政体は、第一次大戦以来の「インクとテクノロジーと死の三者同盟」（F890–905: 142）[†8] の完成形態だったのである。

まずクラウスのナチズム批判を、イデオロギー批判の面から見ていこう。イデオロギー批判という面でクラウスが最も問題としたのは、彼自身の造語でいうところの「テクノロマン主義」であった。第一次大戦中に考え出されたこの概念でクラウスが批判しようと試みたのは、超近代的テクノロジーと中世的な紋章の「同時性」である（F474–483: 41, 1918）。Uボートや毒ガスといったテクノロジー兵器に支えられて資本家の利害のために行われる帝国主義戦争を、「英雄」や「名誉」といった中世騎士道の概念で装飾し喧伝することを、第一次大戦中クラウスは強く批判した。一方、最先端のメディアであるラジオを用いて民族神話を讃え、反対派の焚書を行うナチスに対しても、彼は「電気テクノロジーと神話、原子破壊と薪の山の同時性」を指摘している（F890–905: 164）[†9]。ロマンティックなイデオロギーを使って美化された支配を、最先端のテクノロジーを使って強化するナチスの戦術をクラウスは見抜いていた。この意味で「鋼鉄のロマン主義[†10]」を語るゲッベルスこそ、まさにナチスの宣伝大臣にふさわしい人間であった[†11]。

また同様の観点から、第一次大戦を支援した学者たち、叙情的文句で「装飾」した詩人たちをクラウスは強く批判したが、ナチズム批判においても、ナチスを直接的に支持あるいは間接的に受け入れた知識人を厳しく追及している。『第三のワルプルギスの夜』においては、マルティン・ハイデガーやゴットフリート・ベンからヴィルヘルム・フルトヴェングラー、ゲルハルト・ハウプトマンに至る数多くの第三帝国の知識人が批判の俎上に載せられている。中でも公的にナチスへの支持を表明したハイデガーとベンに向けるクラウスの眼は厳しい。

ハイデガーは一九三三年五月二七日にフライブルク大学で、ナチスを支持する学長就任演説「ドイツ的大学の自己主張[†12]」を行い、全文が同年七月一四日の『ドイチェ・アルゲマイネ・ツァイトゥング』に掲載された。クラウスはこのハイデガーの演説から「[民族の精神世界とは]現存在の最も内的な興奮、最も広範な震撼の力としての、民族の血と大地の諸力を最も深く維持する力なのである」という一文を引用し、なぜ民族が血と大地の力によって興奮し震撼させられねばならないのか、それがどのようにして成功するかというのは、もはや学問上の証明の問題ではなく「信仰」の問題であると批判を加える。そして医学上「血と大地」が結びつくと破傷風の危険性が生じる[†13]のと同様に、哲学においてこの結びつきは精神の病の危険性を生じさせるものだと諷刺している。この「血と大地」というスローガンはナチスが繰り返し用いたものであったが、クラウスはこの語の諸外国での一年分の使用量がドイツでは一日の使用量に値し、まるで血と大地はドイツにしかないかのようだと皮肉っている[†14]。きわめて難解な哲学的ジャーゴンを用いながら、ナチスのスローガンを支持し、学生に勤労奉仕や国防奉仕を説くハイデガーをクラウスは「深遠な暴力の代言人」、「ドイツ哲学をヒトラー思想への予備校として手なおしする者」と断ずるのである[15]。

このハイデガー以上に頁を割いてクラウスが批判を加えたのがベンだった。クラウスはベンの論文「亡命文学者に答える[16]」（同論文はベンのナチス政権への支持に対し、クラウス・マンが公開書簡の形で行った批判への応答として書かれた）に対して批判を行っている。これは一九三三年五月二四日にラジオ講演という形で放送され、翌日『ドイチェ・アルゲマイネ・ツァイトゥング』に掲載されたものである。同講演の中でベンは、マンのように亡命した人間とは、ナチス政権成立以後の「体験」を分かち合うことはできないと主張する。そしてナチス政権の確立とは「新しい人間のタイプ」、「新しい生物学的タイプ」の誕生を意味するのであり、たとえマンがこうした事態を非合理と批判しても、非合理こそ創造に近く創造力があるものなのだとナチスの弁護を行う。

こうしたベンの主張に対してもクラウスは舌鋒鋭く反論した。すなわち、「もしベンのいうようにマンのような人物がドイツにとどまっていたら、彼らが〈体験〉したであろうことは強制収容所への連行であったに違いない。そしてそのように無実の人々を連行し、暴力を振るうことをためらわない人間が登場したことは確かに〈新しい生物学的タイプ〉の誕生である」、と。クラウスからすれば、これは単なる「人殺しのイデオロギー」に過ぎない[17]。ここでもベンの非合理主義、ナチス体制の野蛮性の看過、そして「英雄神話と疑似科学的ジャーゴンの結合」が批判されているのである[18]。

確かにクラウスは、ハイデガー哲学やベンの詩の内在的な分析評価を行っているわけではない。クラウスが指摘しているのは、そういった彼らの思索と詩作それ自体への判断は留保するにしても、なぜ彼らがそれをナチスのような野蛮な体制と直接に結びつけてしまうのかという当然の疑問なのである（彼にとってドイツはもはや詩人と哲学者の国ではなく、裁判官と死刑執行人の国であった[19]）。そしてその批判は、政治的暴力を言葉で装飾することへのクラウス年来の嫌悪感に基づいたものであった。

またマスコミの「言葉」による「行為」の誘発という問題に関しても、クラウスは第一次大戦開戦当初からメディアを「刺激物」（F404: 11）と捉え、報道によって煽られることで戦争への熱狂や排外主義が生まれたと考えていた。すなわちメディアが語る言葉によって、それまで存在しなかった熱狂や憎しみが創出され、それを受け止めた大衆が行為に及ぶこと（例えば前線への志願や外国人の迫害）をクラウスは問題視していたのである。反ユダヤ主義やナショナリズムを煽ることで支持を拡大するナチスにも、クラウスは当然ながら同じ現象を見ていた。

第一次大戦後のドイツ、オーストリアでこの例にあてはまることの一つが「匕首伝説」であろう。これは同盟国側が第一次大戦で敗れたのは前線での戦いの結果ではなく、背後からの裏切りのせいであるという、戦後右派によって流布された伝説である。クラウスの表現を借りれば、この伝説によって「戦争責任は、戦争を始めた者たちによって否定され――戦争のせいで生じたものは、講和を結んだせいだとされた」し、「罪は宣戦布告をした者たちから講和の署名者に押しつけられた」[†20]。現に休戦協定に署名したドイツ中央党の政治家マティアス・エルツベルガーは、一九二一年に右翼に暗殺されてしまう。

また、こうした実体なきものの実体化の典型的な例としてクラウスが問題にし続けたのが、ナショナリズムや人種主義である。かつて多民族国家ハプスブルク帝国の臣民であり、個々のナショナリズムを超えた「オーストリア人」意識を持っていたクラウスにとって、ネーションや人種によって本質主義的に人間の優劣を決めるということは、実体を欠いた妄想にほかならなかった。クラウスはナチスの人種主義に対し、「せいぜいのところ［人種という］妄想にとらわれ、創造に逆らう態度に至るまで混乱している連中に対して、そうした〈人種〉の劣等性を認めている」というのが自らの立場であると諷刺的に批判を加えている[†21]。

クラウスは第一次大戦時のドイツ・ナショナル派に対しても、またナチスに対しても、彼らの持つドイツ・ネーションやアーリア人種としての選民意識がむしろ「ヨシュア的」であると、旧約聖書のユダヤ人の選民意識との類似性を指摘している[†22]。この意味でクラウスはユダヤ・ナショナリズムであるシオニズムにも終始批判的だった[†23]。ネーション、人種の実体化とそれに基づく差別という問題は、第一次大戦以前にまでさかのぼることができるような、クラウスの批判対象であった。

このようにクラウスのナチズム批判の手法の多くは、彼が従来行ってきた批判を踏襲するものであった。しかしクラウスはナチズムに対して、これまでのようにメディアや知識人の語る言葉の虚偽性の暴露、さらには彼自身の批判で対抗することが不可能な、より邪悪なもの、ナチズムの悪の前代未聞さを認めていた（このもはや言葉で太刀打ちすることが不可能であるという無力感が、クラウスのドルフス支持の一因になったと考えられる[†24]）。次に見るように、それはナチスの生み出す言葉のあからさまな虚偽性と、その言葉によって誘発される行為の残虐性であった。

（二）　ナチズムの前代未聞さ

一九三三年一月にヒトラー政権が誕生した後、クラウスは二冊の『ファッケル』を刊行したが、いずれもドイツやオーストリアの政治には直接の言及のないものであった。しかし一九三三年一〇月に発行された『ファッケル』八八八号には次の一〇行詩が掲載されていた（F888: 4）[†25]。

問うなかれ、このときにあたり私が何をなしたかと。
私は沈黙をまもる、

そして　そのわけを語らない。
静寂があるのは、地球がすさまじい音を立てて砕けたからだ。
この有様にかなう言葉はなかった、
われわれはただ眠りのうちから語るばかり。
そして　かつて輝いた太陽を夢見る。
ことは過ぎ去り、
後になれば同じことだった。
あの世界が目覚めたとき、言葉は眠りについた。

最後の詩行にある「あの世界が目覚めたとき」とは、いうまでもなくナチス政権の成立のことである。クラウスはこの詩を発表することで、ナチズムという悪に対する言葉の無力さと自らの沈黙のわけを暗に語っていたのである。[†26]

クラウスはナチスにおける「言葉」と「行為」の関係を次のようなものとして見ていた。すなわち、ナチス幹部の侵略的、好戦的な演説の「言葉」を批判すると、それに対しては「行為」によってナチスを評価せよと反駁され、一方ナチス党員の暴力的「行為」を批判すると、そうした末端の行為ではなくヒトラーの平和演説の「言葉」を参照せよといい返される。そして両者の矛盾を指摘すれば、革命に際しそうした付随現象にとらわれてはならないと諭される。[†27] こうした事態を前に、クラウスは絶望して次のように語る。「周囲にあるものといえば、ただ混迷と、いかなる理念も持たぬあの理念の、たぶらかしの魔術による呪縛だけだ」（F890–905: 164）。[†28]

それゆえクラウスは、様々な演説や新聞報道などを即物的に併記することで、「ナチスがいったり書いたりしていることと、彼らが実際行っていることの間にある架橋不能な深淵」を示そうとした[†29]。ヒトラーやヘルマン・ゲーリングらの演説と同時に、報道される様々な暴力沙汰に関する新聞記事を引用することで、彼らの矛盾を浮き彫りにしようと試みていたのである。しかしクラウスからすれば、このような状況下で「言葉」を用いてナチスを論評したり、批判したりすることはもはや無意味なことであった。なぜならナチスが平和的な演説を行ったとしても、彼らはそもそもそれを行為に移そうという意志がないのであり、一方で暴力を肯定する演説を行ったとしたら、それは国家に公認された暴力行為を誘発するだけだったからである。

クラウスがナチスに言葉で対抗することの無力を悟ったのは、この国家によるむきだしの暴力行使を目の当たりにしたからであった。『第三のワルプルギスの夜』の中では、ナチスによるユダヤ人や反体制派への暴力行為が、いかに正当化され賛美されているかということが、各国の新聞記事を引用しながら数多く記録されている。また同書においてクラウスは早くも一九三三年の段階で、「強制収容所」の問題を集中的に扱っている[†30]。クラウスの眼には、自らの著作のタイトルのもとになったゲーテの『ファウスト』におけるピレーモーンとバウキスの運命が、眼前のドイツで日々現実化しているように映ったのである[†31]。

ナチスの支配下では、ナチスに「内なる敵」と認定された人々は法的権利を剝奪されて暴力にさらされ、この超法規的な暴力を振るう連中が英雄と称される。そして被害者の傷口に文字通り塩が塗りこまれ、かろうじてそこから逃げ出しても片目を失ってしまうような状況下では[†32]、もはやドイツ語において比喩的な慣用表現は不可能であるとクラウスは諷刺的に主張する（F890–905: 94–97）[†33]。もともと存在した野蛮な行為が、比喩として洗練され残ってきたのが慣用句であるとするならば、慣用句通りの蛮行がなされるナチス政権下のドイツにあっては、比喩はもはや慣用句としての意味をなさない。

こうした個々の暴力行為の肯定に加え、国会議事堂放火事件のように「事件を裁判にかけるのがその犯人であるという、世界史においても犯罪史においてもいまだかつてなかったような厄介な事件」までもが発生する。[†34] このあからさまな「言葉」と「行為」の矛盾を前に、クラウスは「言葉」による批判の不可能性を感じていたのである。この絶望状況でクラウスは次のように主張する。

暴力は論争の対象ではなく、狂気は諷刺の主題ではない (F890–905: 26)。

その結果クラウスはナチスをもはや「言論」で倒す相手ではなく、「力」で打ち倒すべき対象と見るようになっていった。先ほど言及したベンのエッセイ「亡命文学者に答える」の中で、ベンが亡命知識人をフランス軍の味方をする者と批判しているのに対しても、クラウスはダッハウを抱えた祖国よりもフランス軍のほうがどれだけ安全だろうかと反論しているし、[†35] 他の箇所でもヨーロッパ警察の介入をクラウスは求めている。[†36] そうした危機感を抱いたクラウスが、オーストリアの政治家の中でナチスへの対抗軸として期待した人物こそドルフスであった。次節ではクラウスがドルフスと彼のオーストロ・ファシズム政権を支持するに至った過程をより詳細に見ていくと共に、その問題点も指摘したい。

三　カール・クラウスとオーストロ・ファシズム

(一)　クラウスのドルフス論

クラウスのドルフス支持の理由を探るには、クラウスが自身を含めたユダヤ人とナチスに敵対する人々の生命の安全を非常に強く危惧していたことを考慮に入れなければならない。『第三のワルプルギスの夜』ならびに「なぜ『ファッケル』は刊行されないか」では、ナチス政権下での生命の危機と、それに対する庇護者としてのドルフスという側面が強調されている。例えば、ナチスへの批判には生命の危機という言葉が、それに対してドルフスへの賛辞には救済者、生の救済という言葉が、使われている。

クラウスがここまでナチスに脅威を感じていた理由は、ユダヤ人であった彼が強迫観念的にナチスを恐れていたというよりも、実害が彼に迫っていたからにほかならない。クラウスはそれまで何度も自身の講演や作品の上演がナチスに妨害された経験があったがそれだけでなく、かつての友人エーリッヒ・ミューザムが逮捕、虐殺され[37]、クラウスにノーベル平和賞の授与を主張していたテオドール・レッシング（F751–756: 86, 1927）も亡命先のチェコで暗殺されるなど[38]、周囲の人物にまでナチスの魔の手は伸びていた。またウィーンで起きたオーストリア・ナチスによるユダヤ人商店主の殺害事件も『第三のワルプルギスの夜』の中に記録されている[39]。このような危機的状況下で、クラウスはナチスに断固たる処置を取っているように思えたドルフスへの支持を明確にしていくのである。

クラウスが特に賞賛したのは、ナチ党員でバイエルン法相のハンス・フランクのオーストリア入国を拒否した、一九三三年五月のドルフスの処置である（フランクはナチ系の法学者で、一九三四年に『ドイツ法曹新聞』の編集長をカール・シュミットに委ねた人物でもある[40]）。クラウスはこの出来事をとりあげた際、フランクが降り立った飛行場の所在地であると同時に、ハプスブルク帝国軍が初めてナポレオンを打ち破った地でもある「アスペルン」という地名を強調することで、その愛国的意義を強調している（F890–905: 14, 181）[41]。

ドルフスはこの翌月にはオーストリア・ナチス自体を禁止するが、一九三三年六月という比較的早い段階でのナチスに対するこの厳しい態度は、クラウスのみならず多くのユダヤ系市民に支持された。作曲家のエ

エンゲルベルト・ドルフス

ルンスト・クレネク[42]や哲学者ルートヴィヒ・ウィトゲンシュタインの兄にあたる片腕のピアニスト、パウル・ウィトゲンシュタインは熱心なドルフス体制の支持者であった[43]。また後にイギリスに亡命した作家ジョージ・クレアの回想の中では、もともと社民党支持者であった父親が、「前任の首相たちとは違って、ナチスを禁止するだけの勇気を持っていた」ドルフス支持に傾いていった様子が描かれている[44]。またクラウスほど積極的な形ではなかったものの、ジークムント・フロイトも、一九三四年二月二〇日付のエルンスト・フロイト宛の書簡の中で、「将来はわからない。オーストリアのファシズムか、さもなくばハーケンクロイツかだ。後者の場合にはわれわれは去らねばなるまい。オーストリアのファシズムなら、何とか甘受しよう」と述べ、あくまで「より小さな悪」としてではあるがナチスに対抗するためにドルフス体制を受け入れた[45]。

しかしクラウスのドルフス支持をヒトラーに反対しているという理由からのみ理解することは、その意味を表面的にしか見ないことになる。クラウスがドルフスのナチスに対する戦いをどのように見ていたのかは、次の文章から計り知ることができる。

私はドルフス氏が主要な点で明確な業績を挙げている点以外では、決して彼を過大評価したりはしない。しかし彼は今日祖国が直面している急務を一九一四年のそれと比較するとき、自身を過小評価している。あのとき祖国は目覚めるのではなくむしろ無気力のままでいてくれたほうがよかった。初等読本が賞賛する祖国の「聖なる防衛戦争」へと二〇年後になって初めて祖国は入っていくのだ。†46

第一次大戦を強く批判し続けたクラウスは、当然のことながらそれを「聖なる防衛戦争」と呼びはしない。クラウスは第一次大戦を肯定的に語るドルフスを一面では批判している。しかしその一方でヒトラーのドイツからオーストリアを守る「聖なる防衛戦争」を開始したという点で、クラウスはドルフスを非常に高く評価する。若きドルフス自身が従軍し戦った第一次大戦は決して「聖なる防衛戦争」などではなかったが、彼が現在首相として指導しているナチズムとの戦いこそまさに「聖なる防衛戦争」である、とクラウスはドルフスを擁護しているのである。

ここにはクラウスのオーストリア・パトリオティズムの発露が見られる。第4章で検討したように、クラウスは第一次大戦時にも、オーストリアへのドイツの影響力の拡大に反対し、単独講和を求めた保守派の政治家ハインリヒ・ラマシュを強く支持していた。当時のオーストリアでは、逆説的ながら、多民族帝国としてのハプスブルク帝国の枠組みの維持を主張する保守派が、むしろ積極的な反ドイツ＝プロイセン感情を示し単独講和を主張していたのである。ドルフスとラマシュは共に熱心なカトリック教徒であると同時に、ドイツとは異なるオーストリアの存在意義を説く「オーストリア理念」の主唱者であった。この意味で、第一次大戦時には反戦という形で発露されたクラウスのオーストリア・パトリオティズムが、一九三〇年代には反ナチスという形で再び前面に出てくるという、クラウスの政治姿勢に一貫する性格が垣間見えるのである。

（二）　クラウスの社会民主党批判

こうしたクラウスの政治姿勢が当時特に左派から強い非難を浴びたのは、クラウスがドルフス政権を支持したことに加えて、社民党をナチスとならべて厳しく批判したことに理由があった。もともと共和国誕生当初は蜜月関係にあったクラウスと社民党だったが、社民党がクラウスの反対するドイツとの合邦政策を主張し続けたこと、また一部の社民党指導者がクラウスへの批判を強めたこともあって、一九三〇年代には両者の関係は冷え切ったものとなっていた。その両者の関係を決定的に引き裂いたのが、『ファッケル』におけるクラウスの社民党批判であった。

このクラウスの批判は二つの方向に向けられている。一点目はナチス同様社民党の指導者の語る「言葉」のイデオロギー性への批判である。クラウスいわく、ナチスの言葉には「狂気」が、社民党のそれには「空疎さ」がある。[†47] もう一点はナチスの危機が迫っている時代にドルフス批判を強める社民党の政治的判断への批判が挙げられる。両方の点について具体的に見てみよう。

前者の「言葉の空疎さ」の問題に関していえば、クラウスは社民党の抱えていた構造的問題——「言葉」の上での革命主義、「行為」の上での改良主義の矛盾——をいい当てている。オーストリアの社民党は、ボルシェビズムとは一線を画した社会民主主義政党として、共和国時代を通じ議会主義デモクラシーの枠内で改良主義的に労働者の生活向上を図るという面では大きな実績を残してきた。しかしその一方で、一九二六年に採択されたリンツ綱領において暴力革命による権力奪取の可能性を——留保付きながらも——記載するなど、党内左派をつなぎとめる意味での革命的イデオロギーを捨て切れなかった。[†48] このことをクラウスは「火をつけるような煽動的演説をするその脇には、消防隊が待っている」社民党の連中と非難している。それを語る当の本人たちが実現する気もなければ、彼らの政策の実態に即してもいない革命的言辞をクラウスは空疎なイデオロギーと考えていた。社民党の主張する「闘争」(この闘争［Kampf］という言葉は社民党の月刊誌のタイトルでもある)とか「権力」とかいう言葉は、「机上の空論」、「活字の濫用」に過ぎない。[†49]この社民党が抱えていた過激なイデオロギー(言葉)と改良主義的実践(行為)の矛盾は多くのオーストリア政治史の研究者が指摘しているところで、例えばノルベルト・レーザーはこのことを指して、社民党は「羊の皮をかぶった狼」ならぬ「狼の皮をかぶった羊」であったとその性格を表現している。[†50]クラウスはナチスの血と大地の荒唐無稽な民族神話に「狂気」を、社民党の実現可能性のない革命イデオロギーに「空疎さ」を見ていたのである。

加えてクラウスが問題視したのは、社民党がこういった空疎なイデオロギー的言辞で、彼がナチスへの防壁と考えたドルフス政権を批判し続けていることだった。社民党は早くからドルフス政権に対し、議会の再開と総選挙を求めていたが、クラウスから見ればそうした社民党のドルフス批判は、むしろナチスの活動への「デモクラシーの防壁」を作り出しているように思えた。[†51]「そのおかげで生命を救ってもらっている政治的即物性」に「常套句を使って反抗する」社民党に対し、クラウスは「社会民主党の議会主義的情熱」は「尊敬に値する感情」ではなく「乱暴狼藉」に過ぎないと非常に厳しい批判を加えている(F890–905: 13–14)。

ナチスはドイツにおいて選挙を通じて勢力を拡大し、政権へと近づいたわけであるが、当時オーストリアでもドイツ同様選挙のたびにナチスの勢力が増していた。[†52]それゆえ総選挙を行えば、国会にナチス勢力が進出するであろうことは火を見るより明らかであった。そしてクラウスは、この反国家的勢力にデモクラシーの権利を手渡すことを矛盾であると考え、そのことを次のように表現している。

ヒトラーがわれわれのデモクラシーに何を企てていようとも、彼が容易にデモクラシーを傷つけるためには、

デモクラシーは無傷であり続けなければならない。[†53]

悪しき意図を持ったヒトラーとナチスが、デモクラシーを使ってオーストリアに進出してくることをなんとしても防がねばならないとクラウスは考えていた。しかし法を乗り越えて暴力を行使するナチスに対し、対抗手段として社民党が訴えていたのは「真正な、力強い、創造的デモクラシー」であった。[†54] それゆえ彼からすれば「バウアーの行う闘争とは、ヒトラー阻止のさなかでの、デモクラシーのための闘争」に過ぎず（F890–905: 187）[†55]、そうすることで逆にナチスを利しているようにしか見えなかったのである。[†56] クラウスは議会を閉鎖し、選挙を延期し、事実上デモクラシーを停止したドルフスの措置を次のように支持している。

私は議会主義がヴォータンの復活に際し無力であるということ、デモクラシーが血と大地の神話に直面して何の役にも立たないこと、ギャングどもの恩恵による選びを普通選挙権で防ぐことはできないということに関して、まったくドルフスに同意する（F890–905: 276–277）。

この時代のオーストリア政治にとって最大の悲劇は、ナチズムという危機に対し二大政党が反目を深めるだけで一致した対策を生み出せなかったことにあった。議会政治の行き詰まりに対し、ドルフスとキリスト教社会党は議会の停止と権威主義統治という処方箋を示し、クラウスはそれを支持したのである。

（三） 同時代人の反応

後世の視点から見れば、こうしたクラウスのドルフス支持と社民党批判には大いに批判の余地があるだろう。ヒトラーとナチスに対抗するためにドルフスとオーストロ・ファシズム政権に期待を寄せるということは、「毒をもって毒を制す」ことであり、ともすれば「毒を喰らわば皿まで」となりかねないような危険な賭けに思える。また一九三四年二月の蜂起に失敗し、バウアーやユリウス・ドイチュなど党幹部が亡命を余儀なくされ、ほぼ壊滅状態にあった社民党に対しクラウスの批判はあまりに厳しい。

現にこうした政治的立場をとることで、クラウスは彼の支持者の多くを失った。冒頭でも登場したベンヤミンはクラウスがドルフスを支持したということを『ファッケル』八九〇—九〇五号が自分の手元に届くまで信じなかった。[†57] そしてそれを手に入れた後も、ショーレムやヴェルナー・クラフトのような友人に対しこの件に関する直接的な論評は避け、「僕らはもうこの戦線で、この喪失と並べて一言なりと言及に値するような喪失を、味わうことはあるまい[†58]」とクラウスの「変節」をただ嘆くのみであった。

ベンヤミン同様クラウスのこの政治的態度にショックを受けたのが、後のノーベル賞作家エリアス・カネッティである。クラウスの講演会に欠かさず通うほどの信奉者で、一九二七年七月の警察当局による労働者弾圧事件[†59]に際し、警視総監ヨハネス・ショーバーの辞任要求キャンペーンを行ったクラウスを「さながらこの地球上の全正義がクラウスという名前の文字の中へ入り込んだかのように感じた[†60]」とまで絶賛しているカネッティにとって、クラウスのドルフス支持と社民党批判は裏切りのように思えた。彼は自らと同じく熱心な『ファッケル』の読者であった弟のゲオルクへの手紙の中で、次のように激しい言葉でクラウスを非難している。

僕は自分の目を信じることができない。多くの頁から僕には最も信じがたいことが告知されていた。（中略）僕はこんな怪物に影響を受けていたのかと思うと恥ずかしい。僕はあの七月一五日の後、彼がショーバーに対して行った闘争がかつて僕に与えたとてつもなく、決定的な影響を恥じている。僕は自分の戯曲への彼の影響の痕跡が怖いし、全作品と自分の中から彼を思い出させるものを除去したい。彼は非力な男だが、体罰を与えてやりたいくらいだ。[†61]

この書簡の中でカネッティはクラウスを「常套句の達人」と皮肉り、「精神のゲッベルス」、「知識人のヒトラー」とまで呼んでいる。[†62]彼の自伝によれば、この『ファッケル』が出版されてからクラウスが死去するまでの二年間、カネッティは一度も『ファッケル』のバックナンバーを開くことも講演会に参加することもなかったという。カネッティのサークルの中では「さながら彼［クラウス］が死んでいるかのように」言及されていた。[†63]左派の支持者にとって、クラウスはもはや過去の人、「終わった人」であった。アルフレート・プファビガンの研究では、一九三六年のクラウスの死に際し「死者が死んだ」と報じた亡命者の新聞があったことが紹介されている。[†64]

当然クラウスはこうした批判がなされていることをわかっていたし、また友人の中には彼に翻意を促す者もいた。しかし彼は自らの態度を変えることはなかった。蜂起した社民党をドルフス政権が徹底的に弾圧した直後の一九三四年三月に、プラハでクラウスに会ったハインリヒ・フィッシャーは、クラウスが次のように語ったと回想している。

私はたとえ多くの友人を失ったように君との友情を失うとしても、一つだけはっきりさせておかねばならない。オーストリアの社会主義者の政策は間違っているし破滅的だ。今やヒトラーはドアをたたいて中に入ろうとしている。それなのに彼らは同じ理念の古い世界の中に生きている。彼らはドイツで現実に何が起きているのか理解していないんだ。いつも同じ悲劇だ。人類の想像力は決定的な瞬間にたじろいでしまう。ヒトラーの強制収容所がどのようなものかということは、それを経験した者か、それを想像力のうちに経験できる芸術家だけが理解しうる。私に今残された唯一の観点は、ヒトラーはヒトラーであり、彼以上の悪はなく、彼と現実に戦っている者は誰でも私の同盟者であり、ドルフスもその一人だということだ。私を賛美する者は、私にシュターレンベルクやファイのようなオーストリアの反動の猟犬どもとも戦えという。しかしその猟犬はヒトラーに向かっていくよう訓練されているのだから、猟犬もまた私の友人だ（傍点引用者）[†65]。

クラウスにとっての選択肢は「ヒトラーのもとで死ぬか、ドルフスによって命を救われるか」（F890–905: 294）の二者択一であった[†66]。

こうしたクラウスの立場を支持するクラウス信奉者も中には存在した。当時ウィーン大学で教えていた政治哲学者のエリック・フェーゲリンは、クラウスとほぼ同様の視点からドルフス政権を支持し、社民党を批判している。フェーゲリンは、もともと社民党を支持していた自分がキリスト教社会党を支持するようになった理由を、キリスト教社会党政権がヨーロッパ文化の伝統を代表し、「著しく民主的で習慣に根ざしたオーストリア的伝統」に属していたからだと説明している。一方で、ドルフスをヒトラー同様のファシストと批判し議会の再開や総選挙を求める社民党に対しては、自身をクラウスに重ねあわせながら次のように回想している。

当時、私に最も強い印象を与えたのは社会民主党の指導者たちに代表されるイデオロギー主義者の愚かさであった。経済と社会の面での政治問題に関しては、私は彼らに同意していたとしても、切迫してきているヒトラー的黙示録に直面した際の、彼らの黙示録的な夢の愚かさはあまりのものであり耐えられなかった。当時の社会民主主義に対する私の態度はカール・クラウスの立場と同じといえる。この災難を生き延びたイデオロギー的知識人たちは、クラウスが彼らの愚かさに同情するにはあまりに知的だったことをまだ許していない。もちろん、彼らは私も許さない。[†67]

フェーゲリンの民主主義観では、ナチスやヒトラーの存在を許す民主主義社会はあまりに形式的で、実質的にもはや民主主義社会ではない。民主主義的手段を用いて権力を握り反民主的な政策を行おうとする「ラディカルなイデオロギー主義者」はそもそも民主的権利を持つ資格がない。ドイツと同じように、選挙という民主主義的手続きを通じてナチス勢力がオーストリア国内で拡大するのを防がねばならない、とフェーゲリンは考えていた。さらにナチスに加え、言葉の上ではプロレタリア独裁の可能性を訴える社民党も、フェーゲリンはラディカルなイデオロギー主義者として批判の対象にしたのである。[†68]

(四) クラウスのオーストリア政治論の問題点

以上のように、クラウスのドルフス支持と社民党批判に対しては、彼の信奉者の間でも正反対の評価がなされている。それは同時にドルフスとオーストロ・ファシズム政権を肯定的に評価するのか否定的に評価するのかという、それぞれの論者の政治的立場を反映したものとなっている。

しかしクラウスのドルフス評価には見逃すことのできない問題点があることも事実である。そこで次にこうしたクラウスの政治的態度に対し、二つの観点から批判的な検討を加えていきたい。一点目はクラウスが熱心に支持したドルフスの――反ヒトラーというだけでは正当化しえない――ファシズム的性格の問題、二点目はオーストロ・ファシズムを支持したクラウスの政治的態度に垣間見える、彼の形式的な政治的権利への意識の低さの問題である。

まず一点目から見ていこう。ベンヤミンやカネッティの戸惑いからも読みとれるように、クラウスがドルフスを支持するということはクラウスの左派系の読者からすれば信じがたいことだった。なぜならドルフスは、自らを「指導者」と名乗り、好んで制服を着て第一次大戦時の前線体験を語り、ムッソリーニに従順で、クラウスが一九二〇年代に批判し続けた保守派の政治家イグナッツ・ザイペルの後継を任じ、さらには反ユダヤ主義的な団体「ドイツ・ゲマインシャフト」に所属していた人物だったからである。

またドルフス政権の政策を見ても、それは議会の閉鎖、シュテンデ（職能身分）国家を原理とする「五月憲法」への憲法の改正（これは改正というよりも新憲法の制定といったほうが正しい）、政党の禁止、検閲の導入を含む様々な自由権の制限、議会を経ない政府意志の立法化など、きわめてファシズム的色彩の濃いものである。

こういった点から、プファビガンはドルフスこそ『人類最後の日々』の登場人物にふさわしいと批判を加えている[†69]。つまり、ドルフスはクラウスが『人類最後の日々』の中で戯画化したような人物に近く、むしろ恰好の諷刺対象であったはずだとプファビガンは考えているのである。プファビガンやヴェルナー・アンツェンベルガーのようなクラウスに批判的な研究者は、ヒトラー政権の成立とドルフス政権の成立はその「対抗」関係よりも、その「並行」関係から捉えるべき現象であったと主張している[†70]。

実際クラウスはヒトラーに対抗する「より小さな悪」という以上に、肯定的にドルフスを評価していた。クラウスのドルフスへの入れ込みは相当のものだったようで、彼はドルフスの写真を持ち歩き、彼の暗殺事件の翌日には国会に花輪を送り、未亡人に弔辞も送ったという[†71]。少なくともクラウスはドルフス個人に対するかなりの思い入れをもって支持していたことが、こうした周辺的なエピソードから伝わってくる。これと対照的なことであるが、クラウスはドルフスの後継者であるクルト・フォン・シュシュニクに対し、ドルフスに対するのと同様の熱心な支持を示してはいない。[†72] こういった点からも、彼のドルフス支持をオーストロ・ファシズムという体制全体への支持というよりも、ドルフスという指導者個人の「気概と精神」への支持と見ることもできないわけではない。[†73]

しかしドルフスをオーストリアの「救い主」と美化することで、クラウスも自らオーストロ・ファシズムのプロパガンダの一端を担ってしまったことは否定しようがない事実である。またいずれにせよ当時のクラウスの政治姿勢からは、保守勢力への「過度」な期待が読みとれる。クラウスは「なぜ『ファッケル』は刊行されないか」の中で、バウアーやルドルフ・ヒルファディングのような左派指導者よりも、イニッツァー枢機卿のようなカトリック教会勢力のほうがヒトラーへの防壁になると後者を評価している（F890–905: 181, 183）。[†74] だがクラウスのこの期待は見事に裏切られた。彼の死後のことではあるが、ヒトラーのウィーン入城の早くも翌日にこの聖職者はヒトラーへの面会を乞い、独墺合邦への教会の協力を約束したのである。[†75]

またクラウスのドルフス支持がヒトラーに対抗するための手段でありえたとしても、そこにはクラウスの政治思想上の問題が存在している。クラウスは、「確かにオーストリアにはドイツのような強制収容所は存在しないがしかし議会が存在していない」と、ドルフスを批判する『闘争』誌における社民党の批判に対し、そうしたことは「些細な欠陥（Schönheitsfehler）」[†76] に過ぎないと反論を行っている（F890–905: 188）。そして先述のように、クラウスは議会主義デモクラシーへの復帰や、憲法遵守を訴える社民党の言説を「常套句」と批判し、ナチスの興隆という非常事態を理由にドルフスの独裁的措置を正当化した。さらには最晩年になって、再び第一次大戦前のように、[†77] 自らの政治的立場は「フランス革命」の段階にすら至っていないと公言しさえする（F917–922: 107, 1936）[†78]。

危機の時代にあっては議会主義デモクラシーや立憲主義の形式に違反するなどは「些細な欠陥」とクラウスは捉えているわけだが、しかし政治的自由にとって最も大切なことはこうした形式的・制度的な原理原則のはずである。それゆえこれまでの研究においても、クラウスとオーストロ・ファシズム体制の「少なからぬ一致」、「親和性」が批判されてきた[†79]。危機の時代にあってクラウスが期待したのは、強力な指導者のもとでの権威主義体制であり、それは「人民による統治」という形式的民主主義による正統化を伴わない「人民のための統治」であった。クラウスの意図がオーストリアにおけるナチスとヒトラーの勢力拡大を防ぐという点にあったにせよ、その手段として彼の選んだものが政治的自由を限りなく軽視した権威主義体制だったことは批判的に指摘しておかねばならない（なおなぜクラウス思想においてこうした形式的自由の問題が軽視されてしまうのかについての内在的な検討は終章で行う）。

四　おわりに――早過ぎた死

筆者は本章第二節の冒頭で、クラウスにとってヒトラーとナチズムとは彼が生涯をかけて問題にしてきた「時代の悪」の集大成のような存在であったと指摘したが、当のクラウス本人にとってまだ眼前の現象は「最悪」とは思えなかった。クラウスは『第三のワルプルギスの夜』ならびに「なぜ『ファッケル』は刊行されないか」の中で、シェイクスピアの『リア王』（四幕一場）から次の一節を引用している（F890–905: 162）[†80]。

神よ、事態がさらに悪化せぬと誰にいえましょう?
昔より今はもっと悪くなっています。
そして、さらに悪化するかもしれません。
これが最悪だといえる間は、それは最悪の事態ではないのです。

ここまで見てきたように、一九三三年というナチス政権の始まりの時期に『第三のワルプルギスの夜』を書き上げたクラウスの先見性は、アウシュヴィッツ以後を生きるわれわれにとって明白なことである[†81]。クラウスの目にはこの段階でナチスの悪の前代未聞さ、アウシュヴィッツへの道が見えていた。たとえドルフス政権を熱心に支持した政治判断に問題があったにせよ、時代の危機に対する彼の先見性は評価されてしかるべきである。『第三のワルプルギスの夜』の編者の一人ハインリヒ・フィッシャーは、この点について次のように注意を促している。

この作品は一九三三年に書かれたもので、一九五二年の読者はこれを読む際につねにこの成立の年から眼をそらしてはなるまい。この書物に書かれていることの多くが、今日すでに歴史的なものとして働きかけてくるからだけではなく、とりわけこの点に注目するときに、この文化批評家が恐ろしい未来を当時すでにいかに明瞭に予言していたかを、読者はより十分に認識することができるからである(傍点引用者)[†82]。

オーストリア人であったクラウスは、ただドイツやオーストリア、諸外国の新聞報道を通じてナチスに関する情報を集め、『第三のワルプルギスの夜』や『ファッケル』の記事を書き上げた。このことに関しフェーゲリンは「いかに精神と理性の人が、ただ新聞を読むということからすでにナチズムについて理解していたかということを示している」とクラウスを評価する。[†83]

フェーゲリンが主張するように「ヒトラーとドイツ人」という問題の一つは、ドイツ人がヒトラーとナチスが危険だと知らないかったのではなく、知ろうとしなかったことにあった。この点については、クラウスに批判的な研究者であるプファビガンも、『第三のワルプルギスの夜』を読めば、当時の人間がナチスの行為を知らなかったと言い訳することはできまいと評価している。[†84]『第三のワルプルギスの夜』の中ですでにクラウスが痛烈に批判しているように、時代の問題とは「想像力の貧困」であり、ナチスの行為以上に残酷な「それを信じない」という残酷さであり、「常套句によって恐ろしいものに慣れていくその性情」であったのだ。[†85]

一九三八年三月一二日、ナチス・ドイツ軍は独墺国境を越えオーストリアに侵攻した。ヒトラーはオーストリア国民に歓呼のうちに迎えられ、合邦の是非を問う国民投票では九九％以上の賛成票が投じられた。そしてクラウスの周囲の人物に本当の「最悪」がやってきた。かつて『ファッケル』の寄稿者でもあった友人で文化史家のエゴン・フリーデルは、ゲジュタポがドアをたたく音を聞いて自室の窓から身を投げた。[†86]クラウスの編集を手伝っていたフィリップ・ベルガーはゲジュタポに連れ去られおそらく殺害された。[†87]クラウスの出版を担当していたリヒャルト・ラニィ、さらに第一次大戦時にラマシュやユリウス・マインルと共に反戦運動に携わったクラウスの兄弟であるルドルフ・クラウスも、アウシュヴィッツに送られウィーンに戻ってくることはなかった。[†88]クラウスお気に入りの姪も含め、彼の親族の多くは強制収容所に送られた。[†89]

一九三六年六月一二日に死去したクラウスは、この「最悪」を予言しながらもそれを見ることはなかった。しかしミヒャエル・ホロヴィッツがいうように、もしクラウスが合邦まで生きていたとしたら「ナチスは疑いなくクラウスを殺しただろう」[†90]。ナチスによる合邦によって、一九世紀末以来のオーストリアの政治、経済、文化を担ってきたウィーン市民社会は完全に破壊された。その栄光の多くをユダヤ系市民に負っている、世にいう「世紀末ウィーン」文化は——ハプスブルク帝国の崩壊した一九一八年一一月というよりもむしろ——一九三八年三月をもって終焉を迎えたのである[†91]。

第二次大戦終結後、あれほどの歓呼のうちにヒトラーを迎え、ナチス・ドイツの教義通りにユダヤ人を迫害したオーストリア国民は、国際政治上の力学の問題で「ヒトラーの最初の犠牲者」としてその責任を免れることになった[†92]。もしクラウスが病に倒れることなく、強制収容所を免れ、戦後まで生き残ったとしたら、オーストリア国民のこのような自己規定を許すことは決してなかっただろう。いずれにせよこうしたオーストリア国民の自己欺瞞的な「犠牲者神話」への批判を期待するという意味でも、ヒトラーとナチス・ドイツの黙示録的結末への批評を期待するという意味でも、またオーストロ・ファシズムに肩入れした自身の政治的立場への弁明を期待するという意味でも、ヒトラーなき世界にクラウスは生き残るべきであった。「カール・クラウスは死ぬのが早すぎた[†93]」（ヴァルター・ベンヤミン）。

†1　*Die Fackel*, Nr. 876–894, 1932, S. 53; Rothe, *Karl Kraus*, S. 26–27; Timms, *Karl Kraus*, 2005, p. 458.

†2　『ベンヤミン＝ショーレム往復書簡』、山本尤訳、法政大学出版局、一九九〇年、二一七頁。「ウィーン」で発刊されたこのドイツ語論文が、「エルサレム」のヘブライ大学教授と「パリ」の亡命知識人の関心の的であったことに注意が払われるべきである。

†3　クラウスはこの不安を次のように語っていたとハインリヒ・フィッシャーは回想している。「この書物は、とりわけ、宣伝相の〈メンタリティ〉についての叙述を含んでいる。彼が私の文章を目にするならば、怒りに駆られ、ケーニヒスベルクの五〇人のユダヤ人を強制収容所の立棺へ送り込ませるようなことが起こるかもしれない。私はどうやってその責任をとることができようか」

(Kraus, *Dritte Walpurgisnacht*, K308［『第三のワルプルギスの夜』、四一五頁］)。ちなみにこの記述はケーゼル（Kösel）版の編者であるフィッシャーがあとがきで述べている回想なので、当然のことながらズーアカンプ（Suhrkamp）版には記述がない。

†4　Kraus, *Dritte Walpurgisnacht*, S261/K239（同前、三二四頁）.

†5　「クラウスと二つのファシズム」に関しては、序章注5で挙げた数多くのクラウスの伝記的研究に加え、以下の個別研究を参照した。Karl Menges, Karl Kraus und der Austrofaschismus. Bestimmungsversuch anhand der „Fackel" Nr. 890–905, in: *Colloquia Germanica*, vol. 14, Bern, 1981, S. 313–331; Norbert Frei, Karl Kraus und das Jahr 1934, in: *Österreichische Literatur der dreißiger Jahre*, Klaus Amann und Albert Berger（Hg.）, Wien, 1985; Werner Anzenberger, *Absage an eine Demokratie. Karl Kraus und der Bruch der österreichischen Verfassung 1933/34*, Graz, 1997; Theobald, *The Media and the Making of History*, chap. 4.

　なお日本語の研究には、邦訳『第三のワルプルギスの夜』の訳者による詳細な訳注と解説のほか、池内紀『闇にひとつ炬火あり』（第Ⅷ章）、太田隆士「カール・クラウスの『第三のワルプルギスの夜』試論――ジャーナリズムとナチズム」（『駿河台大学論叢』、第一三号、一九九六年、九七―一二九頁）、小林哲也「デーモンの不平、デーモンの使命――一九三〇年代のカール・クラウス」（『思想』、第一〇五八号、二〇一二年六月、一一二―一三三頁）がある。

†6　クラウスの第一次大戦批判とナチズム批判の「連続性」については多くの論者が指摘している。Field, *The Last Days of Mankind*, p. 212; Menges, Karl Kraus und der Austrofaschismus, S. 323; Theobald, *The Media and the Making of History*, p. 70.

†7　Kraus, *Dritte Walpurgisnacht*, S307/K280（『第三のワルプルギスの夜』、三八四頁）.

†8　Kraus, *Dritte Walpurgisnacht*, S310/K282（同前、三八五頁）.

†9　Kraus, *Dritte Walpurgisnacht*, S34/K20（同前、一七頁）.

†10　Kraus, *Dritte Walpurgisnacht*, S54/K42（同前、四六頁）.

†11　ゲッベルスのこの言葉のイデオロギー性については、リュディガー・ザフランスキーの次のような解説が参考になる。「〈鋼鉄のロマン主義〉というスローガンには、ナチス政権の現代主義的な基本的特徴が表現されている。この政権は太古の時代に戻ろうと努力したのではなく、

高度に技術化され、産業効率に優れ、アウトバーンを建設し、戦争の準備も整った社会を発展させようとしたのである。太古の時代や大地と連帯する夢はイデオロギー上の工芸美術品であり——農業経済の占める割合は低下した——実用主義者たちは本気にしていなかった」。Rüdiger Safranski, *Romantik. Eine deutsche Affäre*, München/Wien, 2007, S. 353–354（『ロマン主義——あるドイツ的な事件』、津山拓也訳、法政大学出版局、二〇一〇年、三八〇—三八一頁）.

†12　Martin Heidegger, Die Selbstbehauptung der deutschen Universität (1933), in: *Gesamtausgabe*. Band 16, Reden und andere Zeugnisse eines Lebensweges 1910–1976, Frankfurt am Main, 2000 , S. 107–117（「ドイツ的大学の自己主張」、矢代梓訳、『三〇年代の危機と哲学』、平凡社ライブラリー、一九九九年、一〇一—一二六頁）.

†13　ここでは土壌中に含まれる破傷風菌が傷口から感染することが比喩的に表現されている。

†14　Kraus, *Dritte Walpurgisnacht*, S199–200/K179（『第三のワルプルギスの夜』、二四一頁）.

†15　ここまでのハイデガー批判は、Kraus, *Dritte Walpurgisnacht*, S71–72/K58–59（同前、七一—七三頁）を参照。

†16　Gottfried Benn, Antwort an die literarischen Emigranten (1933), in: *Sämtliche Werke*. Band IV, Prosa 2, Stuttgart, 1989, S. 24–32（「亡命文学者に答える」、山本尤訳、『ゴットフリート・ベン著作集』第一巻、一九七二年、社会思想社、六三—七四頁）.

†17　ここでのベン批判は Kraus, *Dritte Walpurgisnacht*, S78–84/K66–72（『第三のワルプルギスの夜』、八三—九二頁）を参照。

†18　Timms, *Karl Kraus*, 2005, p. 498.

†19　Kraus, *Dritte Walpurgisnacht*, S41/K28（『第三のワルプルギスの夜』、二七頁）. なおこのフレーズは、もともとクラウスが『人類最後の日々』一幕二九場で、劇中の自らの分身である不平家に語らせたものである（本書一五三頁参照）。

†20　Kraus, *Dritte Walpurgisnacht*, S88/K76（『第三のワルプルギスの夜』、九七頁）.

†21　Kraus, *Dritte Walpurgisnacht*, S313/K283–384（同前、三八六—三八七頁）.

†22　Kraus, *Dritte Walpurgisnacht*, S160/K139（同前、一八八頁）.

†23　クラウスは『第三のワルプルギスの夜』におけるシオニスト批判の文脈の中で、自らを「同化ユダヤ文士（literalische Assimilationsjuden）」と規定している（Kraus, *Dritte Walpurgisnacht*, S154/K135［同前、一八四頁］）。

†24 例えばエリック・フェーゲリンはこの点について、ある書簡の中で次のように書いている。「諷刺家［クラウス］がヒトラーについて何も語ることができないのは、現実の邪悪さについてのいかなる諷刺的誇張も、描き出されている当の残虐さそのものに凌駕されてしまうからだ」（一九七七年一一月二〇日付のベバリー・ジャレット宛書簡［Voegelin, *CW. vol. 30. Selected Correspondence, 1950–1984*, p. 831］）。

†25 訳詩は池内『闇にひとつ炬火あり』（二〇八頁）を参照した。

†26 例えばシュテファン・ツヴァイクも、第一次大戦のころと一九三〇年代の違いを次のように指摘している。「このことは第一次世界大戦を第二次世界大戦のそれと区別する有利な点であるが、言葉はあのころまだ力を持っていた。まだ言葉は、〈プロパガンダ〉という組織化された虚偽によって、死滅するほど酷使されてはいなかった」（Zweig, *Die Welt von Gestern*, S. 249［『昨日の世界』、三六〇―三六一頁］. 傍点引用者）。

†27 Kraus, *Dritte Walpurgisnacht*, S177/K156（『第三のワルプルギスの夜』、二一二頁）.

†28 Kraus, *Dritte Walpurgisnacht*, S33/K20（同前、一七頁）.

†29 Field, *The Last Days of Mankind*, p. 201.

†30 Kraus, *Dritte Walpurgisnacht*, S204–230/K184–207（『第三のワルプルギスの夜』、二四九―二七九頁）.

†31 Kraus, *Dritte Walpurgisnacht*, S143/K125（同前、一六三頁）. ピレーモーンとバウキスとは『ファウスト』第二部第五幕に登場する老夫婦のことであるが、この二人は彼らの小さな土地をわがものとしたいというファウストの欲望に従ったメフィストフェレスの配下の者に殺されてしまう。エドワード・ティムズは、クラウスがこの二人に「ナチスの暴政の名もなき犠牲者のイメージ」を重ねあわせていると解釈している（Timms, *Karl Kraus*, 2005, p. 500）。

†32 ドイツ語には「片目に青あざを作って逃げ出す（かろうじて逃げ出す）」という慣用句があり、クラウスの諷刺はこのことを指している。

†33 Kraus, *Dritte Walpurgisnacht*, S137–143/K121–124（『第三のワルプルギスの夜』、一五九―一六二頁）.

†34 Kraus, *Dritte Walpurgisnacht*, S299/K273（同前、三六九頁）.

†35 Kraus, *Dritte Walpurgisnacht*, S133/K117（同前、一五一―一五二頁）.

†36 Kraus, *Dritte Walpurgisnacht*, S109/K98（同前、一二八頁）.

†37 エーリッヒ・ミューザム（一八七八―一九三四）は、

詩人であると同時にアナーキストとしても知られた人物で、第一次大戦後にはミュンヘン革命政権に関与して投獄もされている。クラウスとミューザムは一九〇六—一九〇八年ころにかけて親しく、ミューザムはこの時期に『ファッケル』に計六篇の作品を寄稿した。ミューザムの回想録である *Unpolitische Erinnerungen* (2. Auflage, Berlin, 1958, S. 151–163) では、クラウスとの若き日の交流が生き生きと描かれている。

†38 Kraus, *Dritte Walpurgisnacht*, S106/K94（『第三のワルプルギスの夜』、一二二頁）.

†39 Kraus, *Dritte Walpurgisnacht*, S188/K168（同前、二二七頁）.

†40 Joseph W. Bendersky, *Carl Schmitt, Theorist for the Reich*, New Jersey, 1983, pp. 211–212（『カール・シュミット論——再検討への試み』、宮本盛太郎訳、御茶の水書房、一九八四年、二五四頁）. なお後にポーランド総督としてユダヤ人迫害に深く関与したフランクは、ニュルンベルク裁判で絞首刑に処せられている。

†41 Kraus, *Dritte Walpurgisnacht*, S230, 231/K207, 208（『第三のワルプルギスの夜』、二七九、二八一頁）. この件に関しては以下を参照。Rothe, *Karl Kraus*, S. 45–46.

†42 クレネクは一九三〇年代にオーストリアの独立を支持する政治的発言を数多く行い、祖国戦線にも加盟している。Timms, *Karl Kraus*, 2005, pp. 447, 476–477.

†43 自らを「骨の髄からオーストリア人」であると感じていたパウルは、護国団への資金援助も行っていた（アレグザンダー・ウォー『ウィトゲンシュタイン家の人びと——闘う家族』、塩原通緒訳、中央公論新社、二〇一〇年、二七〇—二七三頁）。

†44 George Clare, *Last Waltz in Vienna*, 1981=2007, London, p. 152（『ウィーン最後のワルツ』、兼武進訳、新潮社、一九九二年、二〇一頁）.

　同箇所でクレアは次のように回想している。「わたしの父はドルフスのオーストリアに対して、賛否相半ばする意見を持っていた。選挙のたびに社会民主党に一票を投じてはいたものの、ドルフスは自己の信念を確実に実行する勇気のある男に思えた。オーストリアの良さと独立が必要であることを信じ、父が育ったハプスブルク・オーストリアと外見だけでも似通った国家を創造しようとしているドルフスに、父は感銘を受けたのだった。とりわけ、この小柄な首相は、前任の首相たちとは違って、ナチスを禁止するだけの勇気を持っていた」。

†45 Freud, *Briefe 1873–1939*, S. 412（『フロイト著作集』、第八巻、四一九頁）。

　一方で息子のマルティンの回想からは、ドルフス＝シュシュニク政権に対するフロイト一家の熱心な支持を読みとることができる。「この二度目の内戦［一九三四年の社民党のドルフス政権に対する蜂起のこと］のあいだ、フロイト一家は中立とは正反対であった。僕たちは首相ドルフスに、彼が世を去ったあとは後継者のシュシュニクに、つねに心からの共感を寄せた」（マルティン・フロイト『父フロイトとその時代』、藤川芳朗訳、白水社、二〇〇七年、二七二頁）。

†46 Kraus, *Dritte Walpurgisnacht*, S238/K216（『第三のワルプルギスの夜』、二九一―二九二頁）.

†47 Kraus, *Dritte Walpurgisnacht*, S241/K219（同前、二九五頁）.

†48 *Ibid*（同前）.

†49 Kraus, *Dritte Walpurgisnacht*, S242/K220（同前、二九六頁）.

†50 Norbert Leser, Austria between the Wars, An Essay, in: *Austrian History Yearbook*, vol. XVII–XVIII, 1981–1982, p. 132.

†51 Kraus, *Dritte Walpurgisnacht*, S249/K227（『第三のワルプルギスの夜』、三〇六頁）.

†52 一九三二―一九三三年のオーストリアの各種地方選挙ではオーストリア・ナチスが躍進し、総選挙が行われた場合、国会にナチス勢力が拡大することは不可避と考えられていた。例えば一九三二年四月のウィーン市議会選挙でナチスは得票率一七％で一五議席を獲得し（一〇〇議席中）、一九三三年四月のインスブルック市議会選挙では得票率四一％を占め第一党となっていた（Timms, *Karl Kraus*, 2005, pp. 470, 487; 田口晃『ウィーン――都市の近代』、岩波新書、二〇〇八年、二三六頁、中川原徳仁「オーストリアの危機」、中川原編『一九三〇年代危機の国際比較』、法律文化社、一九八六年、二〇七頁）。

†53 Kraus, *Dritte Walpurgisnacht*, S249/K227（『第三のワルプルギスの夜』、三〇六―三〇七頁）.

†54 Kraus, *Dritte Walpurgisnacht*, S251/K229（同前、三〇九頁）.

†55 Kraus, *Dritte Walpurgisnacht*, S264/K241（同前、三二五頁）.

†56 フェーゲリンはナチスのような反民主的勢力に対するデモクラシー的権利の付与を厳しく批判した。この点は首相クルト・フォン・シュシュニクも次のように批判している。「明らかにナチスの民主的、議会主義的権利の声高な要求は、デモクラシーを目的のための手段としてしか考えていないものであった。というのも彼らの綱領は、自分たちが権力についたならばデモクラシーと議会は消滅すると主張していたのである」（Kurt von Schuschnigg, *My Austria*, translated by John Segrue, New York, 1938, p. 166）。

†57　ベンヤミンは本章第一節で紹介したショーレムからの書簡が来る前に、すでに一九三四年七月二六日付のヴェルナー・クラフト宛書簡の中で、クラウスがドルフスを支持したという情報について次のように書いている。「ついでにいえば、クラウスの姿勢について、彼がドルフスの政治をより小さな悪として認容したといった、確実だが信じがたい情報が流れている（確実といっても万全ではないから、頼むが、人にはいわないでくれ）」（傍点引用者）。繰り返しになるが、こうしたベンヤミン周辺の人物の関心から、クラウスが「二つのファシズム」にどう対応するかということが、同時代のドイツ系知識人の関心の的であったということが読みとれる。Walter Benjamin, *Gesammelte Briefe.* Band IV 1931-1934, Frankfurt am Main, 1998, S. 467（『ヴァルター・ベンヤミン著作集15　書簡Ⅱ　一九二九―一九四〇』、野村修編訳・解説・高木久雄・山田稔訳、晶文社、一九七二年、九八―九九頁）.

†58　一九三四年九月二七日付のヴェルナー・クラフト宛書簡。Benjamin, *Gesammelte Briefe.* Band IV, S. 506（同前、一〇四頁）.

†59　この事件は共和国防衛同盟に対する右翼の発砲事件（二人が殺害された）の犯人が無罪判決を言い渡されたことに抗議する労働者のデモが引き金となって発生した。暴徒化した労働者は裁判所に放火し、警察当局も強硬策に出て発砲を許可したため、百名近い死者が出た。同事件とクラウスについてはTimms, *Karl Kraus*, 2005, chap. 17を参照のこと。ティムズの著作では、当時クラウスがウィーン中に掲示させたという、ショーバーの辞任を要求するポスターを見ることができる（p. 338）。

†60　Canetti, *Die Fackel im Ohr*, S. 232（『耳の中の炬火』、三一五頁）.

†61　Veza und Elias Canetti, *Briefe an Georges*, Karen Lauer und Kristian Wachinger（Hg.）, München/Wien, 2006, S. 24. 同書簡は『ファッケル』八九〇―九〇五号の刊行から約一カ月半後の九月一四日付で、ストラスブールから送られている。

†62　Canneti, *Briefe an Georges*, S. 25.

†63　Elias Canetti, *Die Augenspiel. Lebensgeschichte, 1931–1937*, München/Wien, 1985=1994, S. 267（『眼の戯れ』、岩田行一訳、法政大学出版局、一九九九年、三六八頁）.

†64　Pfabigan, *Karl Kraus und der Sozialismus*, S. 358.

†65　Heinrich Fischer, The Other Austria and Karl Kraus, in: *In Tyrannos: Four Centuries of Struggle against Tyranny in Germany*, H. J. Rehfisch（ed.）, London, 1944, pp. 327–328.

†66　クラウスに対する批判的な研究者であるヴェル

ナー・アンツェンベルガーは、そもそもこの二者択一の立て方自体が問題であると指摘している。言論人であるクラウスはキリスト教社会党から社民党までを含めた反ヒトラーのオーストリアの国民的統一を目指すべきだったと彼は主張し、そうした方向を模索した同時代の知識人としてエルンスト・カール・ヴィンターを評価している（Anzenberger, *Absage an eine Demokratie*, S. 64）。またプファビガンも同様の観点からクラウスと対置する形でヴィンターを評価している（Pfabigan, *Karl Kraus und der Sozialismus*, S. 345）。ヴィンターについては村松『カトリック政治思想とファシズム』（二五八―二六〇頁）の中で、彼のオーストリア国民論が紹介されている。

†67　Voegelin, Autobiographical Reflections, in: *CW*, vol. 34, pp. 68–69（『自伝的省察』、五六―五七頁）.

†68　フェーゲリンのオーストリア政治論は、拙稿「エリック・フェーゲリンのウィーン――オーストリア第一共和国とデモクラシーの危機」（『政治思想研究』、第一二号、二〇一二年、三四二―三七〇頁）ならびに、細井保『オーストリア政治危機の構造――第一共和国国民議会の経験と理論』（法政大学出版局、二〇〇一年、二四三―二四九頁）を参照のこと。

†69　Pfabigan, *Karl Kraus und der Sozialismus*, S. 351.

†70　Pfabigan, *Karl Kraus und der Sozialismus*, S. 337; Anzenberger, *Absage an eine Demokratie*, S. 57.

†71　Field, *The Last Days of Mankind*, p. 228; Timms, *Karl Kraus*, 2005, p. 480.

†72　Frei, Karl Kraus und das Jahr 1934, S. 313–314.

†73　Schick, *Karl Kraus*, S. 130.

†74　ただし教会による抵抗は、反ナチス系市民にとって最後の頼みの綱の一つと考えられていたようである。かの無神論者フロイトでさえ、一九三八年二月という合邦直前の最終局面においてなお、息子エルンストへの書簡の中で「カトリック教会はいまだに非常に強いので、激しく抵抗するだろう」、「われらがシュシュニクはまともな勇気ある人格者だ」と述べ、オーストリアはドイツのようにならないのではないか、という希望的観測を示していた（Gay, *Freud*, pp. 617–618［『フロイト』、第二巻、七一三頁］）。

†75　細井『オーストリア政治危機の構造』、二七二頁。

エルンスト・フィッシャーは怒りをこめてこの件を次のように回想している。「周知のとおり、他ならぬこの枢機卿は、一九三八年にオーストリアの精算人が進駐してきたとき、指を一本動かしたばかりか、双手を差し上げさえしたのだ。そして、〈ハイル・ヒトラー！〉が彼の咽喉でつっかえてしまうこともなかった」（Ernst Fischer, *Erinnerungen und Reflexionen*, Hamburg, 1969, S.

280 『回想と反省――文学とコミンテルンの間で』、池田浩士訳、人文書院、一九七二年、三一九頁］）。

†76 本章で先に論じたフェーゲリンも一九三六年に刊行した『権威的国家』の中で、ドルフス政権の法手続き上の瑕疵の問題を、この「些細な欠陥」という語で擁護している（Erich Voegelin, *Der autoritäre Staat. Ein Versuch über das österreichische Staatsproblem*, Wien/New York, 1936=1997, S. 179 [*CW*, vol. 4, p. 245]）。フェーゲリンとクラウスが、こうしたドルフス政権の形式的手続きや権利の軽視を、同じ単語を使って正当化していることは、興味深い共通点である。

†77 本書一〇六頁を参照のこと。

†78 この『ファッケル』の事実上の最終号の巻末論文として掲載された「奴らの大事なもの（理解できる言葉で）」（F917–922: 94–112）には邦訳がある（小林哲也訳、『思想』、第一〇五八号、二〇一二年六月、三八四―四一四頁。当該箇所は四〇一頁）。

†79 Frei, Karl Kraus und das Jahr 1934, S. 312; Pfabigan, *Karl Kraus und der Sozialismus*, S. 351–352. ジグルト・パウル・シャイヒルも「しかし私は、彼［クラウス］のドルフースに対する支持にはそうした実利的な理由はむしろ弱く、それよりも根深い理由があったと確信している。すなわち、クラウスは、決して議会制民主主義の共鳴者たることはなかったのである」と述べ、クラウスが元来反デモクラシー的であったこと、ビスマルクやフランツ・フェルディナント、ドルフスといった「強い男」たちに惹かれる傾向があったことを強調する（ジグルト・パウル・シャイヒル「カール・クラウスをめぐる論争」、古田徹也訳、『思想』、第一〇五八号、二〇一二年六月、一九九頁）。ウィーン政治史の研究者である田口晃は、クラウスの理想の政治が「啓蒙君主の絶対主義」にあったと考え、この観点からクラウスのドルフス支持を説明している（田口『ウィーン』、一三七頁）。

†80 Kraus, *Dritte Walpurgisnacht*, S30/K18（『第三のワルプルギスの夜』、一五頁）. この『リア王』の台詞は、クラウスの時代認識を示していたものといえ、彼は『人類最後の日々』においても戦争で荒廃する時代を前に不平家にこの台詞をいわせている（五幕二場。Kraus, *Schriften*. Band 10, S. 554–555［『人類最後の日々』下、一三五頁］）。

†81 Timms, *Karl Kraus*, 2005, p. 538.

†82 Kraus, *Dritte Walpurgisnacht*, K304（『第三のワルプルギスの夜』、四〇九頁）. 同箇所で「一九五二年の読者」といわれている理由は、辛くもナチスの手を逃れ国外に移送された『第三のワルプルギスの夜』がフィッシャーの編集により刊行されたのが一九五二年だからで

ある。

†83　Eric Voegelin, *Hitler und die Deutschen*（1964）, Manfred Henningsen（Hg.）, München, 2009, S. 90（in: *CW*. vol. 31, p. 91）.

†84　Pfabigan, *Karl Kraus und der Sozialismus*, S. 356.

†85　Kraus, *Dritte Walpurgisnacht*, S107, 110/K96, 99（『第三のワルプルギスの夜』、一二五、一二九頁）.

†86　フリーデルについては、池内紀『道化のような歴史家の肖像』（みすず書房、一九八八年）を参照のこと。

†87　Schick, *Karl Kraus*, S. 137.

†88　Timms, *Karl Kraus*, 2005, p. 543.

†89　Field, *The Last Days of Mankind*, p. 236.

†90　Michael Horowitz, Vorwort, in: *Karl Kraus und seine Nachwelt. Ein Buch des Gedenkens*, Wien/München, 1986, S. VIII.

†91　ナチス・ドイツによる合邦を、オーストリア政治文化の決定的断絶と捉える見方は、例えばオーストリアからの亡命知識人であるヒルデ・シュピールの次の主張を参照。「多民族国家の中心で不調和の調和とうたわれたものは、画一的地方色に取って代わられた。（中略）文学にも、哲学にも、また科学にも、今日のウィーンには、第二次世界大戦前の業績に比べられるものは全く見当たらない。（中略）少なくとも文化の領域では、一九三八年の合邦の方が、一九一八年の帝国崩壊よりも、決定的な分かれ目だった」（Spiel, *Vienna's Golden Autumn*, pp. 25–26［『ウィーン——黄金の秋』、二七頁］）。

†92　「犠牲者神話」に関しては増谷英樹『歴史のなかのウィーン——都市とユダヤと女たち』（日本エディタースクール出版部、一九九三年、第一章）を参照のこと。

†93　一九三九年六月七日付のベンヤミンによるマルガレーテ・シュテフィン宛書簡。Walter Benjamin, *Gesammelte Briefe*. Band VI 1938–1940, Frankfurt am Main, 2000, S. 294.

第6章　言語批判としてのクラウス政治思想
――エリック・フェーゲリンのカール・クラウス論

一　はじめに――イデオロギー言語批判とリアリティの復活

前章まで「世紀末」、「第一次世界大戦」、「ファシズム」という三つの時代を背景にクラウス思想の展開を時系列的に見てきた。問題にしてきたのは個々の「具体的」な事件に対して、クラウスがどのように論評を行っていたのか、ということであった。それに対し、本章では理論的な側面からクラウスの「政治思想」の意義を明らかにしたいと考えている。

とはいえ、カール・クラウスという人物は、「政治思想」的に論ずるのが非常に難しい思想家である。彼は大学に籍を置く社会科学の研究者でもなければ、政治家でもなく、不定期に発行する個人誌『ファッケル』を基盤に発言した言論人であった。第一次大戦を批判した『人類最後の日々』やナチズム論である『第三のワルプルギスの夜』を書き上げ、いくつもの重要な政治論を『ファッケル』誌上で発表した一方で、クラウスは数多くの詩作品や戯曲を物し、「芸術家」を自称する「非政治的知識人」でもあった。それゆえに日本におけるクラウス研究も、もっぱら「ドイツ文学」の領域において、文学的関心からあるいはクラウスが傾注した問題である言語学的関心から行われてきた。

加えて、彼の政治的立場の変遷を見れば、彼を政治思想的に論ずる困難さはより明確になる。一八九九年に『ファッケル』を刊行した当初のクラウスは反腐敗主義者として活躍し、女性の性的自由の拡大や同性愛者の社会的認知などを求めた、「リベラル」な論客であった。だが第一次大戦前のクラウスは自らを「反動」、「極右」と公言し、皇位継承者フランツ・フェルディナントに好意的な論稿を書く。第一次大戦中には戦争批判を強めるものの、その際彼が支持したのはフランツ・フェルディナントのブレーンを務めたこともある、「保守」派の上院議員ハインリヒ・ラマシュであった。しかし第一次大戦終結後には旧帝国の軍部や官僚組織への批判を強め、今度は共和国と「社会民主党」を支持する。彼は国民議会選挙で社民党への投票の呼びかけも行った。ところがこの社民党への肩入れも一九二〇年代冒頭で終わりをつげ、両者の関係はむしろ冷却化する。そして一九三三年に隣国ドイツでナチス政権が誕生すると、クラウスはエンゲルベルト・ドルフスのオーストロ・「ファシズム」政権を支持するに至る。こうした彼の人生行路の一部分を切り取れば、リベラリスト・クラウスから王朝主義者・クラウス、社会民主主義者・クラウス、ファシスト・クラウスに至るまで、非常に幅広い政治的なクラウス像ができあがってしまう。

だが、それではクラウスはそもそも「政治思想」的に論じる意味がない「唯美主義者」で、一市民としての彼は単なる「政治的オポチュニスト」に過ぎない、と切り捨ててしまっていいかといえば、それはまた早計であろう。現代のわれわれが想定する以上に当時の若き知識人にとってクラウスの存在感は絶大で、ヴァルター・ベンヤミン、テオドール・W・アドルノ、エリック・フェーゲリン、カール・ポパー、ハンナ・アレントといった多くの政治思想家や社会哲学者が、青春時代にクラウスの影響を受け、著作の中でもクラウ

スからの引用やクラウスへの言及を行っている。[†1]

問題は、こうした思想家にとってクラウスがなぜそこまで「偉大」と感じられたのか、クラウスの「影響力」とは何だったのか、ということがあまり明確にされていないことにある。ここに挙げた五人の思想家のうち、最もまとまったクラウス論を発表しているのはベンヤミンであるが、彼のクラウス論は当のクラウス本人が困惑したと伝えられるほど難解なものであるし、そもそもクラウスの政治思想的意味を論じようとして書かれたものではない。クラウス思想の「政治思想」的意義を論じることを目的とする本章では、この観点からクラウスを最もまとまった形で論じているフェーゲリンのクラウス論を軸に議論を進める。そのことを通じ、ここまでの各章で論じてきたクラウスの時代批判の政治思想的意味と、政治的立場において変転を続けたように見えるクラウスに「一貫」する論理を明らかにする。

ところで、果たしてクラウスの思想はいかなる意味でフェーゲリンの政治思想に影響を与えたといえるのだろうか。最も簡単なのは、前章で見てきたように、クラウスとフェーゲリンの一九三〇年代の政治的立場が共通することに注目することであろう。両者は共にナチス・ドイツを批判すると同時に、オーストリア独立の擁護者としてオーストロ・ファシズム政権を支持した。フェーゲリンは晩年になってもこのときの政治行動を回想して、カール・クラウスの立場と自らの立場が「同一」のものであったことをむしろ誇らしげに述べていた。またこの「危機の時代」に発露されるクラウスの「オーストリア・パトリオティズム」という側面は、本書がクラウスにおける「一貫性」のもう一つの側面として、彼のラマシュ論とドルフス論を通じて明らかにしてきた点であった。

しかしこうした現象的事実を指摘するだけでは、彼らの思想の表面しか見たことにならず、なぜ彼らがこうした結論に至ったのかについての、根本的な説明とはいえない。本章では、フェーゲリンがクラウスの著作をどのように読み、それをどのような点で彼の政治思想と合致するものと考えたのかをたどることで、フェーゲリンとクラウスの思想的連関を明らかにする。フェーゲリンのクラウス論に依拠する理由は、まさにフェーゲリンが本書同様にクラウスの政治思想的意義を、その時代批判の論理――「イデオロギー言語批判」――に見ていたからである。

中でも、ここではフェーゲリンのナチズム論を参照して、両者の思想的連関を論じたい。なぜならフェーゲリンはクラウスのナチズム論を非常に高く評価し、自伝において「ナチズムの真剣な研究は、『第三のワルプルギスの夜』と『ファッケル』におけるその時代の批判への言及なくしては不可能である」[†2]と述べ、さらに一九六四年にミュンヘン大学で行われた講義『ヒトラーとドイツ人』では「政治に口を挟もうとするドイツの学生にとって、カール・クラウスの『第三のワルプルギスの夜』を読むことは義務である」[†3]とまで説いているからである。さらに彼はウィーン時代からの友人アルフレート・シュッツにも「[『第三のワルプルギスの夜』は」これまでナチズムについて書かれた本の中で、おそらく最高のものである」[†4]と薦めている。

本章ではフェーゲリンのクラウス解釈を経由することで、元来政治思想的に解釈のしにくいクラウス思想の政治思想的意義を浮かび上がらせていく。そしてこのことを通じ、「装飾」批判、「精神分析」批判、「第一次大戦」批判、「ナチズム」批判、「社民党」批判といった本書でこれまでとりあげてきた個々の議論に通底する、オーストリアにおける「啓蒙的・批判的知識人」クラウスの時代批判の論理の「一貫性」を明らかにする。

二　フェーゲリンによるクラウス論

（一）「言語の破壊」への批判者――『自伝的省察』より

フェーゲリンはナチスに反対するオーストロ・ファシズム政権に肩入れした『権威的国家』（一九三六年）やナチズムに批判的な『政治宗教』（一九三八年）を執筆したこともあって、一九三八年三月にナチス・ドイツがオーストリアを合邦するとアメリカへの亡命を余儀なくされた。そこでまず彼の『自伝的省察』をもとに、なぜフェーゲリンがナチズムに反対したのか、彼自身による説明を見ていこう。

フェーゲリンは『自伝的省察』の中で、自らのナチズムに対する嫌悪感を三つの観点から説明している†5（もっともこの批判はナチズムだけではなく彼の批判する「ラディカルなイデオロギー主義者」、「グノーシス主義者」全般にあてはまるものである）。彼が第一に挙げるのは、ナチス支持者に欠けているマックス・ウェーバーがいうところの「知的誠実さ」である。フェーゲリンからすれば、イデオロギー主義者とは知的に擁護できない構成に惑溺する者であり、イデオロギーとは「知的不誠実さ」の現象である。イデオロギー主義者には学問の目的である「リアリティの構造」を探究しようとする意志がない。二つ目の理由は、イデオロギー主義者の暴力性である。暴力によってイデオロギーを実現し、他人を犠牲にして自らのアイデンティティの確証を得るような人々を彼は「残忍な下劣漢」と呼ぶ。

最後の第三の理由としてフェーゲリンが挙げるのは――これがクラウスに関わるものであるが――言語を「明瞭」にしておくため、というものである。なぜこれがナチズム批判の理由になるのかというと、フェーゲリンはイデオロギーやイデオロギー主義者の特徴は「言語の破壊」にあると考えているからだ。フェーゲリンはこうした言語の破壊を、ヒトラーのような人物が権力の座につくことを可能にした同時代の知的傾向であったとして、次のように述べている。

私はそれゆえドイツの事例において、カール・クラウスが三〇年以上にわたり『ファッケル』で特徴づけ、分析してきた文学やジャーナリズムのレベルでのドイツ語の破壊者たちこそ、ナチスの残虐行為に責任のある真の犯罪者であるといおう。[†6]

ここではナチスが行ったようなシンボル言語の乱用を可能にした社会を批判し続けた人物として、クラウスが評価されているのである。また同じ回想の中で、フェーゲリンは自身がクラウスに関心を抱いた理由を、次のようにも述べている。

それゆえこの言語への関心はイデオロギーへの抵抗の一部であった。イデオロギーは、イデオロギー的思想家がリアリティとの接点を失い、リアリティではなく自らのリアリティからの疎外の状態を表すシンボルを展開している限りで、言語を破壊していた。この偽の言語を見破り、言語の回復によってリアリティの回復を行おうとしていたのがカール・クラウスの仕事であり、シュテファン・ゲオルゲや彼の当時の友人たちの仕事であった。[†7]

フェーゲリンは亡命後の一九四〇年に発表した論文「拡大された戦略」の中でも、ナチズムに限定されない近現代ドイツ全般の問題として「言語の非リアリスティックで、無拘束な利用」を挙げ、クラウスとゲオルゲの知的営みを「ドイツ語におけるリアリスティックな性質と義務的な力を再興させようと試みる対抗運

動」と性格づけている。[†8]

以上の発言から次の点を読みとることができよう。すなわち、フェーゲリンはナチズムの興隆の知的背景を「言語の破壊」に見ていること、ナチズムのようなイデオロギーの問題はそれが「リアリティ」との接点を失っていることにあるということ、そしてこの言語の破壊という問題を一貫して追求し、リアリティの復活を行おうと試みている人物としてクラウスが評価されていること、である。そこで次にフェーゲリンのナチズム論である『ヒトラーとドイツ人』の議論を参考に、この「言語」と「リアリティ」の関係の問題を詳しく見ていく。

(二)「第二のリアリティ」論とクラウス——『ヒトラーとドイツ人』より

『自伝的省察』での議論に見られるように、フェーゲリンのナチズム批判の眼目とは、ナチズムの世界の中では「イデオロギー」が支配し、言語が「リアリティ」との接点を失ってしまっている、という点にあった。『ヒトラーとドイツ人』においてフェーゲリンはこの問題を、リアリティ＝第一のリアリティ、イデオロギー＝第二のリアリティと捉えなおしてまとめている（そしてこの問題を考察しぬいた人物として、クラウス、ロベルト・ムージル、ヘルマン・ブロッホ、ハイミート・フォン・ドーデラーの名を挙げる）。[†9] そこでまず、この「第二のリアリティ」が何を意味するのかを、フェーゲリンに即して説明していこう。

フェーゲリンは「第二のリアリティ」、さらにそれをいい換えた「世界観」という言葉の意味を、ドーデラーを引きながら、次のように定義づける。

（一）「第二のリアリティ」という概念。第二のリアリティの構成は彼岸を此岸に持とうとする願いから生じるものです。人は超越と真なる関係にはありません。［つまり］超越はむしろ人が所有しようと欲するような対象になってしまっているのです。政治的信条は戦車の小窓のようなものとして定義されます。その小窓からリアリティの恣意的な断片だけを人は垣間見るのです。

(二)「世界観」という概念。世界観はリアリティの場を占めてしまいました。世界観とはシステムにまで高められた統覚拒否であり、リアリティを認めることの拒否なのです。世界観の代表者は合理的討論の彼方にいます。統覚拒否は単なる無知ではなく、理解を欲しないという意志です。世界観は肉欲的なファンタジーなのです。世界観はリアリティのあらゆる領域に及びますが、それは例えばセクシュアリティやエロスの領域（とりわけ興味深い現象です）だけでなく、法や、言語、一般的秩序の領域にも及ぶのです。このあらゆる分野で世界観はリアリティに反する構築物を生み出します。†10

ここでフェーゲリンが第二のリアリティあるいは世界観の問題として挙げていることは、超越性との関係を失った人類が、本来彼岸の領域にあるべき救済を此岸で得ようと試みていること、そして自らが構想するユートピア（第二のリアリティ）を現実世界の中で実現するために、その障害となるものはすべて排除しようとするその暴力性である。

このユートピア主義批判は、一九三八年に刊行された『政治宗教』から一貫する彼の議論であった。『政治宗教』においてフェーゲリンは「世界の根底に最も現実的なものを見出す」「世界超越的宗教」と「世界の部分的内容のうちに神的なものを見出す」「世界内的宗教」を分け†11、後者の民族や階級、人種を神的なものとして祭り上げる態度を「神からの離反†12」と批判している。そしてアメリカ亡命後、彼はこの「世界内的宗教」を実現しようとする精神を「グノーシス主義」と定式化し、西欧におけるその起源をフィオーレのヨアキムにおける救済の歴史化と世界内化に見出していった。[†13] フェーゲリンからすれば世界には「第一のリアリティ」としてのコスモスの秩序がある。にもかかわらずイデオロギー主義者、グノーシス主義者はこの「第一のリアリティ」を破壊し、自らの青写真に沿った「第二のリアリティ」を構築しようとする。この最悪の例が血と大地の民族神話に基づいて第三帝国を設立しようとしたナチス・ドイツにあたる、というわけである。

フェーゲリンはナチス・ドイツにおいてこの第二のリアリティが幅を利かせていた状態を説明するために、クラウスの『第三のワルプルギスの夜』からいくつかの事例を引用している。[†14] そこでは、ナチスの旗に敬礼しなかったがゆえに殴られたユダヤ人の事例と、ナチスの旗に敬礼したがゆえに殴られたユダヤ人の事例を挙げ、「首尾一貫しているのは、［ユダヤ人が］たとえ何をしようと、それは正しくないという驚きだけだ」とクラウスがコメントを付した一節、さらにドイツでは「普通のこと」となっていた暴力行為を国外で働いてその国の警察に逮捕されたことを異常に不思議がるSA（ナチス突撃隊）隊員に関する事例を挙げ、ドイツにおける「尺度を狂わせる夢想的生活」を指摘した一節が引用されている。[†15] 人間生活において何が「正しい」ことで、何が「普通」であるかがわからなくなっているナチス支配下のドイツを、フェーゲリンはクラウスを引用しつつ「リアリティ喪失の帰結」と表現する。[†16]

フェーゲリンによると「第二のリアリティ」は、次のような過程を経て支配的なものとなる。

愚かさが一般的になると、それは社会的に支配的なものとなります。そして愚かさが権威によって承認されると、それはとりわけ社会的に支配的となり、正しいものとして見られるようになるのです。そうして特定のイデオロギーが定められ、国家機関によって宣伝され、それゆえに正しいに違いないものとなるような全体主義政権の状態に至るのです。[†17]

矛盾や虚偽に満ちたメディアの言葉を『ファッケル』に記録し続けたクラウスの営みとは、この「第二のリアリティの決まり文句の恐ろしいごみの山[†18]」を収集、整理し、その愚かしさを白日のもとにさらすことだったと、フェーゲリンは理解している。

本書でこれまで筆者が繰り返し指摘してきたように、クラウスはウィーン市民社会批判においても、第一次大戦批判、ナチズム批判においても、一貫してそれを「メディア」批判という形で展開してきた。メディアがイデオロギー言語をばらまくことで、それが人々の意識の中に定着し、さらにはこの誤った意識に基づいて新たな行為が生まれるというイデオロギーの「拡大再生産」をクラウスは時代の最大の問題と考えていた。旧弊な性道徳、国威発揚のナショナリズム、妄想的な人種主義といった、クラウスにとっての「自然」を歪めるとみなされたイデオロギーの拡散を、彼は防ごうとした。「リアリティ」との関係を失った言語を用いて「第二のリアリティ」の構築にいそしむ政治家や知識人、そして彼らの言葉を流通させ人々の意識を規定しようとするメディアという装置こそ、クラウスにとっての時代の悪であった。そしてこのメディア装置と国家権力が癒着したナチス支配の悪の「前代未聞さ」を、クラウスはナチズム論において強調したのだった。フェーゲリンはこのクラウスの批判の意図を見抜き、クラウスを読むということは「第二のリアリティ」と「第一のリアリティ」を対決させる試みである、と評価する。[†19]

フェーゲリンは『ヒトラーとドイツ人』において、この「第二のリアリティ」批判、グノーシス主義批判をより高次なレベル、すなわち近代的な学問批判——実証主義、科学主義批判——にまで展開している。そして同時代のドイツの学問を特徴づける知識人としてカール・マルクス、フリードリヒ・ニーチェ、マックス・ウェーバー[20]、そして本書でもたびたびとりあげてきたジークムント・フロイトの名を挙げて、彼らに共通する特徴を三点にまとめている[21]。

その第一の特徴とは、人間とその行為を権力、闘争、欲動的生の観点から理解しようとすること、すなわち「古典的・キリスト教的」な倫理においては情念、欲望、リビドーと呼ばれるような「実存の位相」に着目したことである。フェーゲリンは彼らのこうした試みを「人間を限定された人間性の観点から解釈する」試みと呼ぶ。そのための新たなシンボルとして、マルクスは「階級闘争」、ニーチェは「権力への意志」、フロイトは「リビドー」、ウェーバーは「政治と歴史のアナンケー（Ananke）としての行為の目的合理性」という言葉を生み出した。彼らの第二の特徴は、価値を利害、闘争、欲動的生の仮面として暴露しようとしたことである。そのために「理性と精神を欲動的生の仮面とするシンボル」が必要とされ、「倫理と政治における、善と徳の教えに関わる理性的言語の抑圧」が生じた。そして第三の特徴は、市民と市民的に抑圧された財産道徳や性道徳に対する嫌悪（あるいは憎しみ）である。それへの対抗として「貴族主義」が主張されることになる。

この学問論としてのグノーシス主義批判において注目すべきは、第2章で論じたクラウスのフロイト批判との連関であろう。クラウスとフロイトに関する研究書を著しているトーマス・サッズは、フェーゲリンのフロイト批判が「クラウスによって始められた精神分析に反対する道徳的対話」を引き継ぐものと考えている[22]。クラウスの精神分析批判とは、精神分析からの逃れがたさ、精神分析の科学的一元論とその無謬性を問題とするものであった。つまりゲーテの詩に代表される偉大な芸術作品やクラウス本人を「無許可」で分析の対象とし、芸術作品の内容やクラウスの文筆活動を「性的なもの」や「父親コンプレックス」に還元して説明し、さらにはそうした自らの解釈の無謬性にまったく疑いを持たない分析家の態度を、クラウスは舌鋒鋭く批判した。[†23] そして晩年には精神分析を、ナチズムを可能にするような精神状態を作り出した元凶の一つとして槍玉に挙げるに至る。

フェーゲリンも論文「代理宗教」において、グノーシス主義として進歩主義、実証主義、マルクス主義、精神分析学をファシズム、ナチズムと並べて批判している。[†24] ここでもフェーゲリンが批判するのは「第一のリアリティ」の価値を捨象して自分たちの理論で一元的に世界を解釈しようとする現代科学の姿勢であった。すなわち「科学主義としての実証主義が人間の〈意味〉を自然科学的因果連関のコスモスに一次元的に閉じ込めてしまう点」をフェーゲリンは批判した。[†25] フェーゲリンの視角は、ナチズムのような粗暴な形態のイデオロギーから近代科学一般のイデオロギー性にまで向けられていた。クラウスとフェーゲリンは共に、「第二のリアリティ」を構築するものとして精神分析的手法を批判していた、ということができるのである。

三　おわりに――フェーゲリンによるクラウス論の妥当性

それでは、以上のようなフェーゲリンのクラウス解釈は、果たして妥当なものといえるであろうか。フェーゲリンのクラウス論を、クラウス論というよりもクラウスを使ったフェーゲリン思想の論述に過ぎないと批判することもできるであろう。だが筆者の見解としては、「リアリティ論」や「グノーシス論」を軸としてクラウスの時代批判をまとめあげることは、フェーゲリン政治思想にひきつけた解釈ではあるものの、一定程度の妥当性を持つ。

第一に、クラウスの時代批判を「言語」と「リアリティ」の関係から捉えなおしている研究はフェーゲリンに限ったものではない。エドワード・ティムズはクラウスにとっての問題が「言語とリアリティの調和の喪失」であったと指摘し、[26] ウィリアム・ジョンストンはクラウスとウィトゲンシュタインの試みを「言語とリアリティの等置の復権」を目指すものであったと解釈する。[27] レオ・レンシングによれば、クラウスは「マス・メディアの時代において、われわれはもはやリアリティを経験せず、不可避的に歪められたリアリティのレポートを経験するに過ぎない」と考えていた。[28] こうした先行研究における言及をフェーゲリン用語に即してまとめれば、「第二のリアリティ」を構築するイデオロギー言語の虚偽性を暴露し、「第一のリアリティ」と対応した言語を復権させることがクラウスの生涯の課題であった。

エーリッヒ・ヘラーはクラウスと関連づけながらウィトゲンシュタインを論じたシンポジウムでの発言[29]の中で、「国を正すために権力を与えられたらまず何を行うか」と問われ「まず言語を正す」と答えた『論語』における孔子の例を挙げ、それと関連づけてウィトゲンシュタインの言語論にある「道徳的情熱」を指摘した上で、続けてさらに孔子の言葉を引用している。

もし言語が正しく使われなければ、語られた言葉は意味を持たない。もし語られた言葉が意味を持たなければ、なされるべきことはなされないままである。なされるべきことがなされないままであるならば、道徳も芸術も腐敗してしまう。そして道徳と芸術が腐敗すれば、正義は消えてしまうであろう。正義が消えてしまえば、人々は希望なき混乱の中に置かれることになる。[30]

ヘラーは「ウィトゲンシュタインの願いとは、自らの著作で〈われわれの暗い時代〉にいくらかの光をもたらすことでした。言語が正しく使われなければ、人々は希望なき混乱の中に置かれてしまうでしょう。カール・クラウスはいかにこのことが生じたかということを示していました。そしてウィトゲンシュタインもまた、オーストリア人だったのです」と自らの発言を締めくくり、クラウスとウィトゲンシュタインの問題意識の共通性を強調する。

またヘラーは彼の著書『廃嫡者の精神』に収められたクラウス論においても、この孔子の発言を引用し、クラウスにとっては「言葉の用法を正すこと」、「言葉の恣意的な用法を許さないこと」にすべてがかかっていた、と主張している[†31]。言葉が人間の意識や行動を規定するがゆえに、それは正しく用いられねばならないとクラウスは考えた。日本軍による上海砲撃（上海事変）にヨーロッパ世論が憤慨する中、「人々が、コンマを正しい場所に置くという義務を負い、つねにそのことを配慮していれば、上海が炎に包まれることはなかっただろうに」とエルンスト・クレネクに語ったと伝えられるクラウス[†32]のことを考えれば、この孔子を使ったクラウスの言語観の評価は適切なものといえる。フェーゲリンはこうした従来言語学的な関心に基づいて行われてきたクラウス評価を、彼の政治哲学的語彙を用いて捉えなおしたのである。

第二に、このことはフェーゲリンのグノーシス論にひきつけたクラウス解釈にもあてはまる。フェーゲリンのグノーシス論は独特のもので、ヨーロッパ中世におけるフィオーレのヨアキムを起源に、実証主義、マルクス主義、精神分析、ナチズムさらには現代のリベラリズムまでも含め一緒くたに「グノーシス」でまとめ上げる彼の議論には批判も多い[†33]。だがフェーゲリンと同時代に、彼とは別の文脈でクラウスを「反グノーシス」の思想家と評価する研究が存在する。

ハンガリー系の知識人で、カトリック政治思想の研究者でもあったベラ・メンツァーは、彼のクラウス論[†34]において、クラウスをフェーゲリンと同様に反グノーシス的知識人として論じている。メンツァーによれば、同時代のグノーシス主義者の問題とは「あらゆる思想を所有への性的欲求、経済的権力への希求」として暴露する態度であり、ドイツ的グノーシスの問題とは近代の帰結である。[35] この近代的グノーシスの特徴である科学主義により、自然主義者は「自然」を、リアリストは「リアリティに内在する超越的理念」を否定するに至った。クラウスは「こうしたあらゆる種類のグノーシスに反対して、神の創造の荘厳な美を守る終わることなき闘いに従事した」[36]。というのも、クラウスにとって「いわゆる科学によるエロティックなものの合理化、現代生活における女性的原理の否定ほど、この時代における堕落、創造への大いなる攻撃はないように思えた」からであった[37]。

このメンツァーのクラウス論は、思想すなわち精神的なものを生物学的な欲求の次元に還元する態度をグノーシス的なものとして捉え、クラウスをその批判者として解釈している点で、フェーゲリンの議論と類似している。またメンツァーの議論は、セクシュアリティという「自然」の領域を擁護するクラウスの議論の意味を的確に捉えている。メンツァーが指摘するように、クラウスは創造の根源にある「自然」という領域を、フロイトや精神分析家が科学的言語で回収し、自然科学的な意味連関の中に一元的に閉じ込めてしまうことを厳しく批判したのであった。

こうした点に加えて、メンツァーのクラウス論は、メディアによって「リアリティに対する人間の自発的な関係が世界から消え去ってしまった」ことがクラウスにとっての問題だったことを指摘している点[38]、さらにクラウスがオーストリア国家を「非ナショナル」な国家であり、ナショナルな野望を持たないがゆえに評価していたことを指摘している点[39]において、本書の問題意識からしても重要なものである。

このメンツァーの論文「カール・クラウスと近代的グノーシスに対する闘い」が書かれたのは一九五〇年のことであり、それは偶然にもフェーゲリンがグノーシス研究を始めたのと同時期であった[40]。メンツァーの議論はフェーゲリンのそれに「きわめて近い」といえるものの、両者の間に交流があったかどうか、お互いの論文を読んでいたのかについては、管見の限り、資料が残されていない。[†41] とはいえ、ほぼ同時期に旧ハプスブルク帝国にゆかりのある二人の思想家がカール・クラウスを「反グノーシス」の思想家として論じていることは興味深い符合であるし、フェーゲリンのクラウス論が決して自らの議論に引きつけた独りよがりの解釈ではないことの証左といえよう。

このようにフェーゲリンを経由してクラウス「政治思想」を解釈すると、その特徴は「第二のリアリティ」を構築する政治家、知識人、メディアを批判し、「第一のリアリティ」に則した言語秩序を復活させる、ということにある。ここまで明らかにした上での問題は、そもそもクラウスにとってこの「第一のリアリティ」とは何を意味していたのかということであり、さらに「第一のリアリティ」に基づいて「第二のリアリティ」を批判するという彼の時代批判の論理が持つ「意義」とその「限界」を示すことであろう。この問題は本書全体の総括も含め、次の終章で扱いたい。

†1　本書序章七頁を参照。
†2　Voegelin, Autobiographical Reflections, in: CW. Vol. 34, p. 46（『自伝的省察』、三一頁）.
†3　Voegelin, *Hitler und die Deutschen*, S. 201（CW. vol. 31, p. 135）.
†4　一九五八年一二月二六日付のフェーゲリンによるアルフレート・シュッツ宛書簡（CW, vol. 30, p. 369）。
†5　Voegelin, Autobiographical Reflections, in: CW. vol. 34, pp. 73–81（『自伝的省察』、六二―七二頁）.
†6　Voegelin, Autobiographical Reflections, in: CW. vol. 34, p. 78（同前、六八頁）.
†7　Voegelin, Autobiographical Reflections, in: CW. vol. 34, pp. 45–46（同前、三〇頁）.
†8　Eric Voegelin, Extended Strategy: A New Technique of Dynamic Relations (1940), in: CW. vol. 10, p. 25.
†9　Voegelin, *Hitler und die Deutschen*, S. 263（CW. vol. 31, pp. 252–253）.
†10　Voegelin, *Hitler und die Deutschen*, S. 265（CW. vol.

31, p. 255).

†11 Erich Voegelin, *Die politischen Religionen* (1938), Peter J. Opitz (Hg.), München, 2007, S. 17 (CW. vol. 5, pp. 32–33).

†12 Voegelin, *Die politischen Religionen*, S. 64 (CW. vol. 5, p. 71).

†13 Eric Voegelin, *The New Science of Politics* (1952), in: CW, vol. 5(『政治の新科学』山口晃訳、而立書房、二〇〇三年).

†14 Voegelin, *Hitler und die Deutschen*, S. 90–97 (CW. vol. 31, pp. 91–98).

†15 Kraus, *Dritte Walpurgisnacht*, S183–185/K163–164(『第三のワルプルギスの夜』、二二〇—二二二頁).

†16 Voegelin, *Hitler und die Deutschen*, S. 94 (CW. vol. 31, p. 95).

†17 Voegelin, *Hitler und die Deutschen*, S. 254 (CW. vol. 31, p. 244).

†18 Voegelin, *Hitler und die Deutschen*, S. 263 (CW. vol. 31, p. 252).

†19 Voegelin, *Hitler und die Deutschen*, S. 201–202 (CW. vol. 31, p. 195).

†20 ただしこの回の講義のタイトルが「マックス・ウェーバーの偉大さ(Die Größe Max Webers)」となっていることからもわかるように、フェーゲリンがこの四人の中でウェーバーだけを例外的な位置に置いていることは注意せねばならない。フェーゲリンはウェーバーの価値相対主義を一方で批判しているが、ウェーバーにおける「イデオロギー、革命的黙示録、革命的行動主義、革命的意識」の欠如を評価する。本章の議論に即せば、ウェーバーが「第一のリアリティ」の秩序を認めなかったにしても、彼が「第二のリアリティ」の構築は行わなかったことが評価されているといえよう。ウェーバーとフェーゲリンについては野口雅弘『闘争と文化——マックス・ウェーバーの文化社会学と政治理論』(みすず書房、二〇〇六年、特に第Ⅱ章と第Ⅶ章)を参照のこと。

†21 Voegelin, *Hitler und die Deutschen*, S. 269–270 (CW. vol. 31, pp. 258–259).

†22 Szasz, *Anti-Freud*, p. 77. サッズの研究は、クラウス研究の側からフェーゲリンとの関連性を指摘する数少ない重要な研究であるが(同研究では後述するエーリッヒ・ヘラーやベラ・メンツァーの議論も紹介されている)、そのクラウス＝フロイト比較研究においては、一方的にフロイトを非難するきらいがある点に問題がある。

†23 本書第2章七三頁以下を参照。

†24 Eric Voegelin, Religionsersatz. Die gnostischen Massenbewegungen unserer Zeit (1960), in: *Der Gottesmord.*

Zur Genese und Gestalt der modernen politischen Gnosis, Peter J. Opitz (Hg.), München, 1999, S. 105 (*CW.* vol. 5, p. 295).

†25　野口『闘争と文化』、一五八頁。

†26　Timms, Karl Kraus and the Transformation of the Public Sphere in Early Twentieth-Century Vienna, p. 170.

†27　William Johnston, *Austrian Mind: An Intellectual and Social History, 1848–1938,* Berkeley, 1972, p. 211（『ウィーン精神――ハープスブルク帝国の思想と社会　一八四八－一九三八』、第一巻、井上修一・岩切正介・林部圭一訳、みすず書房、一九八六年、三一八頁）.

†28　Lensing, The *Neue Freie Presse* Neurosis, p. 53.

†29　Erich Heller, A Symposium: Assessments of the Man and the Philosopher, in: *Ludwig Wittgenstein: The Man and his Philosophy*, K. T. Fann (ed.), New Jersey, 1967, pp. 64–66.

†30　これは『論語』子路篇一三－三の内容を指す。ただしヘラーの言及は、原書漢文からの忠実な引用とはいえないようである。

†31　Erich Heller, Karl Kraus, in: *Enterbter Geist. Essays über modernes Dichten und Denken*, Frankfurt am Main, 1954, S. 333（『廃嫡者の精神』、青木順三・杉浦博・中田美喜訳、紀伊國屋書店、一九六九年、二五七頁）.

†32　このことはクレネクのクラウス論の中で回想されている。Ernst Krenek, Erinnerungen an Karl Kraus, in: *Zur Sprache gebracht. Essays über Musik*, München, 1958, S. 237.

†33　早い段階における著名なものとしては、アレントの批判がある。フェーゲリンによるアレント『全体主義の起原』の書評に端を発した両者の間の論争において、アレントは後期中世における内在論者のセクト主義の興隆に全体主義の起原を見るフェーゲリンの思想史観に疑義を呈し、「自由主義者は明らかに全体主義者とは異なる」と両者の関連性を強調するフェーゲリンのグノーシス論を批判した。この論争全体は *The Review of Politics*, vol. 15, no. 1, 1953, pp. 68–85に収められており、フェーゲリンに対するアレントの返答には邦訳（「エリック・フェーゲリンへの返答」、山田正行訳、『アーレント政治思想集成』、第二巻、みすず書房、二〇〇二年、二四三－二五三頁）がある。

†34　Béla Menczer, Karl Kraus and the Struggle against the Modern Gnostics, in: *The Dublin Review*, no. 450, 1950, pp. 32–52.

†35　Menczer, Karl Kraus and the Struggle against the Modern Gnostics, p. 34.

†36　Menczer, Karl Kraus and the Struggle against the

Modern Gnostics, p. 42.

†37　Menczer, Karl Kraus and the Struggle against the Modern Gnostics, p. 41.

　メンツァーのように、クラウスを「カトリック的知識人」の系譜に置く研究者が（Béla Menczer, *Catholic Political Thought 1789–1848*, London, 1952, p. 56）、クラウスの「セクシュアリティ」をめぐる議論を肯定的に捉えている点は非常に興味深い。クラウスの性解放の議論が、「退廃」や「放埒」とは異なる意義を持つものとして受け止められえたことを示しているからである。

†38　Menczer, Karl Kraus and the Struggle against the Modern Gnostics, p. 32.

†39　Menczer, Karl Kraus and the Struggle against the Modern Gnostics, p. 49.

†40　Jürgen Gebhardt, Editor's Introduction, in: CW. vol. 29, pp. 59–60.

†41　Arpad Szakolczai, *Reflexive Historical Sociology*, London/New York, 2000, p. 56. 同研究はフェーゲリンとメンツァーの類似性を指摘する数少ない研究である。だがフェーゲリンの各種書簡などを見ても、メンツァーへの言及は見当たらない。

終章　限界と可能性——カール・クラウスの現代的意義

（一）「啓蒙的・批判的知識人」・「オーストリア愛国者」としてのクラウス

本書はこれまでオーストリア思想史における「二つの文化対立」において、それぞれ「啓蒙的・批判的」側面と「オーストリア・パトリオティズム」の側面に着目し、この両側面からカール・クラウスを「一貫した」思想家として捉えられるかを探ってきた。ここまで見てきたように、クラウスはアドルフ・ロースやジークムント・フロイトと共に旧弊な市民文化・市民道徳を批判し、第一次世界大戦やナチズムを厳しく非難する「啓蒙的・批判的」知識人として活躍した。そして同時に、フランツ・フェルディナント、ハインリヒ・ラマシュ、エンゲルベルト・ドルフスといった保守的な政治家に対する信頼を一貫して持つ「オーストリア愛国者」でもあった。問題はこの二つの側面が、一人の人間の中でどのように統合されていたかであろう。

この点を理解するためには、「啓蒙」や「近代」に対する彼の両義的な立場を理解しなければならない。なぜならクラウスの言論活動には、「啓蒙批判」という側面と「啓蒙的」側面の二つの方向性を読みとることができるからである。クラウスは一方で市民的啓蒙が形骸化し、それが単なる技術的主知主義と化した状態を鋭く批判した。テクノロジーによる時代の進歩を楽観的に肯定している同時代の市民社会へのクラウスの見方は厳しい。だがその一方でクラウスが行っていたのは、依然として伝統的歴史主義を奉じ、旧弊な文化を固守する同時代の市民社会の精神の後進性への批判であった。クラウスが何よりも問題にしたのはこの「進んだテクノロジー」と「遅れた精神」の結合であり、第一次大戦やナチズムの中にその最悪の形態を見出していた。啓蒙の逸脱への批判と同時に啓蒙の過少の問題をも、後進国オーストリアの知識人であるクラウスは引き受けねばならなかったのである。

この啓蒙の過少を問題にしている意味で、クラウスはまぎれもなく「啓蒙家」としての顔も持っていた。クラウスの時代批判の立脚点は、ある種素朴な初期近代的・古典的ヒューマニズムであった。それは彼が個人の質的な人間性に依拠して第一次大戦やナチズムを批判していたことや、あるいはきわめて個人主義的なコスモポリタニズムに立脚してナショナリズムや人種主義を批判していたことなどから読みとることができる。彼の時代批判は確かに仮借ないが、既存のものすべてへの批判、市民的秩序の破壊といったものではなく、批判が立脚する理念、「客観的価値」基準が存在していたといえるのである（その内容については次項で詳述する）。

この古典的な市民的啓蒙を自らの批判の立脚点とするという面では、既存の形式すべての破壊を目指したダダイスト的な潮流とクラウスは明確に異なるし、また市民世界そのものの破壊を主張した保守革命派とも異なるのである。クラウスの思想的立場は、保守主義者から見れば紛れもない伝統の破壊であり文化アヴァンギャルドであったが、よりラディカルなアヴァンギャルドや左派知識人から見れば保守主義とも受け止められたのである。

ではなぜこうした「啓蒙的・批判的」態度が「オーストリア・パトリオティズム」という保守的にも見える政治的態度と結びついたのであろうか。ここで考えなくてはならないのは、クラウスにとっての「オーストリア理念」の意味である。それは当然のことながらありのままのオーストリアという存在に対する盲目的な支持では決してなかった。第4・5章で見てきたように、クラウスのオーストリア・パトリオティズムが発露されるのは、オーストリア国家の存在が戦争や偏狭なナショナリズム、ナチズムへの「防壁」になりうるとき、つまり彼の依拠する古典的ヒューマニズムの擁護者たりうるときだけであった。

これは特にドイツとの関係から考察しなければならないことであるが、第一次大戦時に独墺関係の深化を批判しオーストリアの独自性を訴えることが反戦・単独講和という立場につながり、またオーストリアのナチス・ドイツへの合邦を批判しオーストリアの独立の意義を説くことが反ナチズムという立場につながったように、「オーストリア・パトリオティズム」はときとして盲目的愛国心ではなく、時代批判の基盤となりえた。つまりクラウスにとっての愛すべきオーストリアとは、彼の奉じる価値を体現するかぎりでのオーストリアだったということができるのである。

クラウスは一方で旧弊な市民道徳や文化を破壊し、新たな文化を作り出そうとする「批判的ウィーンモデルネ」の代表であると同時に、市民社会における啓蒙の形骸化、精神なき進歩主義を問題視し、自らの古典的なヒューマニズム理念に立脚して社会批判を行う「啓蒙家」でもあった。そして彼の祖国オーストリアがそうした理念の担い手たるかぎりにおいて、彼は熱心な「オーストリア愛国者」になりえた。「時代遅れのオーストリア・ハンガリー帝国の非近代的意識構造の持つ逆説的な超近代性をもっとも強烈に体現した個性」[†1]であるクラウスを理解するには、様々な側面の複合体としてクラウスを理解しなければならないのである。

(二) クラウス政治思想の「意義」と「限界」

次に「政治思想」という観点から見た、クラウス思想の特徴とその問題点をまとめてみよう。

本書はこれまでクラウスの時代批判に一貫する「論理」として、彼の「メディア」批判、「イデオロギー言語」批判をとりあげ、第6章ではエリック・フェーゲリンのクラウス論を参考に、それを「第二のリアリティ」批判という観点からまとめてきた。彼の舌鋒鋭い批判は、世紀転換期の装飾批判から、精神分析批判、第一次大戦批判を経て、晩年のナチズム批判に至るまでとどまることはなかった。政治思想という観点から見れば、彼の言論活動の意義とはこの「批判能力」にあったといってよいだろう。

しかしこの点が諸刃の剣であって、クラウス政治論とは、基本的に何らかの政治制度の構築を目指す議論ではなくて、あくまで現体制の虚偽を暴露するという「批判理論」としての機能を果たすものであった。それゆえ同時代のクラウス批判者の一人ベルンハルト・ディーボルトは、クラウスを「つねに他者に対して否をいい、未来を志向する然りをいわない反対文士」と批判した。クラウスは『人類最後の日々』における自らの分身をそう名づけたように、まさに当時のドイツ・オーストリア文化圏における最大の「不平家」であった。この新しい政治体制の構築という方向に向かわない点において、クラウスの議論は「保守」的な機能を果たすこともあった。クラウスが守ろうとした「第一のリアリティ」とは、未来に構築すべき何ものかではなかった。

ここで問題になるのは、クラウスが守ろうとした「第一のリアリティ」とは果たして何を意味していたのかということである(フェーゲリンにおいては、おそらくヨーロッパ古典古代の伝統、すなわち「超越」との緊張関係を失わない政治共同体を意味すると思われるが、†2 ここではフェーゲリンについてはこれ以上立ち入らない)。クラウスにおいて、この守るべき「第一のリアリティ」とは、彼が奉ずる古典的なヒューマニズムや、彼が最大の価値を置いた芸術作品が生成される基盤にあると考えられた「根源」、「自然」と呼ばれる領域であった。†3 彼は「質的な人間性」や「突きつめられた個人主義」といったヒューマニズム的理念に加え、「根源」や「自然」といった抽象化された理念を掲げ、そこから離反を続ける同時代の社会を批判するという立場をとった。そしてこの「根源」や「自然」の領域に属するとみなした「セクシュアリティ」の問題を重視し、旧弊な道徳からの解放を訴え、この問題を生物学的な観点からのみ捉えるフロイトとその学派を厳しく批判した。†4 さらに「根源」からの離反こそが人類から「想像力」を奪い、世界大戦やナチズムをもたらしたと考え、その原因であるメディアの言語、すなわち「第二のリアリティ」を構築する言語を批判した。いくぶん警句的ないい方ではあるが、クラウスは「根源に近づけば近づくほど、人は戦争から遠ざかる。人類が常套句を持たなければ、彼らは武器を必要としないであろう」（F572–576: 12, 1921）†5 と、第一次大戦後の『ファッケル』に書いている。

クラウス研究史においては、彼を革新的知識人と捉える側から保守的な知識人と捉える側まで幅広い解釈が存在するわけであるが、いずれの側もクラウスの理念としてこの「根源」概念を挙げている点では一致する。†6 だがクラウスの「根源」理念は、非常に抽象度の高いもので、クラウス自身もその内容を明示していない文字通りの「ユートピア」であって、その具体的内容はわかりにくい。クラウスの政治思想をこの「根源」との関連から論じているジグルト・パウル・シャイヒルも次のように指摘している。

「根源」理念は当然合理的に定義づけるには非常に難しいものであり、また詩人［クラウス］自身によってもはっきりと表現されていないもので、完全に意識化されたものではない。というのも、この観念は、誤った進歩信仰を持った時代の表面的な合理主義への対抗像として考え出されたものであって、それゆえ神話的なものの薄暗闇の中に委ねておかねばならないものであるからだ。何よりも彼の抒情詩の中で繰り返し呼び起こされる「根源」とは、クラウスにとってあらゆる「価値」の場所であって、「自然」と「精神」が神話的に調和する場所なのである。そこで前者は「性」や「女」、地域性の根源的経験を、そして後者は「芸術」、「言葉」、「人間」、そして倫理を包括するのである。[†7]

それゆえこの理念を概念化することは困難で、われわれは個々の論戦においてクラウスが守ろうとした具体的な事柄の背後にそれを読みとっていくしかないのである。本書では、「装飾」なき言語、セクシュアリティ（自然）の領域、量に還元されることのない人間の「質的存在」といったものが、クラウスの批判を支える理念であることを強調してきた。

ただここでの問題は、クラウスにとっての「第一のリアリティ」の内容がどのようなものであれ、それがあくまでも「非政治的」なものにとどまったことである。クラウスは、古典的なヒューマニズムや「自然」、「根源」といった彼の理念を脅かすものに対してはきわめてラディカルな批判者になりえた。だが彼が守ろうとする理念それ自体は「非政治的」な領域に属するものであり、そもそも政治権力を通じてその実現を目指すという類いのものではなかった（もしそうすれば、彼のユートピアは「ユートピア」としての性質を失い、「第二のリアリティ」に堕してしまうことになったであろう）。彼は自らが理想と掲げるこの「非政治的」な領域の不可侵性を守るために、それが侵害されたときにのみ、あえて公共領域、「政治的」領域に踏み出して時代批判を行った。政治とは決して「目的」ではなく、彼の理念を守るための「手段」に過ぎなかった。彼にとっては政治参加それ自体に価値があるのではなく、彼にとっての守るべき「価値」は、政治から離れた領域に存在するものであった。[†8]

政治思想的な発想からすれば、この「非政治的」領域、すなわち「私的」領域にこそ人間の自由を見出し、そこに対する外部からの干渉を排除しようとする態度は、一見「リベラル」な政治的立場として解釈しえよう。しかしクラウスを単純に「リベラル」派知識人と定義することはできない。カール・E・ショースキーのクラウス論とロース論はまさにこの点を問題にし、クラウスやロースがオーストリアにおける「啓蒙的・批判的」知識人の系譜に位置しながらも、彼らがもっぱら私的領域における自由のみを重視し、公的領域に姿を現さなかったことを強調したのであった。すなわち、「公的場面から私的空間へ」というショースキーのクラウス、ロース論のタイトルが暗示するように、一九世紀半ばのリベラルな「啓蒙的・批判的」知識人たちが、旧権力との闘いの中で「市民的価値」を都市空間という公共領域で視覚的に表現しようとしたのに比して、世紀末世代のクラウスとロースが自らの奉ずる価値の実現を閉ざされた私的領域の中に求めた点を、ショースキーはこの世代における「私性」の問題として論じたのである。[†9] クラウスは「家庭生活とは私生活への干渉である」(F270: 34, 1909)[†10] と述べるほどの徹底した個人主義者、私生活主義者であり、生涯を独身で通した。

このショースキーのクラウス批判は一面で的を射ている。確かにクラウスはオーストリア政治思想史における「啓蒙的・批判的」知識人の系譜に属するが、だからといってクラウス政治思想を単純に「リベラル」とまとめることはできない。リベラリズムにとって問題なのは公権力の私的領域や社会的領域に対する干渉であって、それゆえ公権力の制限が最重要の課題となる。しかしクラウスが一貫して問題にし続けたのは社会的な権力である「メディア」であった。それゆえ彼はレトリカルな形ではあれ、検閲や表現の自由の制限、つまり国家権力による社会的権力の抑圧をむしろ肯定的に論じたことさえある。彼が守ろうとする私的領域とは「社会的」な領域を含まず、それは文字通りの「プライベート」な領域であった。

加えて、リベラリストであれば、国家権力から私的・社会的領域の自由を守るための制度的な保障、例えば議会主義や立憲主義、民主主義の権利を擁護するはずである。だがクラウスにはこの観点が決定的に欠けていた。クラウスは、自身が理想視する私的領域の自由を担保するものとして、つねに具体的な「個人」に期待した。しかもそれはフランツ・フェルディナント、ラマシュ、ドルフスといった保守的な政治家の中から選ばれた。この意味でクラウスの理想を「啓蒙絶対君主」と見る田口晃の指摘は的を射ている。[†11]自由の保障を具体的な人物に期待する限り、それは決して制度論的な話にはならないし、クラウスが形式的な政治的権利をあまりに軽視した理由も、ここから垣間見える。

このように人間の自由の意味や精神的発展の可能性を、「非政治的領域」にのみ求めた意味で、クラウスはきわめて「ドイツ」的な知識人にも見える。つまり内面的価値だけを重視し、「非政治的人間」として引きこもり、戦争もナチズムも看過したあの悪しきドイツ的伝統の系譜に連なる知識人に、である。

だがクラウスは「政治」がこうした内面的価値を脅かす場合には、ためらうことなく公的領域に姿を現し批判を行った。それはテクノロマンティックな戦争を行う独・墺両帝国政府に対してであり、労働者弾圧を行うオーストリア政府に対してであり、さらにはクラウスにとって前代未聞の悪政と映ったナチス・ドイツに対してであった。実際こうした政治的言論活動を行うことで、クラウスは軍部による監視、講演会に対する妨害、数多くの脅迫や誹謗中傷を被ることになる。だがクラウスはこうした干渉に決して屈することなく、生涯にわたって批判の口を閉ざすことはなかった。この点においては、クラウスは「公的」領域で活躍する知識人といえた。逆説的なことではあるが、クラウスは「非政治的」な領域にのみ価値を見出したからこそ、そこを外部の悪しき（社会的、あるいは国家的な）影響力から守るために、「政治的」に活動せざるをえなかったのである。彼は「非政治的」な「政治的」知識人であった。

クラウスを政治思想的にどう評価するかという問題は、この彼の理念の「非政治性」（ある種の保守性）に着目するか、それともこの理念を守るために彼が行った「時代批判」のラディカルさ（ある種の革新性）に着目するかどうかで分かれてくるといえよう。彼はセクシュアリティという人間の内的自然の領域を守ろうとしたがゆえにフロイトとも共闘し同時代の性道徳を鋭く批判したが、女性の政治的・社会的権利の向上を訴えることはなかった。彼は戦争の非人間性、大量破壊兵器とロマンティックなイデオロギー言語の「同時性」を問題視したが、その原因としての旧弊な宮廷政治や官僚・軍部支配に目を向けることはなかった。そしてナチズムの問題性にいち早く気づき、その体制の残虐性を告発したが、ドルフス政権の問題性は看過し、議会主義デモクラシーの廃止を肯定し、社会民主党の壊滅を歓迎した。いずれの論戦においても、前者の側面を強調すればクラウスはまぎれもなくラディカルな批判的知識人と呼べるが、後者の側面を強調すればクラウス思想の限界や問題点も浮かび上がってくる。「政治思想」的観点からクラウスの「第一のリアリティ」を批判的に再検討するならば、われわれはクラウスが重視した理念のリストに、彼が軽視した種々の政治的権利を書き加える必要があるだろう。

（三）　クラウス思想の現代的意義

それゆえ、本書でこれまで行ってきたようなクラウスの伝記的・思想史的研究を超えて、クラウスとその思想の「政治思想的意義」、さらには「現代的意義」を見出そうとするならば、それは彼の時代批判のラディカルさ、そしてその際の中心的な議論である「メディア批判」、「イデオロギー言語批判」を重視することになろう。現代においてたとえクラウスと同じ「第一のリアリティ」を共有することはできなくとも、彼の「第二のリアリティ」批判は適用可能であるし、マスコミュニケーション・テクノロジーが構築する「第二のリアリティ」の虚偽性を告発する営みは、今日ますます重要となっているからである。

そしてこの「第一のリアリティ」と「第二のリアリティ」を切り離して考察できる点が、フェーゲリンとクラウスの相違点でもある。フェーゲリンの「第二のリアリティ」批判は、彼自身の確固としたコスモロジー、「第一のリアリティ」に基づいたもので、彼にとっての「第一のリアリティ」とは西欧古典古代の伝統、すなわちソクラテス＝プラトン的共同体、あるいは古代キリスト教的共同体を理念化したある種の歴史的概念であった。彼には「第一のリアリティ」というものさしがあり、それを使っていわば外在的に「第二のリアリティ」批判を行った。フェーゲリンは彼の理想とするこの「第一のリアリティ」からの「逸脱」を「グノーシス主義」あるいは「第二のリアリティ」と批判したのである。彼にとって、西欧政治思想史とはこの「第一のリアリティ」からの壮大な「逸脱」の過程であった。それゆえ読者がフェーゲリンの「第二のリアリティ」批判に共感できるか否かは、フェーゲリンのいう「第一のリアリティ」に共感できるか否かにかかっているといえよう。

その一方で、クラウスの「第一のリアリティ」とは歴史的概念というよりも、抽象化された非歴史的な理念であって、文字通りの「ユートピア」であった。そしてクラウスの時代批判は、フェーゲリンとは異なり、むしろ「第二のリアリティ」に内在して、その矛盾を暴露するという手法をとった。すなわち自分の「ものさし」に基づいて一刀両断に論じるというよりも、メディアによる報道、政治家や知識人の発言における矛盾や虚偽を暴露するということが彼の一貫した手法だった。それゆえに、「言葉」に対する感覚が鋭敏な者ならば、クラウスと同じ「第一のリアリティ」を共有しなくとも、クラウスの「第二のリアリティ」批判に共感することができた。同時代のクラウス支持者が、保守派から社会主義者まで政治的に非常に幅広く散らばっていた理由は、このことから理解できよう。「嘘」は誰が見ても「嘘」だからである。

現代の日本では、言葉の「軽さ」がしばしば問題視される。重要な政治的問題においても、自分たちに都合のよい「第二のリアリティ」を構築しようとする政治家、知識人、メディアが存在することは疑いえないだろう。今日、クラウスをメディア論の先駆として評価する論者は数多く存在し、彼らはテレビカメラと報道記者が伝える「ヴァーチャル・ウォー」の問題、存在しない大量破壊兵器を口実に開始されたイラク戦争の問題などをとりあげる際に、こうしたメディア批判の先駆としてクラウスを高く評価している†12。クラウスの同時代に問題であったのが新聞とラジオ、せいぜいのところ映画だけであったのに対し、現代社会ではテレビに加え、インターネット等を通じて、メディアが人々の意識を規定する比重は大幅に高まっている。こうしたメディアが作り上げる「第二のリアリティ」を暴露する、虚偽告発の思想としてのクラウス政治思想の意義は、二一世紀においても決して薄れることはないのである。

†1　平井正「オッフェンバック復興」、『海』、一九七八年一二月号、二八〇頁。

†2　フェーゲリンの「第一のリアリティ」、すなわち彼の理想的な政治共同体については、さしあたり次の研究を参照。寺島俊穂『政治哲学の復権』、ミネルヴァ書房、一九九八年、第三章。細井保「エリック・フェーゲリンの政治神学」、同編『二〇世紀の思想経験』、法政大学出版局、二〇一三年、一五五―一八〇頁。

†3　ここではクラウスにおける「ヒューマニズム」理念と「根源」・「自然」理念を等置しているが、この両理念の間の相違点を本書では明らかにしていない。ある程度歴史的な概念である初期啓蒙的「ヒューマニズム」と、非歴史的概念といえる「根源」・「自然」理念の共通点と相違点を明確にすることが、クラウスを内在的に研究する上での今後の課題である。

†4　第2章で見たようなフロイトとクラウスの違いは、この点にあると思われる。つまり、セクシュアリティの抑圧を問題視し、支配的な性道徳からの解放を訴えた点で両者は確かに一致するが、フロイトにとってセクシュアリティの領域があくまで人間の「本能」の領域、即物的な領域に過ぎなかったのに対し、クラウスにとってはその領域こそが文化生成の源であり、人間の精神性に関

わるものであった。このセクシュアリティという「第一のリアリティ」に関わる領域を、即物的な科学用語で把握することをクラウスは忌避したのである。

†5　Kraus, *Schriften*. Band 7, S. 225（『言葉』、三七九―三八〇頁）.

†6　例えば以下の諸研究を参照。Fischer, *Karl Kraus*, S. 66–69; Scheichl, Politik und Ursprung, S. 45; Allan Janik und Stephen Toulmin, *Witgenstein's Wien*, München/Wien, 1985, S. 87（この根源に関する記述は「根本的な改訂」［S. 7］がなされたドイツ語版において増補されたものである。それゆえ英語版と英語版を基にした邦訳にはこの記述はない）.

†7　Scheichl, Politik und Ursprung, S. 45.

†8　Scheichl, Politik und Ursprung, S. 48–50. ここでシャイヒルはクラウスの政治的態度を「プラグマティズム」と呼んでいる。

†9　Schorske, *Thinking with History*, pp. 157–171. 同書においてショースキーは、一九世紀半ばのリベラル派が、ウィーン中心部のリングシュトラーセにおいて、国会・大学・市庁舎・劇場などの公共建築物に自分たちの価値の表現を託したのに対し、クラウスやロースの世代はそれをあくまで私的領域――ロースの作品でいえば商店や個人の家のデザイン――に求めたことを対比的に論じている。

†10　Kraus, *Schriften*. Band 8, S. 67（『アフォリズム』、一四〇頁）.

†11　田口『ウィーン』、岩波新書、二三六頁。またシャイヒルはクラウスの理想が「三月前期（ウィーン会議から一八四八年革命までの時代）」にあったと推測している。この点については本書第5章注79も参照のこと。

†12　本書第3章注53の文献を参照のこと。

あとがき

二〇世紀前半のオーストリアを代表する思想家であるカール・クラウスは、一部邦訳もあるものの、いまだ日本ではそれほど知られていない人物である。とはいえ、本書でとりあげた内容に限っても、クラウスと彼が刊行していた雑誌『ファッケル』を読むことを通じて、世紀転換期ウィーンの建築文化論、装飾論、精神分析論から、第一次世界大戦論、ナチズム論、オーストロ・ファシズム論まで論ずることができる。まさに『ファッケル』は、二〇世紀前半の中欧文化史を学ぶための「百科事典」（E・ティムズ）といっても過言ではない。また、こうした思想「史」的関心を離れても、クラウスを「いま」読む意味は大きいと思われる。本書はクラウスの「メディア」批判を強調して論じたが、政治権力との癒着、スポンサーへの忖度、世論の支配といったマスメディアが抱える問題点は、今日より深刻になっているといえるからである。

本書の中心的なテーマは、従来ドイツ文学や哲学から研究されることの多かったクラウスを、「政治思想」、「政治史」の観点から探ることである。「政治思想」的な側面においては、アドルフ・ロース論やジークムント・フロイト論といった文化論から、第一次大戦論やナチズム論のような政治論に至るまで通底する、クラウスの政治思想を──フェーゲリンのクラウス論を補助線に使いつつ──「イデオロギー言語批判」、「第二のリアリティ批判」としてまとめた。そして「政治史」的側面については、クラウスのフランツ・フェルディナント論、ハインリヒ・ラマシュ論、エンゲルベルト・ドルフス論を軸に、政治的「危機」の時代に発露された、クラウスの「オーストリア・パトリオティズム」に注目して論じた。

いずれにせよ、本書が描き出すことができたのは、クラウスという極めて多面的な人物のほんの一部に過ぎない。「思想史」的関心から、『ファッケル』誌上におけるクラウスの多岐にわたる論戦の文脈を解き明かしていくこと、そして「理論」的関心から、クラウス思想の現代的意義や応用可能性を探っていくことが、今後の筆者の研究課題である。

本書は、筆者が二〇一三年度に慶應義塾大学大学院法学研究科に提出した博士論文『カール・クラウスとその時代――オーストリア政治思想史・政治文化史研究』に、出版にあたり手を加えたものである。加筆修正をすると同時に、博士論文にあったカール・E・ショースキー論とエリック・フェーゲリンのオーストリア政治論を削除し、必要に応じてその内容を本文に組み込んだ。

このようにささやかな本ではあるが、本書をまとめるまでには多くの方々にお世話になった。

まず感謝申し上げねばならないのは、学部ゼミ以来指導教授としてお世話になり、定年退職後もご指導いただいている蔭山宏先生である。ゼミでの議論や論文指導だけでなく、喫茶店での先生との「だべり」からも非常に多くのことを学んだ。博士論文の推敲段階では、毎週のように日吉の喫茶店でご指導いただき、多くのコメントをいただいた。この意味でも、筆者にとって蔭山先生との教室は「喫茶店」であった。このたび先生の講義録である『崩壊の経験』と同じ慶應義塾大学出版会から拙著を出せることは、筆者にとって望外の喜びである。

蔭山先生が退職されたあと、筆者の指導を引き受け、博士論文の主査も務めてくださったのが萩原能久先生である。萩原先生には修士課程以来、院ゼミでもお世話になり、先生が監訳を務めたマイケル・ウォルツァーやリチャード・タックの翻訳プロジェクトにも参加させていただいた。萩原先生には、時にたこつぼにはまりがちな筆者の研究に対し、広く政治学的意義という観点から、つねに鋭い疑問を投げかけていただいた。

学部の演習以来ご指導いただいている田上雅徳先生には、博士論文の副査を務めていただくと同時に、公私共にたいへんお世話になった。先生は私たち若手研究者のよき「兄貴分」として、教室の中だけでなく、三田や日吉界隈の居酒屋で、研究のことから生活の悩みまでいつも相談に乗ってくださった。筆者にとって田上先生との教室は「居酒屋」であった。

堤林剣先生にも修士課程以来お世話になり、博士論文の副査もご担当いただいた。堤林先生からは、後世の視点からの独断によらない、思想史の内在的理解の重要性を学んだ。

その他にも、慶應義塾の多くの先生方にお世話になった。学部の枠を超えてご指導いただいた坂本達哉先生、蔭山ゼミの兄弟子にあたる片山杜秀先生・大久保健晴先生、主宰する研究会に参加させていただいた岩下眞好先生には、特に感謝申し上げたい。同じく慶應義塾の先輩たちである、松元雅和・大澤津・沼尾恵・川上洋平・速水淑子の各氏は、生意気な後輩を温かい目で見守ってくださった。こうした先生方、先輩方と一緒に自由闊達な環境のもとで議論できたことは、筆者にとって大きな財産となっている。感謝申し上げたい。

学外の先生方にもたいへんお世話になった。長尾龍一先生には、毎年開かれている先生の研究会に参加・報告させていただき、長尾先生含め参加されている諸先生から、たくさんのコメントをいただくことができた。小島伸之先生には「近現代日本の宗教とナショナリズム」研究会で報告の機会をいただき、同研究会では菅浩二先生に比較ファシズムの観点からコメントをいただいた。超人的な生産力で研究成果を発表される深井智朗先生には、神学、哲学、政治学をつなぐ領域横断的な研究を通じ、二〇世紀前半のドイツ思想史の奥深さをお教えいただいた。本書の内容の一部を社会思想史学会で報告した際には、初見基先生に司会をご担当いただき、細井保先生にはコメントだけでなく、重要な参考文献もご教示いただいた。同じく本書の一部を現代政治研究会で報告した際には、石川晃司先生にお世話になった。板橋拓己先生には、中欧論から、ナチズム論、戦後のドイツ保守主義に至るまで、ドイツ政治思想について幅広くご教示いただいた。鈴木直先生には、ご自宅での研究会に参加させていただき、社会哲学や経済思想の観点からドイツ政治思想を見直すことの重要性をご指導いただいている。

また、池内紀先生をはじめとする日本におけるクラウス研究者の先生方のご研究や訳業がなければ、本書はとうてい完成させることができなかった。先人たちの業績に感謝申し上げたい。

同世代の研究者たち、特に白瀬小百合、白鳥潤一郎、五十嵐元道の各氏にはたいへんお世話になった。彼らとの議論が、自分の研究を続ける上での励みにもなっている。数年来、筆者とドイツ・オーストリア国家学文献の読書会に付き合ってくれている年下の友人長野晃・林嵩文の両氏にも感謝申し上げたい。特に長野氏には、本書の推敲段階で原稿にお目通しいただき、誤字の指摘や内容へのコメントもいただいた。博士課程以来、筆者の二足のわらじの職場としてお世話になっている、慶應義塾大学三田ＩＴＣの職員の皆さんにも感謝申し上げる。本書の出版にあたって、文字通り右も左もわからない筆者をここまで導いてくれたのは、慶應義塾大学出版会の乗みどりさんである。本書が少しでも読みやすいものになっているとすれば、それは乗さんによるアドバイスのおかげである。なお本書の出版は、慶應義塾学術出版基金（第三五回平成二六年度後期）に基づくものであることをここに明記しておく。

紙幅の都合上、これ以上お名前を挙げることはできないが、上記の方々を含め、本書の出版まで様々な形でお世話になった皆さんに感謝申し上げたい。

そして最後に、故郷を離れ、好きな研究を続ける筆者を、いつも温かく支えてくれている、父・義雄、母・苗子、祖母・葉子たち家族に、本書をささげたいと思う。

二〇一六年三月二二日

高橋　義彦

索　引

〈人　名〉

ア行

アドルノ，テオドール・W　7, 13, 20–21, 35, 108, 124–126, 133, 136, 208

アレント，ハンナ　7, 11, 21, 208, 224

池内紀　19, 54, 102, 172

ヴィッテルス, フリッツ　15, 63–89, 91–96

ウィトゲンシュタイン，ルートヴィヒ　6, 7, 20, 22, 25, 182, 219–220

ウィルソン，ウッドロウ　155, 162, 166

ヴィルヘルム二世　109, 118, 150, 153–154, 166

ウェーバー, マックス　114, 211, 217, 223

ヴェデキント，フランク　3, 66–67, 71

カ行

カール一世　139, 153–154, 160

加藤周一　103–104, 135–136

カネッティ，エリアス　7, 20, 187–188, 191

カルマー，アニー　81, 95

クラウス, カール　2–4, 9–10, 13–20, 22, 25–28, 35, 38–51, 55–59, 61–67, 71–97, 99–133, 135–137, 140–150, 154, 156–160, 163, 165–167, 169–200, 202–204, 207–213, 215–225, 227–238

クラウス，ルドルフ　26, 140, 163, 195

クレネク，エルンスト　182, 200, 220, 224

ゲーテ，ヴォルフガング・フォン　4, 74–77, 93, 171, 179, 217

ゲッベルス，ヨゼフ　171, 173–174, 188, 197

サ行

ザイツ，カール　147

シェイクスピア，ウィリアム　4, 79, 106, 193

シュニッツラー，アルトゥーア　6, 112

シュミット，カール　7, 21, 165, 181

シュンペーター, ヨゼフ　6, 138, 151–152, 158–159

ショースキー，カール・E　1, 8–10, 18, 21–22, 24–25, 32, 101–102, 104, 107, 167, 233, 238

ショーレム，ゲルショム　170, 187, 202

タ行

ダ・ヴィンチ，レオナルド　119

ツヴァイク，シュテファン　3, 151, 199

ディーボルト，ベルンハルト　6, 230

ティムズ，エドワード　7, 19, 46, 51, 63, 87, 91–94, 127, 131, 142, 199, 202, 219

ドルフス，エンゲルベルト　5, 14, 17, 19, 89, 126, 138, 142, 161, 169–172, 177,

180–192, 194, 200–202, 204, 208–209, 227, 234–235

ナ行

ナウマン，フリードリヒ　137, 147, 152, 155, 159–161, 165
ナドヘルニー・フォン・ボルティン，シドニー　87, 96, 164

ハ行

ハイデガー，マルティン　174–175, 198
バウアー，オットー　137, 157, 159, 162, 167, 171, 186–187, 192
パッタイ，ロベルト　146–147, 149
ヒトラー，アドルフ　5, 11, 14, 23, 36, 169–171, 177–179, 182–183, 185–193, 195–196, 199, 203, 211
フェーゲリン，エリック　7, 13, 17, 19, 21, 189–190, 194–195, 199, 201, 203–204, 208–225, 230, 236–237
フェレンツィ，サンドール　62, 83, 85, 91, 96
プファビガン，アルフレート　19, 32, 42, 49–50, 55, 57, 104, 106, 121, 124, 126 141, 188, 191, 195, 203
フランツ・フェルディナント（大公）　4, 14, 99–100, 105–107, 126, 138, 141–142, 161, 163, 204, 208, 227, 234
フランツ・ヨーゼフ一世　14, 132, 139, 154
フリートユンク，ハインリヒ　147–148, 164
フロイト，ジークムント　4, 6–7, 10, 12–13, 15, 20, 26–27, 34, 37, 42, 44–46, 54, 57, 59, 61–78, 80–96, 123, 182, 200, 203, 217, 221, 223, 231, 235, 237
フンデルトヴァッサー，フリーデンスライヒ　36–37, 55
ベネディクト，モーリッツ　79, 81, 103, 111
ヘロン，ジョージ　139, 145, 152, 154
ベン，ゴットフリート　174–175, 180, 198
ベンヤミン，ヴァルター　7, 20, 170, 187, 191, 196, 202, 205, 208–209
ポパー，カール　7, 77, 94, 208
ホフマンスタール，フーゴー・フォン　6, 10, 26, 112, 143

マ行

マインル，ユリウス　139–140, 143, 157, 163, 167, 195
ミューザム，エーリッヒ　3, 181, 199–200
メンツァー，ベラ　220–221, 223, 225

ヤ行

山口裕之　42, 50, 56–57, 60, 128

ラ行

ラマシュ，ハインリヒ　14, 16, 19, 126, 136–157, 159–168, 183, 195, 208–209, 227, 234
ロース，アドルフ　4, 6–7, 10, 12–13, 15,

20, 25−42, 45−47, 50−57, 59, 101−102, 123, 142, 164, 171, 227, 233, 238

ワ行

ワーグナー，ニケ　59, 107

〈事　項〉

ア行

オーストリア社会民主党（社民党） 3, 4, 12–14, 17, 19, 28–89, 119, 140, 143, 147, 157, 161, 170–172, 182, 184–190, 192, 200–201, 203, 208, 210, 235

オーストリア・パトリオティズム 2, 9, 12, 14, 17, 19, 127, 137, 153, 157–158, 183, 209, 227–229

オーストロ・ファシズム 5, 12, 14–16, 89, 169, 170, 172, 180, 187, 190–193, 196, 208–209, 211

オーストロ・マルクス主義 137, 157

カ行

『黒魔術による世界の没落』 4, 46, 127, 128

サ行

『人類最後の日々』 5, 6, 16, 48, 57–58, 87–88, 100–104, 107–108, 110–111, 114, 118–119, 121–122, 125, 129, 135–136, 149–150, 152, 154, 162, 165, 169, 191, 198, 204, 207, 230

『世紀末ウィーン』 1, 8–10, 32, 101

精神分析(学) 4, 6, 12–13, 16, 19, 34, 62–64, 73–77, 79, 82–85, 88, 96–97, 210, 217–218, 220, 230

セクシュアリティ 15, 42–43, 45–46, 48, 70, 72–73, 78, 80–81, 92, 95, 107, 231–232, 235, 237

装飾 13, 19, 27–42, 47, 51–52, 55–57, 107, 176, 210, 230, 232

タ行

第一次世界大戦 2, 4–6, 8, 11–17, 19, 24, 27–28, 38, 41, 48–49, 57, 86, 89, 99–104, 106–109, 111, 113–119, 121–127, 130, 132, 135–144, 146, 150–151, 153–154, 159, 161, 166, 168–169, 172–174, 176–177, 183, 191–192, 199–200, 207–208, 210, 216, 227–231

第一のリアリティ 213, 215–216, 218–219, 222–223, 230, 232, 235–236, 238

『第三のワルプルギスの夜』 5–6, 16, 171–172, 174, 179, 181, 194–195, 198, 204–205, 207, 210, 215

第二次世界大戦 5, 125, 136, 196, 199, 205

第二のリアリティ 213–216, 218–219, 222–223, 230–232, 236–237

テクノロマン主義 16, 108–109, 116–117, 119, 121–122, 125, 144, 173

『道徳と犯罪』 4, 46, 49, 102

独墺合邦 5, 6, 12, 14, 170–171, 192, 195–196, 203, 205, 211

ナ行

ナチス(ナチズム) 5–6, 11–13, 15–16, 19, 89, 121, 126, 158, 169–187, 190, 192–197, 201, 203–205, 208–213, 215–

216, 218, 220, 227–231, 234–235
『ノイエ・フライエ・プレッセ』 3, 28, 79–81, 87, 103, 105–106, 111

ハ行

ハプスブルク帝国 1–5, 8, 11–12, 14, 16, 18, 23, 31, 65, 67, 99, 115, 136–140, 143, 148, 154–157, 159–160, 176, 181, 183, 196
『万里の長城』 4, 46
『ファッケル』 3–7, 9 13, 16, 26, 38–39, 43–44, 46, 49, 61–68, 70–75, 78, 80, 83–85, 87–88, 90, 92, 95–96, 100–101, 103–106, 109, 114–115, 118, 120–121, 127, 129–130, 136–137, 140–141, 143, 148–149, 161–162, 164, 170–171, 177, 184, 187–188, 194–195, 200, 204, 207–208, 210, 212, 216, 231

ラ行

ロース・ハウス 25, 28, 30–31, 35–39, 49, 55

〈主要参考文献一覧〉

＊クラウスならびにフェーゲリンの著書は、冒頭の（凡例）も参照のこと。
＊クラウスのものも含め、『ファッケル』掲載論文は膨大なため個々には挙げていない。

（クラウスの書簡）

Briefe an Sidonie Nádherný von Borutin, München: Deutscher Taschenbuch Verlag, 1977.

„Wie Genies sterben". Karl Kraus und Annie Kalmer, Briefe und Dokumente 1899–1999, Friedrich Pfäfflin und Eva Dambacher (Hg.), Göttingen: Wallstein, 2001.

Feinde in Scharen. Ein wahres Vergnügen dazusein. Karl Kraus – Herwarth Walden Briefwechsel 1909–1912, Geroge C. Avery (Hg.), Göttingen: Wallstein, 2002.

Karl Kraus-Frank Wedekind. Briefwechsel 1903 bis 1917, Mirko Nottscheid (Hg.), Würzburg: Königshausen & Neumann, 2008.

（同時代人の著書、回想、書簡など）

Adorno, Theodor W., *Gesammelte Schriften.* Band 4, Frankfurt am Main: Suhrkamp, 1980（『ミニマ・モラリア』、三光長治訳、法政大学出版局、1979年）.

Adorno, Theodor W., Funktionalismus heute, in: *Gesammelte Schriften.* Band 10–1, Frankfurt am Main: Suhrkamp, 1977, S. 375–395（「今日の機能主義」、伊藤哲夫・水田一征編訳、『哲学者の語る建築――ハイデガー、オルテガ、ペゲラー、アドルノ』、中央公論美術出版、2008年、129–182頁）.

Adorno, Theodor W., Sittlichkeit und Kriminalität. Zum elften Band der Werke von Karl Kraus, in: *Gesammelte Schriften*. Band 11, Frankfurt am Main: Suhrkamp, 1984, S. 367–387（「モラルと犯罪――カール・クラウス作品集の第十一巻に寄せて」、高木昌史訳、『文学ノート』第2巻所収、みすず書房、2009年、56–80頁）.

Arendt, Hannah, *Men in Dark Times,* New York: Harcourt, 1968（『暗い時代の人々』、阿部斎訳、ちくま学芸文庫、2005年）.

Arendt, Hannah, *The Origins of Totalitarianism*, New York: Harcourt, 1968（『全体主義の起原』、第1巻・第2巻、大久保和郎・大島かおり訳、みすず書房、

1981年).
Bauer, Otto, *Die österreichische Revolution*, Wien: Wiener Volksbuchhandlung, 1923（『オーストリア革命』、酒井晨史訳、早稲田大学出版部、1989年).
Benjamin,Walter, Karl Kraus, in: *Gesammelte Schriften*. Band 2-1, Frankfurt am Main: Suhrkamp, 1977, S. 334-367（「カール・クラウス」、内村博信訳、『ベンヤミン・コレクション』、第2巻、ちくま学芸文庫、1996年、485-554頁).
Benjamin, Walter, *Gesammelte Briefe*. Band III 1925-1930, Frankfurt am Main: Suhrkamp, 1997（『ヴァルター・ベンヤミン著作集14　書簡 I　1910-1928』、野村修編訳・解説、晶文社、1975年).
Benjamin, Walter, *Gesammelte Briefe*. Band IV 1931-1934, Frankfurt am Main: Suhrkamp, 1998（『ヴァルター・ベンヤミン著作集15　書簡 II　1929-1940』、野村修編訳・解説、高木久雄・山田稔訳、晶文社、1972年).
Benjamin, Walter und Gershom Scholem, *Briefwechsel 1933-1940*, Frankfurt am Main, Suhrkamp, 1980（『ベンヤミン＝ショーレム往復書簡』、山本尤訳、法政大学出版局、1990年).
Benn, Gottfried, Antwort an die literarischen Emigranten, in: *Sämtliche Werke*. Band IV, Prosa 2, Stuttgart: Klett-Kotta, 1989, S. 24-32（「亡命文学者に答える」、山本尤訳、『ゴットフリート・ベン著作集』、第一巻、社会思想社、1972年、63-74頁).
Bisschop, W. R., Heinrich Lammasch, in: *British Yearbook of International Law*, 1920-1921, pp. 223-230.
Blei, Franz, *Das Grosse Bestiarium der modernen Literatur*, Berlin: Ernst Rowohlt, 1920=1922（『ウィーン世紀末文学選』、池内紀編訳、岩波文庫、1989年).
Canetti, Elias, *Die Fackel im Ohr. Lebensgeschichte 1921-1931*, München/Wien: Carl Hanser, 1980=1993（『耳の中の炬火』、岩田行一訳、法政大学出版局、1985年).
Canetti, Elias, *Die Augenspiel. Lebensgeschichte 1931-1937*, München/Wien: Carl Hanser, 1985=1994（『眼の戯れ』、岩田行一訳、法政大学出版局、1999年).
Canetti,Veza und Elias, *Briefe an Georges*, Karen Lauer und Kristian Wachinger (Hg.), München/Wien: Carl Hanser, 2006.
Chargaff, Erwin, *Heraclitean Fire: Sketches from a Life before Nature*, New York: The Rockefeller University Press, 1978（『ヘラクレイトスの火』、村上陽一郎訳、岩波現代選書、1980年).
Clare, George, *Last Waltz in Vienna*, 1981=2007, London: Pan Books（『ウィーン最後のワルツ』、兼武進訳、新潮社、1992年).
Diebold, Bernhard, Und die Kultur?, in: *Frankfurter Zeitung*, 16 April 1933, S. 12.

Fischer, Heinrich, The Other Austria and Karl Kraus, in: *In Tyrannos, Four Centuries of Struggle against Tyranny in Germany*, H. J. Rehfisch (ed.), London: L. Drummond, 1944, pp. 311–328.

Fischer, Ernst, *Erinnerungen und Reflexionen*, Hamburg: Rowohlt, 1969（『回想と反省——文学とコミンテルンの間で』、池田浩士訳、人文書院、1972年）.

Freud, Martin, *Sigmund Freud: Man and Father,* New York: The Vanguard Press, 1958（『父フロイトとその時代』、藤川芳朗訳、白水社、2007年）.

Freud, Sigmund, Der Witz und seine Beziehung zum Unbewussten (1905), in: *Gesammelte Werke*. Band VI, Frankfurt am Main: S. Fischer, 1940=1987（「機知——その無意識との関係」、中岡成文・太寿堂真・多賀健太郎訳、『フロイト全集』、第 8 巻、岩波書店、2008年）.

Freud, Sigmund, Drei Abhandlung zur Sexueltheorie (1905), in: *Gesammelte Werke.* Band V, Frankfurt am Main: S. Fischer, 1942=1991, S. 27–145（「性理論のための三篇」、渡邉俊之訳、『フロイト全集』、第 6 巻、岩波書店、2009年、163–310頁）.

Freud, Sigmund, Die "kulturelle" Sexualmoral und die moderne Nervosität (1908), in: *Gesammelte Werke.* Band VII, 1941=1976, Frankfurt am Main: S. Fischer, S. 141–167（「〈文化的〉性道徳と現代の神経質症」、道籏泰三訳、『フロイト全集』、第 9 巻、岩波書店、2007年、251–278頁）.

Freud, Sigmund, Das Unbehagen in der Kultur (1930), in: *Gesammelte Werke.* Band XIV, Frankfurt am Main: S. Fischer, 1948=1991, S. 419–506（「文化の中の居心地悪さ」、嶺秀樹・高田珠樹訳、『フロイト全集』、第20巻、岩波書店、2011年、65–162頁）.

Freud, Sigmund, Zur Gewinnung des Feuers (1932), in: *Gesammelte Werke*. Band XVI, Frankfurt am Main: S. Fischer, 1950=1981, S. 3–9（「火の獲得について」、高田珠樹訳、『フロイト全集』第20巻、岩波書店、2011年、239–246頁）.

Freud, Sigmund, Konstruktionen in der Analyse (1937), in: *Gesammelte Werke.* Band XVI, 1950=1993, Frankfurt am Main: S. Fischer, S. 41–56（「分析における構築」、渡邉俊之訳、『フロイト全集』第21巻、岩波書店、2011年、341–357頁）.

Freud, Sigmund, *Briefe 1873–1939*, Ausgewählt und herausgegeben von Ernst L. Freud, Frankfurt am Main: S. Fischer, 1960（『フロイト著作集』第 8 巻、生松敬三ほか訳、人文書院、1974年）.

Freud, Sigmund und Zweig, Arnold, *Briefwechsel*, Frankfurt am Main: S. Fischer, 1967.

Freud, Sigmund und Ferenczi, Sándor, *Briefwechsel*. Band I 1908–1911, Eva Bra-

bant, Ernst Falzeder, Patrizia Gimapieri-Deutsch (Hg.), Wien: Böhlau, 1993.

Heidegger, Martin, Die Selbstbehauptung der deutschen Universität, in: *Gesamtausgabe*. Band 16, Reden und andere Zeugnisse eines Lebensweges 1910–1976, Frankfurt am Main: Vittorio Klostermann, 2000 , S. 107–117（「ドイツ的大学の自己主張、矢代梓訳、『30年代の危機と哲学』、平凡社ライブラリー、1999年、101–126頁）.

Herron, George, Heinrich Lammasch's Suggestion for Peace in Bern 1918, in: *Heinrich Lammasch. Seine Aufzeichnungen, sein Wirken und seine Politik*, Marga Lammasch und Hans Sperl (Hg.), Wien/Leipzig: Franz Deuticke, 1922, S. 186–197.

Hitler, Adolf, *Mein Kampf*, München: Zentral Verlag der N. S. D. A. P., 1934（『わが闘争（上）』、平野一郎・将積茂訳、角川文庫、2001年）.

Horkheimer, Max, Karl Kraus und die Sprachsoziologie, in: *Gesammelte Schriften*. Band 13, Frankfurt am Main: S. Fischer, 1989, S. 19–24.

Krenek, Ernst, *Zur Sprache gebracht. Essays über Musik*, München: Albert Langen und Georg Müller, 1958.

Lammasch, Heinrich, *Europas elfte Stunde,* München: Verlag für Kulturpolitik, 1919.

Lammasch, Heinrich, Erzherzog Franz Ferdinand, in: *Heinrich Lammasch*. S. 77–95.

Loos, Adolf, *Ins Leere Gesprochen 1897–1900*, Wien: Georg Prachner, 1921=1981（『虚空へ向けて――アドルフ・ロース著作集１』、加藤淳訳、アセテート、2012年）.

Loos, Adolf, *Trotzdem. Gesammelte Schriften 1900–1930*, Wien: Georg Prachner, 1931=1997（『にもかかわらず』、鈴木了二・中谷礼仁監修、加藤淳訳、みすず書房、2015年）.

Loos, Adolf, *Die Potemkin'sche Stadt. Verschollene Schriften 1897–1933*, Wien: Georg Prachner, 1983=1997（抄訳『装飾と犯罪』、伊藤哲夫訳、中央公論美術出版、2005年）.

Nunberg, Hermann und Ernst Federn (Hg.), *Protokolle der Wiener Psychoanalytischen Vereinigung*, Giessen: Psychosozial-Verlag, 1976=2008.

Popper, Karl, *The Open Society and Its Enemy, volume 2, Hegel and Marx*, London: Routledge & K. Paul, 1945=1969（『開かれた社会とその敵』、第二部、小河原誠・内田詔夫、未來社、1980年）.

Popper, Karl, *Conjectures and Refutations: The Growth of Scientific Knowledge*, London: Routledge and K. Paul, 1963=1969（『推論と反駁――科学的知識の発

展』、藤本隆志・石垣壽郎・森博訳、法政大学出版局、1980年).

Schmitt, Carl, *Die Militärzeit 1915 bis 1919. Tagebuch Februar bis Dezember 1915. Aufsätze und Materialien*, Ernst Hüsmert und Gerd Giesler (Hg.), Berlin: Akademie Verlag, 2005.

Schuschnigg, Kurt von, *My Austria*, translated by John Segrue, New York: Alfred A. Knopf, 1938.

Scott, James Brown, Heinrich Lammasch (1853–1920), in: *The American Journal of International Law*, vol. 14, no. 4, Oct. 1920, pp. 609–613.

Voegelin, Erich, *Der autoritäre Staat. Ein Versuch über das österreichische Staatsproblem* (1936), Wien/New York, 1997, in: *CW*, vol. 4.

Voegelin, Erich, *Die politischen Religionen* (1938), Peter J. Opitz (Hg.), München: Wilhelm Fink, 2007, in: *CW*. vol. 5, pp. 19–73.

Voegelin, Eric, Extended Strategy: A New Technique of Dynamic Relations (1940), in: *CW*. vol. 10, pp. 15–26.

Voegelin, Eric, *The New Science of Politics* (1952), in: *CW*, vol. 5, pp. 75–241 (『政治の新科学——地中海的伝統からの光』山口晃訳、而立書房、2003年).

Voegelin, Eric, Religionsersatz. Die gnostischen Massenbewegungen unserer Zeit (1960), in: *Der Gottesmord. Zur Genese und Gestalt der modernen politischen Gnosis*, Peter J. Opitz (Hg.), München: Wilhelm Fink, 1999, S. 105–128 (*CW*. vol. 5, pp. 293–313).

Voegelin, Eric, *Hitler und die Deutschen* (1964), Manfred Henningsen (Hg.), München: Wilhelm Fink, 2009, in: *CW*. vol. 31.

Voegelin, Eric, *Selected Correspondence, 1950–1984*, in: *CW*, vol. 30.

Voegelin, Eric, *Autobiographical Reflections*, in: *CW*, vol. 34 (『自伝的省察』山口晃訳、而立書房、1996年).

Weber, Max, Wahlrecht und Demokratie in Deutschland, in: *Gesammelte politische Schriften*, Tübingen: J. C. B. Mohr, 1988, S. 245–291 (「ドイツにおける選挙法と民主主義」、山田高生訳、『政治論集 I』、みすず書房、1982年、263–313頁).

Wedekind, Frank, Mutter und Kind, in: *Morgen. Wochenschrift für deutsche Kultur*, 14 Juni 1907, S. 61–62.

Wittels, Fritz, *Freud and his Time: The Influence of the Master Psychologist on the Emotional Problems in Our Lives*, New York: Liveright, 1931.

Wittels, Fritz, *Freud and the Child Woman, The Memoirs of Fritz Wittels*, Edward Timms (ed.), New Haven/London: Yale University Press, 1995.

（研究書）

＊欧語文献

Anderson, Mark, The Ornament of Writing: Kafka, Loos and the Jugendstil, in: *New German Critique*, no. 43, Winter 1988, pp. 125–145.

Anzenberger, Werner, *Absage an eine Demokratie. Karl Kraus und der Bruch der österreichischen Verfassung 1933/34*, Graz: Leykam, 1997.

Barnouw, Dagmar, Loos, Kraus, Wittgenstein, and the Problem of Authenticity, in: *The Turn of the Century*, Gerald Chapple and Hans H. Schulte (ed.), Bonn: Bouvier, 1981, pp. 249–273.

Beller, Steven, *Vienna and the Jews 1867–1938: A Cultural History*, New York: Cambridge University Press, 1989（『世紀末ウィーンのユダヤ人　1867–1938』、桑名映子訳、刀水書房、2007年）.

Bendersky, Joseph W., *Carl Schmitt, Theorist for the Reich*, New Jersey: Princeton University Press, 1983（『カール・シュミット論――再検討への試み』、宮本盛太郎訳、御茶の水書房、1984年）.

Benedikt, Heinrich, *Die Friedensaktion der Meinlgruppe 1917/18*, Graz/Köln: Verlag Hermann Böhlaus, 1962.

Borris, A. v., Bertha von Suttner, in: *Die Friedensbewegung. Organisierter Pazifismus in Deutschland, Österreich und in der Schweiz*, Helmut Donat und Karl Holl (Hg.), Düsserdorf: ECON Taschenbuch Verlag, 1983, S. 381–383.

Brand, Lennart, „Gegenüber dem Einbruch einer traditionslosen Horde“――Ursprung, Wesen und Bewahren im Werk des Karl Kraus, in: *Konservative Profile. Ideen & Praxis in der Politik zwischen F. M. Radetzky, Karl Kraus und Alois Mock*, Ulrich E. Zellenberg (Hg.), Graz/Stuttgart: Leopold Stocker, 2003, S. 303–320.

Brook-Shepherd, Gordon, *Dollfuss*, London: Macmillan& Co. Ltd./New York: St. Martin’s Press, 1961.

Carr, Gilbert J., The ‘Habsburg Myth’, Ornament and Metaphor: Adolf Loos, Karl Kraus and Robert Musil, in: *Austrian Studies*. vol. 15, 2007, pp. 65–79.

Djassemy, Irina, *Der “Produktivgehalt kritischer Zerstörerarbeit”. Kulturkritik bei Karl Kraus und Theodor W. Adorno*, Würzburg: Königshausen & Neumann, 2002.

Enzensberger, Hans Magnus, Bewußtseins-Industrie, in: *Einzelheiten* 1, Frankfurt am Main: Suhrkamp, 1964, S. 7–17（『意識産業』、石黒英男訳、晶文社、1970年、7–20頁）.

Fellner, Fritz, Heinrich Lammasch, in: *Die Friedensbewegung*. S. 243–245.

Field, Frank, *The Last Days of Mankind: Karl Kraus and his Vienna*, London/Melbourne/Tronto: Macmillan, 1967.

Fischer, Fritz, *Griff nach der Weltmacht —— Die Kriegszielpolitik des Kaiserlichen Deutschland 1914/1918*, Düsseldorf: Droste Verlag und Druckerei GmbH, 1967 『世界強国への道——ドイツの挑戦1914-1918』、第二巻、村瀬興雄監訳、岩波書店、1983年).

Fischer, Jens Malte, *Karl Kraus*, Stuttgart: J. B. Metzlersche Verlagsbuchhandlung, 1974.

Fischer, Jens Malte, Das technoromantische Abenteur. Der Erste Weltkrieg im Widerschein der Fackel, in: *Kriegserlebnis. Der Erste Weltkrieg in der literarischen Gestaltung und symbolischen Deutungen der Nationen*, Klaus Vondung (Hg.), Göttingen: Vandenhoeck und Ruprecht, 1980, S. 275–285.

Frei, Norbert, Karl Kraus und das Jahr 1934, in: *Österreichische Literatur der dreißiger Jahre*, Klaus Amann und Albert Berger (Hg.), Wien: Böhlaus, 1985, S. 303–319.

Fuchs, Albert, *Geistige Strömungen in Österreich 1867–1918*, Wien: Löcker, 1949=1978.

Gay, Peter, *Freud, A Life for Our Time*, New York: Anchor Books, 1988 (『フロイト』、鈴木晶訳、みすず書房、1997年).

Gemmel, Mirko, *Die kritische Wiener Moderne. Ethik und Ästhetik. Karl Kraus, Adolf Loos, Ludwig Wittgenstein,* Berlin: Parerga, 2005.

Glettler, Monika, Karl Kraus zwischen Prussophilie und Prussophobie. Bismarck und Wilhelm II in die Fackel, in: *Österreich in Geschichte und Literatur*, XXIII, Nr. 3, 1979, S. 148–166.

Hachohen, Milachi Haim, The Culture of Viennese Science and the Riddle of Austrian Liberalism, in: *Modern Intellectual History*, vol. 6, issue 2 (2009), pp. 369–396.

Halliday, John D., *Karl Kraus, Franz Pfemfert and the First World War: A Comparative Study of "Die Fackel" and "Die Aktion" between 1911 and 1928*, Passau: A. Haller, 1986.

Halliday, John, Satirist and Censor: Karl Kraus and the Censorship Authorities during the First World War, in: *Karl Kraus in Neuer Sicht*, Sigurd Paul Scheichl und Edward Timms (Hg.), München: Edition Text + Kritik, 1986, pp. 174–208.

Hartl, Erwin, Karl Kraus und die Psychoanalyse. Versuch einer Klarstellung, in: *Merkur*, 31, 1977, S. 144–160.

Heller, Erich, *Enterbter Geist. Essays über modernes Dichten und Denken*, Frank-

furt am Main: Suhrkamp, 1954（『廃嫡者の精神』、青木順三・杉浦博・中田美喜訳、紀伊國屋書店、1969年）.

Heller, Erich, A Symposium: Assessments of the Man and the Philosopher, in: *Ludwig Wittgenstein: The Man and his Philosophy*, K. T. Fann (ed.), New Jersey: Humanities Press, 1978, pp. 64–66.

Hink, Wolfgang, *Die Fackel. Bibliographie und Register 1899 bis 1936*. Band 1–2, München: K. G. Saur, 1994.

Horowitz, Michael, *Karl Kraus und seine Nachwelt. Ein Buch des Gedenkens*, Wien/München: Christian Brandstätter, 1986.

Hundertwasser, Friedensreich, Los von Loos. Gesetz für individuelle Bauveränderungen oder Architektur-Boykott. Manifest vom 9. 2. 1968, in: *Österreich zum Beispiel. Literatur, bildende Kunst, Film und Musik seit 1968*, Otto Breicha und Reinhard Urbach (Hg.), Salzburg: Residenz Verlag, 1982, S. 68–72.

Iggers, Wilma Abeles, *Karl Kraus: A Viennese Critic of the Twentieth Century*, Hague: Martinus Nijhoff, 1967.

Jäger, Lorenz, *Adorno. Eine politische Biographie*, München: Deutsche Verlags-Anstalt, 2003（『アドルノ――政治的伝記』、三島憲一・大貫敦子訳、岩波書店、2007年）.

Janik, Allan and Stephen Toulmin, *Wittgenstein's Vienna*, New York: Simon & Schuster, 1973（『ウィトゲンシュタインのウィーン』、藤村龍雄訳、平凡社ライブラリー、2001年）.

Janik, Allan and Stephen Toulmin, *Witgenstein's Wien*, München/Wien: Carl Hanser, 1985.

Jay, Martin, *Adorno*, Cambridge: Harvard University Press, 1984（『アドルノ』、木田元・村岡晋一訳、岩波同時代ライブラリー、1992年）.

Jenaczek, Friedrich, *Zeittafeln zur "Fackel", Themen—Ziele—Probleme*, München: Edmund Gans, 1965.

Johnston, William *Austrian Mind: An Intellectual and Social History 1848–1938*, Berkley: California University Press, 1972（『ウィーン精神――ハープスブルク帝国の思想と社会　1848–1938』、井上修一・岩切正介・林部圭一訳、1986年、みすず書房）.

Joll, James, *The Origins of the First World War*, Second Edition, London/New York: Longman, 1992（『第一次世界大戦の起源・改訂新版』、池田清訳、2007年、みすず書房）.

Jones, Ernest, *Sigmund Freud: Life and Work,* London: Hogarth Press, 1958（『フロイトの生涯』、竹友安彦・藤井治彦訳、紀伊國屋書店、1969年）.

Kann, Robert, *The Multinational Empire: Nationalism and National Reform in the Habsburg Monarchy 1848–1918,* vol. II, New York: Columbia University Press, 1950.

Kann, Robert, *A Study in Austrian Intellectual History: From Late Baroque to Romanticism*, New York: Frederick A. Praeger, 1980.

Kleindel, Walter, *Die Chronik Österreich*, Dortmund: Chronik Verlag, 1984.

Kohn, Caroline, *Karl Kraus*, Stuttgart: J. B. Metzlersche Verlagsbuchhandlung, 1966.

Kory, Beate Petra, *Im Spannungsfeld zwischen Literatur und Psychoanalyse. Die Auseinandersetzung von Karl Kraus, Fritz Wittels und Stefan Zweig mit dem "großen Zauberer" Sigmund Freud*, Stuttgart: ibidem-Verlag, 2007.

Kussbach, Erich, Heinrich Lammasch. Scholar of Public International Law and Austrian Stateman, in: *Miskolk Journal of International Law*, vol. 1. 2004, no. 2, pp. 64–78.

Lehrman, Philip R., Fritz Wittels 1880–1950, in: *Psychoanalytic Quarterly*, 20, 1951, pp. 96–104.

Lensing, Leo A., "Kinodramatisch": Cinema in Karl Kraus's Die Fackel and Die letzten Tage der Menschheit, in: *The German Quarterly*, vol. 55, no. 4, November, 1982, pp. 480–498.

Lensing, Leo A., Karl Kraus as "Volksklassiker"? Upton Sinclair and the Translation of *Die letzten Tage der Menschheit* (Including an unpublished Kraus manuscript), in: *Deutsche Vierteljahresschrift für Literaturwissenschaft und Geistesgeschichte*, 59, 1984, S. 156–168.

Lensing, Leo A., "Geistige Väter" & "das Kindweib". Sigmund Freud, Karl Kraus und Irma Karczewska in der Autobiographie von Fritz Wittels, in: *Forum*, 430–431, 1989, S. 62–71.

Lensing, Leo A., "Freud and the Child Woman" or "Kraus Affair"? A Textual "Reconstruction" of Fritz Wittels Psychoanalytic Autobiography, in: *The German Quarterly*, vol. 69, no. 3, summer, 1996, pp. 322–332.

Lensing, Leo A., The *Neue Freie Presse* Neurosis: Freud, Karl Kraus, and the Newspaper as Daily Devotional, in: *The Jewish World of Sigmund Freud, Essays on Cultural Roots and the Problem of Religious Identity,* Arnold D. Richards (ed.), Jefferson, North Carolina/London: McFarland & Company, 2010, pp. 51–65.

Long, Christopher, The Origins and Context of Adolf Loos's "Ornament and Crime", in: *Journal of the Society of Architectural Historians*, vol. 68, no. 2, 2009, pp.

200–223.
Long, Christopher, *The Looshaus*, New Haven/London: Yale University Press, 2011.
Magris, Claudio, *Der habsburgische Mythos in der österreichischen Literatur*, Übersetzung von Madeleine von Pasztory, Salzburg: Otto Müller, 1966（『オーストリア文学とハプスブルク神話』、鈴木隆雄・藤井忠・村山雅人訳、書肆風の薔薇、1990年）.
Menczer, Béla, Karl Kraus and the Struggle against the modern Gnostics, in: *The Dublin Review*, no. 450, 1950, pp. 32–52.
Menges, Karl, Karl Kraus und der Austrofaschismus. Bestimmungsversuch anhand der “Fackel” Nr. 890–905, in: *Colloquia Germanica*, vol. 14, Bern, 1981, S. 313–331.
Merkel, Reinhard, *Strafrecht und Satire im Werk von Karl Kraus*, Frankfurt am Main: Suhrkamp, 1998.
Morgenbrod, Birgitt, *Wiener Großbürgertum im Ersten Weltkrieg. Die Geschichte der „Österreichischen Politischen Gesellschaft“（1916–1918）*, Wien/Köln/Weimar: Böhlau, 1994.
Müller-Doom, Stefan, *Adorno. Eine Biographie*, Frankfurt am Main: Suhrkamp, 2003（『アドルノ伝』、徳永詢監訳、作品社、2007年）.
Pfabigan, Alfred, *Karl Kraus und der Sozialismus. Eine politische Biographie*, Wien: Europaverlag, 1976.
Pfabigan, Alfred, *Geistesgegenwart. Essays zu Joseph Roth, Karl Kraus, Adolf Loos, Jura Soyfer*, Wien: Edition Falter im ÖBV, 1991.
Ramhardter, Günther, *Geschichtswissenschaft und Patriotismus. Österreichische Historiker im Weltkrieg 1914–1918*, Wien: Verlag für Geschichte und Politik, 1973.
Riehle, Bert, *Eine neue Ordnung der Welt. Föderative Friedenstheorien im deutschsprachigen Raum zwischen 1892 und 1932*, Göttingen: V & R Unipress, 2007.
Rothe, Friedrich, *Karl Kraus. Die Biographie*, München: Pipper, 2004.
Safranski, Rüdiger, *Romantik. Eine deutsche Affäre*, München/Wien: Carl Hanser, 2007（『ロマン主義——あるドイツ的な事件』、津山拓也訳、2010年、法政大学出版局）.
Scheichl, Sigurd Paul, Politik und Ursprung. Über Karl Kraus' Verhältnis zur Politik, in: *Wort und Wahrheit*, Nr. 29, 1972, S. 43–51.
Schick, Paul, *Karl Kraus*, Hamburg: Rowohlt, 1965.
Schorske, Carl E., *Fin-de-siécle Vienna: Politics and Culture,* New York: Vintage

Book, 1981（『世紀末ウィーン――政治と文化』、安井琢磨訳、岩波書店、1983年）.
Schorske, Carl E., *Thinking with History: Exploration in the Passage to Modernism*, New Jersey: Princeton University Press, 1998.
Spiel, Hilde, *Vienna's Golden Autumn, 1866–1938*, London: Weidenfeld and Nicolson, 1987（『ウィーン――黄金の秋』、別宮貞徳訳、原書房、1993年）.
Szakolczai. Arpad, *Reflexive Historical Sociology*, London/New York: Routledge, 2000.
Szasz, Thomas, *Anti-Freud: Karl Kraus's Criticism of Psychoanalysis and Psychiatry*, 1976=1990, Syracuse: Syracuse University Press.
Theobald, John, *The Media and the Making of History*, Aldershot: Ashgate, 2004.
Timms, Edward, *Karl Kraus, Apocalyptic Satirist: Culture and Catastrophe in Habsburg Vienna*, New Haven/London: Yale University Press, 1986.
Timms, Edward, 'The Child-Woman': Kraus, Freud, Wittels and Irma Karczewska, in: *Vienna 1900: From Altenberg to Wittgenstein*, Edward Timms and Ritchie Robertson (ed.), Edinburgh: Edinburgh University Press, 1990, pp. 87–107.
Timms, Edward, *Karl Kraus, Apocalyptic Satirist: The Post-War Crisis and the Rise of the Swastika*, New Haven/London: Yale University Press, 2005.
Timms, Edward, Karl Kraus and the Transformation of the Public Sphere in Early Twentieth-Century Vienna, in: *Changing Perceptions of the Public Sphere*, Christian J. Emden and David Midgley (ed.), New York/Oxford: Berghahn Books, 2012, pp. 164–182.
Verosta, Stephan, Der Bund der Neutralen. Heinrich Lammasch zum Gedächtnis, in: *Anzeiger der österreichischen Akademie der Wissenschaften*, philosophisch=historische Klasse, 106. Jahrgang 1969, Nr. 12, S. 175–198.
Verosta, Stephan, Joseph Schumpeter gegen das Zollbündnis der Donaumonarchie mit Deutschland und gegen die Anschlußpolitik Otto Bauers, in: *Festschrift für Christian Broda*, Michael Neider (Hg.), Wien: Europaverlag, 1976, S. 373–404.
Wagner, Nike, *Geist und Geschlecht. Karl Kraus und die Erotik der Wiener Moderne,* Frankfurt am Main: Suhrkamp, 1982（『世紀末ウィーンの精神と性』、菊盛英夫訳、筑摩書房、1988年）.
Waldvogel, Albin, Karl Kraus und die Psychoanalyse. Eine historische-dokumentarische Untersuchung, in: *Psyche*, 44 (5), 1990, S. 412–444.
Waugh, Alexander, *The House of Wittgenstein: A Family at War*, London: Bloomsbury Publishing, 2008（『ウィトゲンシュタイン家の人びと――闘う家族』、

塩原通緒訳、中央公論新社、2010年).
Weigel, Hans, *Karl Kraus oder die Macht der Ohnmacht. Versuch eines Motivenberichts zur Erhellung eines vielfachen Lebenswerks*, Wien: Deutscher Taschenbuch Verlag, 1968.
Wolff, Larry, *Postcards from the End of the World, Child Abuse in Freud's Vienna*, New York: Atheneum, 1988(『ウィーン一八九九年の事件』、寺門泰彦訳、晶文社、1992年).
Zohn, Harry, *Karl Kraus*, aus dem Amerikanischen von Ilse Goesmann, Frankfurt am Main: A. Hain, 1990.

(邦語・邦訳文献)


池内紀「言語批評と戦争――カール・クラウスの諷刺」、『エピステーメー』、1976年5月号、朝日出版社、72–85頁。

池内紀『闇にひとつ炬火あり――ことばの狩人カール・クラウス』、筑摩書房、1985年(改版が『カール・クラウス――闇にひとつ炬火あり』、講談社学術文庫、2015年)。

池内紀『道化のような歴史家の肖像』、みすず書房、1988年。

板橋拓己『中欧の模索――ドイツ・ナショナリズムの一系譜』、創文社、2010年。

伊藤哲夫『アドルフ・ロース』、鹿島出版会、1980年。

岩下眞好「合理主義とエロス――文化史的コンテクストの中のアドルフ・ロース」、ハインリヒ・クルカ編、『アドルフ・ロース』、泰流社、1984年、165–170頁。

太田隆士「カール・クラウスの『第三のワルプルギスの夜』試論――ジャーナリズムとナチズム」、『駿河台大学論叢』、第13号、1996年、97–129頁。

太田隆士「カール・クラウスの『人類最後の日々』試論――戦争と報道」、『駿河台大学論叢』、第23号、2001年、47–65頁。

大津留厚「ハプスブルク帝国」、松原正毅・NIRA編、『世界民族問題事典』、平凡社、1995年、906頁。

蔭山宏『ワイマール文化とファシズム』、みすず書房、1986年。

梶原克彦『オーストリア国民意識の国制構造――帝国秩序の変容と国民国家原理の展開に関する考察』、晃洋書房、2013年。

加藤周一「カルル・クラウス――『人類最後の日々』について」、『加藤周一自選集』、第3巻、岩波書店、2009年、277–293頁(初出は『朝日ジャーナル』、1964年8月号)。

河野英二「言葉の行為遂行的な美学と倫理――世紀転換期ウィーンの諷刺家

カール・クラウスの思想的アクチュアリティ」、『思想』、第1042号、2011年2月、岩波書店、39-63頁。

河野英二「〈書かれた見せもの芸術〉の共演者と観客たち」、『思想』、第1058号、2012年6月、9-27頁。

河野裕康「ヒルファディングと中欧構想」、『社会思想史研究』、第11号、1987年、177-193頁。

川向正人『アドルフ・ロース――世紀末の建築言語ゲーム』、住まいの図書館出版局、1987年。

小林哲也「デーモンの不平、デーモンの使命――一九三〇年代のカール・クラウス」、『思想』、第1058号、2012年6月、112-133頁。

シャイヒル、ジグルト・パウル「カール・クラウスをめぐる論争」、古田徹也訳、『思想』、第1058号、2012年6月、196-211頁。

田口晃『ウィーン――都市の近代』、岩波新書、2008年。

田中純「破壊の天使――アドルフ・ロースのアレゴリー的論理学」、『建築文化』、第657号、98-101頁、彰国社、2002年。

田中純「装飾という群集――神経系都市論の系譜」、同、『都市の詩学――場所の記憶と徴候』、東京大学出版会、2007年、195-212頁。

田中純『建築のエロティシズム――世紀転換期ヴィーンにおける装飾の運命』、平凡社新書、2011年。

中川原徳仁「オーストリアの危機」、中川原編、『一九三〇年代危機の国際比較』、法律文化社、1986年、140-210頁。

平井正「オッフェンバック復興」、『海』、1978年12月号、276-291頁。

ブーヴレス、ジャック「常套句があるところに深淵を見る術を学ぶこと――犠牲と国民教育」、合田正人訳、『思想』、第1058号、2012年6月、61-82頁。

深井智朗『十九世紀のドイツ・プロテスタンティズム――ヴィルヘルム帝政期における神学の社会的機能についての研究』、教文館、2009年。

深井智朗「なぜ神学者ナウマンが『中欧』を書いたのか――神学的でも社会主義的でもないが、〈ドイツ・ルター派的〉な政策」、『思想』、第1056号、2012年4月、195-224頁。

細井保『オーストリア政治危機の構造――第一共和国国民議会の経験と理論』、法政大学出版局、2001年。

細井保「エリック・フェーゲリンの政治神学」、同編『20世紀の思想経験』、法政大学出版局、2013年、155-180頁。

増谷英樹『歴史のなかのウィーン――都市とユダヤと女たち』、日本エディタースクール出版部、1993年。

村松惠二『カトリック政治思想とファシズム』、創文社、2006年。

矢田俊隆『ハプスブルク帝国史研究――中欧多民族国家の解体過程』、岩波書店、1977年。

藪前由紀「第一次大戦の文学的消化――カール・クラウス『人類最後の日々』（1）プロパガンダ」、『独逸文学』、第39号、1995年、91-104頁。

藪前由紀「カール・クラウスとバルカン戦争――『ファッケル』におけるオスマン帝国の衰微」、『独逸文学』、第41号、1997年、99-119頁。

藪前由紀「カール・クラウスの『黒人』――世界文化の〈主体〉としての黒人」、『独逸文学』、第44号、2000年、227-249頁。

山口裕之「『道徳と犯罪』における芸術家カール・クラウスの視座」、『地域文化研究』、第1号、1990年、129-154頁。

山口裕之「カール・クラウスとアードルフ・ロース――装飾批判と進歩」、『地域文化研究』、第3号、1991年、51-75頁。

山口裕之「カール・クラウスにおける世界・言葉・性――根源概念と時代批判（一）」、大阪市立大学文学部紀要『人文研究』、第44巻、1992年、111-134頁。

山口裕之「カール・クラウスにおける世界・言葉・性――根源概念と時代批判（二）」、大阪市立大学文学部紀要『人文研究』、第45巻、1993年、107-126頁。

山口裕之「カール・クラウスの〈根源〉概念における〈技術〉対〈自然〉――文化保守主義と近代批判」、『独逸文学』、第94号、1995年、33-42頁。

ラプレニー、ジャン＝フランソワ「フロイト〈とその顛末〉――カール・クラウスと精神分析、もしくはある敵意の掛け金」、合田正人訳、『思想』、第1058号、2012年6月、173-195頁。

ループレヒター、ヴァルター「アドルフ・ロースとウィーン文化」、安川晴基訳、『虚空へ向けて』、アセテート、2012年、272-285頁。

〈カール・クラウスとその時代：年表〉

＊クラウスに関する事柄は冒頭に【K】と印をつけた。
＊Fは『ファッケル（Die Fackel）』を、Vはクラウスによる講演会（Vorlesungen）を指す。本文中で言及した記事の掲載されている『ファッケル』に関しては、詳細な刊行年月を記載した。それ以外のものはまとめて記載した（例：F1、V2はそれぞれ『ファッケル』1号、第2回講演会を示す）。
＊本書の内容と関連する項目については特に詳しく記載した。

＊クラウス誕生以前

〈1848〉 12月：フランツ・ヨーゼフがハプスブルク帝国の皇帝に即位。

〈1856〉 5月：ジークムント・フロイト生まれる。

〈1866〉 7月：ケーニヒグレーツの戦いでハプスブルク帝国軍がプロイセン軍に敗れる（普墺戦争）。

〈1870〉 12月：アドルフ・ロース生まれる。

〈1871〉 1月：ドイツ帝国成立。

＊クラウス誕生～青年期

〈1874〉 4月：【K】カール・クラウス、ボヘミアのイッチンに生まれる。

〈1877〉 【K】クラウス一家、ウィーンへ移住。

〈1889〉　４月：アドルフ・ヒトラー生まれる。

〈1880〉　11月：フリッツ・ヴィッテルス生まれる。

〈1892〉　【K】ウィーン大学に入学。
10月：エンゲルベルト・ドルフス生まれる。

〈1896〉　【K】唯美派作家を批判した『取り壊された文学』刊行。

〈1897〉　４月：反ユダヤ主義者カール・ルエーガーのウィーン市長就任を皇帝が裁可。

〈1898〉　【K】シオニズムを批判した『シオンの一クローネ』刊行。

＊『ファッケル』創刊と世紀末ウィーン

〈1899〉　F1～F27。
４月：【K】『ファッケル』創刊。
10月：【K】ユダヤ教の信仰を離れる。

〈1900〉　F28～F63。

〈1901〉　F64～F89。
１月：エリック・フェーゲリン生まれる。

〈1902〉　F90～F125。
９月：F115。「道徳と犯罪」掲載。1909年にかけ、クラウスの中で性の問題が中心を占める。

〈1903〉　F126～F150。

〈1904〉　F151～F172。

7月：F165。重婚事件を扱った「ハーヴェイ事件」掲載。

10月：【K】フロイトからF165を評価する手紙が届く（確認できる最初の交流）。

〈1905〉　・F174～F191。

5月：【K】ウィーンでフランク・ヴェデキントの『パンドラの箱』を上演。俳優として参加。

11月：F187。フロイトの名に言及した「子ども好き」掲載。

〈1906〉　・F192～F215。

2月：F196。ヴィッテルスの『魔法使いとその弟子』の解釈に関する手紙の内容を掲載。

5月：ヒトラー、初めてウィーンへ。

〈1907〉　・F216～F240。

・オーストリアで男子普通選挙制度が導入。

2月：F218。『ファッケル』に初めてヴィッテルスの作品を掲載。

3月：ヴィッテルス、フロイトの精神分析協会に加入。

〈1908〉　F241～F269。

【K】『道徳と犯罪』刊行。

6月：F256。クラウスによる『魔法使いの弟子』解釈を掲載。

11月：F266。ヴィッテルスを厳しく批判する「個人的な問題」掲載。

〈1909〉　・F270～F292。

・ロース、ミヒャエラー・プラッツの建物（ロース・ハウス）の設計を依頼される。

3月：F275〜276。「進歩」掲載。
7月：F285〜286。「万里の長城」掲載。
9月：F287。「北極の発見」掲載。

〈1910〉　・F293〜F314。
・V1〜V10。
1月：ヴィッテルス、フロイトの研究会で「ファッケル・ノイローゼ」報告。
ロース、ウィーンで「装飾と犯罪」講演。
4月：F300。アフォリズム「ロースはタブラ・ラサの建築家である」掲載。精神分析批判も展開。
5月：V1。クラウス、ウィーンで最初の講演会。
秋：「ロース・ハウス」問題が、市議会やメディアでとりあげられるようになる。
10月：ヴィッテルス、精神分析協会を脱会。
12月：F313〜314。ロース論である「ミヒャエラー・プラッツの建築物」掲載。

〈1911〉　・【K】『ファッケル』を完全な個人誌にする。
・F315〜F340。
・V11〜V18。
2月：F317〜318。オットー・シュテッセルの「ミヒャエラー・プラッツの建築物」掲載。
3月：ロース、プラハで「装飾と犯罪」講演。フランツ・カフカも参加。
V13。ヴィリー・ハースの仲介で、プラハにおいて開催。カフカも参加。
4月：【K】カトリックの洗礼を受ける。立会人はロース。

〈1912〉　・F341〜F365。

・V19～V35。
3月：ロース・ハウスに最終的な建築許可が下りる。
8月：F354～356。人種差別を批判した「白人女と黒人男」掲載。
12月：F363～365。後に論文集のタイトルともなる「黒魔術による世界の没落」掲載。

〈1913〉 ・F366～390。
・V36～V62。
10月：F384～385。ロースを評価した「ライオンの頭、あるいは技術の危険」掲載。
12月：F389～390。「アドルフ・ロースと私」のアフォリズム掲載。

＊カール・クラウスと第一次世界大戦

〈1914〉 ・F391～F404。
・V63～V81。
6月：オーストリア皇位継承者フランツ・フェルディナントがサラエヴォで暗殺される。
7月：F400～403。「フランツ・フェルディナントと才覚者たち」、「貴族との交際の憧れ」掲載。
オーストリア政府がセルビアに宣戦布告。第一次世界大戦始まる。
11月：V80。ウィーンで「この大いなる時代に」を朗読。
12月：F404。「この大いなる時代に」掲載。

〈1915〉 ・F405～417。
・V82～V84。
4月：イープル戦で毒ガスが使用される。
10月：フリードリヒ・ナウマン『中欧論』刊行。

F406～412。「二つの声」などが掲載。

〈1916〉　・F418～444。
・V85～ V95。
7月：南チロルのイタリア系オーストリア人チェザーレ・バティスティが大逆罪で処刑される。クラウスは衝撃を受け、処刑の様子を映した写真を後に『人類最後の日々』の扉絵に使用する。
8月：F431～436。「エルンスト・ポッセという名の男」掲載。
11月：皇帝フランツ・ヨーゼフが死去し、カール1世が即位。

〈1917〉　・F445～473。
・V96～ V111。
2月：同月より4月までカール1世によるフランスとの秘密平和交渉が行われる。
ドイツ軍無制限潜水艦作戦を開始。これによりアメリカとの外交関係が断たれる。
3月：ロシアで2月革命が起きる。
6月：ハインリヒ・ラマシュ、上院で1回目の平和演説。
10月：ラマシュ、上院で2回目の平和演説。
11月：ロシアで10月革命が起きる。

〈1918〉　・F474～498。
・V112～ V133。
1月：ウィルソンの14カ条演説。
2月：ラマシュ、上院で3回目の平和演説。
3月：社会民主党のカール・ザイツが下院でラマシュを支持する演説を行う。
V112。クラウス、ウィーンで「ラマシュに賛成」を朗読。

5月：F474～483。「テクノロマンティックな冒険」、「ラマシュに賛成」掲載。
10月：ラマシュがオーストリアの首相に就任。
11月：第一次大戦が、独墺側の敗戦に終わる。オーストリア共和国が成立。

＊カール・クラウスと1920年代

〈1919〉　・F501～F520。
・V134～V152。
2月：オーストリアで憲法制定国民議会選挙。
4月：F508～512。

〈1920〉　・F521～F556。
・V153～V187。

〈1921〉　・F557～F587。
・V188～V218。

〈1922〉　・F588～F612。
・V219～V256。
5月：【K】『人類最後の日々』刊行。
9月：【K】『黒魔術による世界の没落』刊行。
【K】カトリック教会を離れる。
10月：ムッソリーニのローマ進軍。ファシスト・イタリア政権が成立。

〈1923〉　・F613～F639。
・V257～V282。
11月：ヒトラーとナチス党がミュンヘン一揆を起こす。

〈1924〉　『ファッケル』25周年、クラウス50歳、講演会300回。

・F640～675。

・V283～V314。

4月：V300。ウィーンで300回目の講演会。エリアス・カネッティはここで初めてクラウスに出会う。これ以後カネッティは「一度も欠かさず」クラウスの講演会に足を運ぶ。

6月：F649～656（ザイツによるクラウスへの50歳の祝辞を掲載）。

〈1925〉　・F676～F711。

・V315～V361。

3月：テオドール・W・アドルノ、アルバン・ベルクの下で勉強するためウィーンへ。

V324。パリで開催。25年から27年にかけ、パリで10回の講演会を行う。

〈1926〉　・F712～F750。

・V362～V401。

11月：オーストリア社会民主党のリンツ党大会。独墺合邦を明記し、プロレタリア独裁の可能性を留保した「リンツ綱領」が制定。

〈1927〉　・F751～F776。

・V402～V424。

1月：ブルゲンラント州で社民党の共和国防衛同盟のメンバーが右翼に射殺される。

7月：1月の射殺事件の犯人が無罪に。ウィーンで判決に抗議する労働者によるデモと放火事件が起き、警官隊が発砲。90名の死者と1000人を超す負傷者が出る。クラ

ウスは事件に憤激し、ウィーンの街中に警察長官ヨハネス・ショーバーの辞任を要求する大きな広告紙を貼ってまわる。

〈1928〉 ・F777～F790。
・V425～V476。
3月：V441。ベルリンで開催。ヴァルター・ベンヤミン、初めてクラウスの朗読会に参加。
5月：【K】27年7月の事件をモデルにした戯曲『克服されがたい者たち』刊行。

〈1929〉 ・F800～F826。
・V477～V531。

＊カール・クラウスと二つのファシズム

〈1930〉 ・F827～F846。
・V532～V576。
9月：ドイツで総選挙。国民社会主義ドイツ労働者党（ナチス）が107議席を獲得し躍進。
11月：オーストリアで共和国最後の総選挙。

〈1931〉 ・F847～F867。
・V577～V605。

〈1932〉 ・F868～F887。
・V606～647。
4月：ウィーン、ニーダーエスタライヒ、ザルツブルクで州議会選挙。オーストリア・ナチスが躍進。
5月：第1次ドルフス内閣成立。
8月：【K】アムステルダムで開かれた反戦会議に名を連ねる。

11月：V637～639。【K】最後のベルリン旅行。３度公開講演会を行う。

〈1933〉 ・F885～ F888。
・V648～ V669。
・【K】３～９月にかけ『第三のワルプルギスの夜』を執筆。
１月：ドイツでヒトラー内閣が成立。
３月：ドルフスがオーストリア国会を閉鎖（独裁の開始）。ドイツで全権委任法通過。
５月：バイエルン法相のハンス・フランクが訪墺、ドルフスは彼を国外追放にする。
６月：オーストリアでナチスが禁止される。
８月：アドルフ・ロース死去。
10月：F888。アドルフ・ロース追悼号。「問うなかれ」の詩が掲載。翌年７月まで『ファッケル』は刊行されず、クラウスの「沈黙」が問題となる。

〈1934〉 ・F889～905。
・V670～ V675。
２月：リンツ、ウィーンで社民党が武装蜂起。蜂起は鎮圧され、社民党は非合法化。
３月：【K】プラハでハインリヒ・フィッシャーに会い、彼との会話の中で社民党の批判とドルフスの擁護を行う。
４月：【K】60歳の誕生日を迎える。
５月：ドルフスによる「５月憲法」施行。「オーストロ・ファシズム」の確立。
７月：オーストリア・ナチスによるドルフス暗殺事件。F890～905。「なぜ『ファッケル』は刊行されないか」。

〈1935〉 ・F906～ F916。

・V676～ V692。

〈1936〉　・F917～922。

・V693～ V700。

4月：V700。最後の講演。自らの作品を朗読する。

6月：【K】カール・クラウス死去。

〈1938〉　3月：ナチスが独墺国境を越える。

4月：独墺合邦に関する国民投票で、オーストリア国民の99％が賛成。

6月：フロイトがロンドンに亡命する。

〈1939〉　6月：ベンヤミンの知人への書簡。「カール・クラウスはやはり死ぬのが早すぎた」。

〈初出一覧〉

・第1章：「カール・クラウスと・アドルフ・ロース―世紀転換期ウィーンにおける「装飾」批判とその意味」『法学政治学論究』第98号（2013年9月）
・第2章：「フリッツ・ヴィッテルスと二人の精神的父親―カール・クラウスとジークムント・フロイト」同、第99号（2013年12月）
・第3章：「カール・クラウスと第一次世界大戦」同、第86号（2009年9月）
・第4章：「カール・クラウスとハインリヒ・ラマシュ―「オーストリア的中欧」理念と第一次世界大戦」同、第88号（2011年3月）
・第5章：「カール・クラウスと二つのファシズム」同、第92号（2012年3月）

〈図版出典一覧〉

表紙, p.4, 30. *Karl Kraus: Eine Ausstrellung des Deutschen Literaturarchivs*, im Schiller-Nationalmuseum Marbach（Marbacher Kataloge）, 1999
p.64. Wittels, Fritz, *Freud and the Child Woman, The Memoirs of Fritz Wittels*, Edward Timms (ed.), New Haven/London: Yale University Press, 1995
p.111. 慶應義塾図書館
p.140. Lammasch, Marga und Hans Sperl（Hg.）, *Heinrich Lammasch. Seine Aufzeichnungen, sein Wirken und seine Politik*, Wien/Leipzig: Franz Deuticke, 1922
p.182. Brook-Shepherd, Gordon, *Dollfuss*, London: Macmillan& Co. Ltd./New York: St. Martin's Press, 1961

高橋　義彦（たかはし　よしひこ）

1983年北海道生まれ。慶應義塾大学大学院法学研究科政治学専攻後期博士課程修了。博士（法学）。慶應義塾大学・専修大学・國學院大学栃木短期大学非常勤講師。

主要著作：「エリック・フェーゲリンのウィーン――オーストリア第一共和国とデモクラシーの危機」（『政治思想研究』第12号、2012年）、共訳書に、リチャード・タック『戦争と平和の権利――政治思想と国際秩序：グロティウスからカントまで』（風行社、2015年）、ほか。

カール・クラウスと危機のオーストリア
――世紀末・世界大戦・ファシズム

2016年4月30日　初版第1刷発行

著　者――――高橋義彦
発行者――――古屋正博
発行所――――慶應義塾大学出版会株式会社
〒108-8346　東京都港区三田2-19-30
TEL〔編集部〕03-3451-0931
〔営業部〕03-3451-3584〈ご注文〉
〔　〃　〕03-3451-6926
FAX〔営業部〕03-3451-3122
振替 00190-8-155497
http://www.keio-up.co.jp/
装　丁――――鈴木　衛（カバー・扉写真提供・ユニフォトプレス）
印刷・製本――亜細亜印刷株式会社
カバー印刷――株式会社太平印刷社

Printed in Japan　ISBN 978-4-7664-2331-0